中國玉器全集

（普及版）

论文集

杨伯达◎主编

U0841163

河北出版传媒集团
河北美術出版社
·石家庄·

中国史前艺术的瑰宝

——新石器时代玉器巡礼

云希正　牟永抗

中国是用玉最早的国家。史前时期就拥有琢玉工艺的地方，从世界范围讲，本来就屈指可数，而其用玉的延绵历史及琢玉工艺水平，当首推中国。我们的历代祖先不但雕琢了不计其数的玉质精品，作为全人类的文化财富被国内外广为收藏，而且在浩如烟海的文献典籍中，留下了与玉相关联的丰富记述。按照汉字中从玉的字和词的含义，和保存在文艺作品和民间传说中以玉为题材或与玉为人物命名的神话故事，从玉女、玉郎、玉音、玉貌、玉成、玉碎、玉玺、玉册，到宝玉、黛玉，君子比德于玉，乃至食玉登仙、玉皇大帝等等，无不说明中华民族崇玉心理的深度和广度。玉被视为美好、纯洁、崇高、神圣的象征。儒家的创始者孔子将玉材的自然特征加以人格化，并且纳入他所划定的道德规范，如“温润而泽，仁也”，是玉器在当时所具有的社会功能的真实写照。在成书于东汉的《越绝书》中，记述了战国时的风胡子提出按照兵器的演变过程，可以分为石兵、玉兵、铜兵、铁兵四个时期，在石与铜之间，划分出一个玉的时代。近代地质学家章鸿钊在《石雅》一书中写道：“夫玉之为物虽微，使能即而详焉，则凡民族之所往反，与文化之所递嬗，将皆得于是征之。”都对玉的历史功绩，作了很高的评价。因此，我国的琢玉艺术始于何时？中华民族崇玉心理植根何处？自然成为研究者们注意的焦点。

我国的古玉研究，至少在宋代就已经开始，但是直到近代考古学在中国兴起以前，能在传世文物中鉴定出来的商周玉器非常有限，自然更无人知道史前时代就有玉器。而中国的先秦青铜器，却早已享誉海外，似乎青铜礼器才是中华上古文明的唯一代表。中华人民共和国成立以后，随着考古学的发展，商代精美的玉器陆续出土，商代艺术宝库由青铜器独占鳌头的局面，代之以吉金、美玉争芳斗艳的新景象。然而，这种同辉互映的现象，并未解决铜和玉孰先孰后的问题。因此，更为迫切的考古发现，是要找到比商代更早的新石器时代玉器。

最早引人注目的，是1955年南京城内北阴阳营遗址的发掘，在那里发现了大量的新石器时代的玉器。接着在太湖水系的马家浜文化、崧泽文化和分布在苏鲁境内的大汶口文化遗址中也都先后发现了众多的玉器。使得玉质艺术品成为长江下游和海岱地区新石器时代文化的一个重要组成部分，继而在全国更多的新石器时代遗址发现了玉器，从此为琢玉工艺早于青铜铸造之说奠定了牢固的基础。进入20世纪70年代以后，史前玉器的重大考古发现有三项：首先是良渚文化玉器的发现。在江苏的草鞋山[①]、张陵山[②]、寺墩[③]，上海的福泉山[④]和浙江的反山[⑤]、瑶山[⑥]等地以高台土冢为特征的显贵者大型墓地中，发现了数以千计的玉器，品种之多，雕琢之精，引起海内外关注，由此在港台地区掀起了良渚玉器的收藏热。第二项是在辽西和内蒙古东部的红山文化中出现的以大型玉龙为代表的一批精美玉器，它们是以坛、庙、冢为核心的信仰祭祀活动中的重要组成部分，这不仅证明红山文化玉器代表着中国境内另一支拥有琢玉工艺的史前部族，也为确认史前玉器的社会功能提供了重要资料。第三项是台湾卑南遗址的发掘[⑦]。在那里的众多石板墓中，仅出土的玉玦就达千件以上，块类单件数量之多，居我国已知史前诸遗址之冠。除了以上三项重大发现之外，山西陶寺[⑧]、陕北神木石峁[⑨]和延安的芦山峁[⑩]、安徽潜山薛家岗[⑪]和含山凌家滩[⑫]，以及辽宁阜新[⑬]等地均有重大发现，对史前玉器研究，同样具有重要意义，这里就不一一详列了。需要指出，良渚和红山玉器不但突破了玉器只是人体佩饰的单一功能，而且在琢玉工艺上有了新的飞跃，将玉雕艺术推向了新的高度。其实，这些古老的玉器艺术品早就流传于世，例如乾隆皇帝就曾在良渚玉琮上题过诗，南宋官窑曾经仿照良渚玉琮的外形烧制过琮式瓶等等，只不过由于没有经过科学论证，它们被误认为“汉玉”或“周玉”而湮没了自身的历史和艺术价值罢了。当我们把这些史前玉器与仰韶诸文化彩陶的画面，龙山诸文化黑陶的造型，发展阶段应属史前而绝对年代尚难确定的崖画，以及数量有限的陶塑、骨雕等我国史前艺术诸品种作一个横向比较，不难发现史前玉器在造型、纹样、画面构图、雕琢技巧和表现手法等方面的精湛造诣无不遥遥领先，将它安排在东方史前艺术品的前列也是当之无愧的。今天我们能将我国新石器时代的玉器搜集成专卷出版，也是一个有说服力的明证。如果说欧洲的洞穴壁画及骨质雕像可以作为旧大陆西方史前艺术的代表，那么能与之匹配的东亚史前艺术之精髓，笔者以为就是中国的史前玉器了。

大约在 1 万年以前，人类迎来了历史上最伟大的变革之一—— 新石器时代的到来。新石器时代的一项重要标志，是农业的出现，使得人们在各个适宜农业的地方定居下来。由于喜马拉雅山和帕米尔高原的阻隔，使得东亚在整个旧大陆上处于相对独立和相对静态的环境之中，从而使东亚地区的新石器时代，从物质生活到精神生活的起源和发展都具独有的特色。玉就是这个时代文化的重要特征之一。在我国，新石器时代遗址星罗棋布，遍及全国，然而玉器出土却是极不平衡的，多数集中于东部沿海、长江中下游和台湾地区。

玉器的出现，在总体上讲，是漫长的石器时代人类以石为工具的生产实践的结果，是石器的衍生物。所以有的学者认为最早的玉器是生产工具，这一观点是值得重视的。

根据考古资料，最早的玉器中有装饰品，随后出现了象征权力或与祭祀、崇拜有关的专用品 —— 礼器。其中包括着钺、锛、刀、纺轮等形状与实用的生产工具 —— 石器完全相同的玉制品。因此，玉器和石器的区别就可以在社会功能上表现出来。石器属于物质生活的范围，玉器似乎是人们精神生活的一部分，属于意识形态领域。这一点与古人对玉材的认识“石之美者”是符合的。史前先民们美的概念，是在他们对自然界不理解，对自己周围的生活充满着神秘感，在此基础上产生出来的信仰和崇拜行为的另一种表现。有位美学家说:“美是神在镜中的影子。”所谓美石，就是被赋予美的社会属性后的一种天然矿物。最新的考古资料表明，早在公元前五六千年的时候，辽宁阜新的查海遗址就使用具有软玉结构的透闪石 —— 阳起石来制作装饰品。据鉴定，南京北阴阳营遗址出土的装饰品中，软玉制品已经占有相当大的比例。至少在已经鉴定的红山文化和良渚文化的一些显贵者的大型墓地里，几乎全部玉器都选用具有软玉结构的真玉制作，从而确立起我国玉器用料的传统。这是玉器和石器在矿物学上的区别。但是在相当长的时间里，与玉制品相同的品类中，大量地存在着以蛇纹石、玛瑙、石英甚至莹石等似玉或非玉的制成品。所以，有的学者将我国新石器时代的玉器称作彩石器，不是没有道理。这种真玉和非玉同时混存的局面，显然与古人识别玉材有一个认识过程有关，也是我国史前诸文化各自所处的地质地貌条件不同的产物。各种原始文化，可以将美或神圣等玉的社会属性，赋予不同的矿物，也可能将不同的矿物认作社会层次中贵贱不等的指示物。玉材的矿物学标准逐渐趋向统一，固然是古人对玉材鉴别能力的惊人表现，也是我国境内诸原始文化之间相互影响和凝聚、交流的结果。在我国史前玉器已知的时空关系中，看不出由某一起源地区中心，向四周传播扩散的迹象。透闪石、阳起石有多种，我们只是将具有软玉结构的透闪石 —— 阳起石认作真玉，同时又要承认史前玉器在矿物学上的多样性。我国著名的和田玉，在矿物学上也归属于透闪石 —— 阳起石。国内有的对玉器研究造诣很深的学者，以和田玉作为我国用玉的标准，这是对玉材和玉器的更高要求。

玉器和石器的第三点不同，是加工技术的区别。磨制法的出现，是新石器时代到来的标志之一。但在石器的开料、成坯过程中仍然采用多种多样的打制技巧，仅仅最后才应用摩擦原理加以磨光。在玉器制作中，则应用以运动的物体带动以砂为介质的间接摩擦法。后者虽然导源于前者，但高于前者，并且最后演进成玉器琢碾的专门技艺 —— 砣具碾琢。在许多史前玉器残存着的加工印迹中，我们看到了以片状硬性物体的直线运动为特征的锯切割，以筋、弦等柔性物体作抛物线状弧形运动为特征的线切割，以旋转着的管状钻头进行钻孔等多种以砂为介质进行间接摩擦的琢玉技巧。纤细的阴线刻划，有的研究者认为采用直接的徒手雕刻，使用的工具可能是坚硬的细石器。另外一些学者认为，单凭人类的腕力无法在如此坚硬的玉材上进行徒手直接雕刻。在有些石器上，也有采用管钻或局部锯切割等技法，那是玉器出现以后的事。因为采用线切割开料时，人们显然已经懂得加工对象的珍贵，这一观念直接导源于制成品的社会功能。反之，当一批玉料完全按照石器的制作方法进行加工时，它们显然还没有被它的主人赋予“神在镜中影子”的概念，仍然当作用于物质财富生产的工具 —— 石器的原料。在史前时期，区分玉石器的三项标准中，制成品的社会功能和以砂为介质的间接摩擦法的制作技术，要比制成品的矿物学属性重要得多，造就是我国史前玉器的基本特征。

下面按照 40 年来获得的考古成果，将全国新石器时代玉器分为 12 个地区，概括介绍其发展水平和艺术特点，进而阐明它的固有规律，以还其本来的历史面貌。

一、辽河地区红山文化玉器

辽宁、内蒙古和河北交界地带的红山文化，最初发现于内蒙古赤峰红山后，它的年代一般认为是距今5000至6000年。辽宁、内蒙古等地的考古工作者，自20世纪70年代开始，用了大约6年时间，第一次取得了红山文化玉器地层上的证据，从而解决了一大批散存在国内外传世的红山文化玉器的年代问题。

红山文化遗址分布在东以辽河为界，北起西喇木伦河、老哈河，南到大凌河流域以及燕山南麓的长城地带，西到张家口地区一带。先后在内蒙古翁牛特旗三星他拉[14]、辽宁省阜新县胡头沟[15]、内蒙古巴林右旗羊场[16]、辽宁凌源县（今凌源市）三官甸子[17]、建平县牛河梁[18]、喀左县东山嘴[19]发现殉葬玉器的积石冢和石板墓。经过科学发掘，使得我们清晰地知道随葬玉器的原来部位，例如建平县牛河梁的一个墓葬中，尸骨头部放置着马蹄形玉箍，腰部则是兽形玦（猪龙）。凌源三官甸子的一个墓葬中，尸骨头部放置着勾云形玉佩，胸前放置着马蹄形玉箍，左侧放一内圆外方玉形器，右侧放一玉鸟，对探求这些玉器的用途提供了有价值的线索。

红山文化涌现出的玉器群，装饰用的小件玉器目前发现甚少，也无琮等礼器，而多数以鸟兽形为主体，其中有现实题材的动物群，如鸟、燕、鸮、鹰、蝉、鱼、龟、猪等；也有摹拟幻想中的神灵，如勾龙、兽形玦（猪龙）、兽面丫形器等。再加上特有的勾云形佩、马蹄形箍、二三联璧、双兽首（或人首）三孔玉饰，构成了红山文化玉器群鲜明的特色。红山文化大型墓殉葬的玉器似乎都有一定的组合，兽形玦（猪龙）、马蹄形箍、勾云形佩、鸮、鸟、龟等是这些组合中的主要器物。红山文化玉器中动物造型，风格质朴而豪放，表现手法中的圆雕、浮雕、透雕、两面雕、线刻等已日臻成熟。很多动物题材，如玉鹰展翅飞翔于天空，玉龟匍匐潜行于水底，都能栩栩如生地雕琢出来。除此以外，高冠的玉凤首，玲珑剔透的玉猪首，惟妙惟肖的玉龟壳，刻划得也颇为传神。属于摹拟幻想中的玉雕神灵，除了众所周知的内蒙古翁牛特旗三星他拉发现的碧玉勾龙之外，近年该旗广德黄谷屯又发现形体略小的一件玉龙，国内还有的博物馆或私人收藏家以前也收集到过其他几件形制相近的玉龙。兽形玦（猪龙）已出土20余件，再加上国内外公私收藏的传世兽形玦（猪龙），数量颇为可观。这些玉龙、兽形玦（猪龙）除玉质、色泽、形体大小、出土地点略有不同外，从整体造型到细部处理均基本定型，各地所出都很相近，这说明红山文化部族摹拟幻想的神灵，都是他们崇拜的偶像，并且是按一定的要求制作的。这些偶像与原始图腾崇拜有某种关系，兽面玦（猪龙）据认为是猪与蛇形象的融合。我们把一件形象鲜明的猪首形佩（上册第23 页，图三一）也归作到这一类中，这一件猪首形佩系天津外贸部门自东北地区收购，虽无明确出土地点，但从玉质、造型、纹饰与兽形玦（猪龙）和兽首三孔器相比较，风格是近似的，同属红山文化遗物似无问题。如果以上推断得到今后考古发掘的证实，对研究红山文化猪龙崇拜以及龙首形象的形成源于猪首之说，就增添了新的资料。

玉兽面丫形器，其纹饰被称为红山文化玉器之冠。原始社会卷选录了同类型器两件（上册第12、14页，图一五、一六），器物形体修长，纹饰精美，与前者相比并不逊色。原始社会卷还选录了一件别具一格的玉兽形佩（上册第14页，图一七），其圆眼、双角的形象看来与玉兽面丫形器有某种联系，上述这些玉雕神灵，远离现实生活题材，只能是摹拟幻想中的偶像，服务于原始宗教及其神灵崇拜。这些玉雕对研究我国原始艺术和原始宗教都具有重要价值。

红山文化玉器除具有鲜明的个性之外，与其他原始文化玉器也有某些承袭、发展、相互交融、相互影响之痕迹。综观红山文化玉器，显然处于原始玉雕的成熟阶段，众多精美绝伦的玉器接连不断地发现，常常给人以异军突起的感觉。但是，其源头不难从附近地区找到。辽河流域、沈阳地区以及辽东半岛南端原始文化中孕育和初步发展了玉雕业，属于辽河流域的兴隆洼文化，沈阳地区新乐文化，大连地区长海广鹿岛小珠山（下层）文化，均属新石器时代较早阶段，距今七八千年。在这些原始文化中发现了玉质的斧凿，其中与兴隆洼文化年代相近的阜新查海原始村落遗址，近年除出土玉凿外，还有用软玉制成的 4 件玉玦和 2 件玉匕[20]。它们是玉器初创时期的代表作，这无疑会对红山文化玉器产生影响，同时也说明，红山文化发源地辽河地区是我国用玉最早的地区之一。与红山文化大致处于相同发展阶段的山东大汶口文化，两者的某些玉器特征有相似之处，这表明两种文化曾发生过联系。比较明显的例证是红山文化玉器中的二三联璧，与大汶口文化的单环、双连环、四连环花朵形串饰手法颇为接近；相当于崧泽文化时期的江苏海安青墩遗址和南京营盘山遗址出土的双连环玉佩饰，与红山文化二三连璧有一定的共性。红山文化兽形玦（猪龙）的首部与良渚文化的兽面纹基本因素也是相同的，尽管两种文化相隔数千里，但红山文化部分玉器纹饰对良渚文化玉器纹饰的形成产生过影响。此外，像巴林右旗红山文化遗址出土的一件玉勾形器，体扁平，锋部为弯勾形，晚于红山文化的夏家店下层文化，直至商代晚期妇好墓均有类似形状的勾形器出土，显示它自身有很长的延续性。红山文化兽形玦（猪龙），体肥圆而蜷曲，殷墟妇好墓玉龙也是这种形态，大的轮廓没有多大出入，从而证明红山文化也是殷商文明的源头之一。

红山文化玉器在工艺上也有一些显著特点，玉器表面不多加装饰，即或有少量线状雕饰，一般只表示鸟头羽翅的部位或兽的獠牙，绝无商周双勾或额外的装饰纹样。勾云形佩、勾形器，器表光素，只是细加研磨成凹槽，边缘呈刃状，光洁度也极高，有特殊的装饰美感。这表明红山部族非常重视玉的质地美与色彩美，而不务华饰，他们是真正的赏识玉之美的最早的先民，由他们琢碾出的朴素无华的红山文化玉器，显然代表了我国北方玉器的鲜明特色。红山文化玉器中的佩饰多不在正面打孔，而在背面单面穿孔，穿孔的方法多为隧孔或称牛鼻孔，有些手法在商周玉中比较少见。红山文化玉器呈碧绿、淡青、淡黄、深绿或黄褐色，其准确质地尚待进一步检验。

二、海岱地区大汶口文化玉器

大汶口文化1959年发现于山东泰安和宁阳县交界的地方，迄今同类型遗址发现约百余处，它们集中分布在鲁南、苏北和鲁西。在皖北、河南中部也零星发现一些大汶口文化遗址或包含有大汶口文化因素的原始文化遗址。大汶口文化玉器，早期（距今5500至6300）很少发现，中期（距今4800至5500）、晚期（距今4400至4800）种类显著增加，主要有礼仪用具和装饰品两大类。礼仪用品最有代表性的是大汶口墓地所出的二件玉钺（原报告称铲），一件墨绿色，为女性墓所出，一件淡黄色，为男性墓所出，皆为扁平长方形。钺背下方有一从两面穿透之圆孔，孔内有螺旋状痕，通体磨光，刃部相当规整，制作精细。原始社会卷选录了邳县大墩子大汶口文化遗址出土的一件玉钺（原报告称斧）(上册第25页，图三三)，器呈扁平长梯形，玉质晶莹滋润，磨制精致，无使用痕迹，显然是礼仪用具。相当于大汶口文化的胶县（今胶州市）三里河一期文化，还出土有未经使用的玉凿和玉镞形器，虽为生产工具形式，但不具备实用性质。大汶口文化出土的玉饰品大致可分头饰——笄，颈饰——玉管、石管，手腕饰——臂环、玉镯和指环。出土情况表明，不仅女性佩戴，男性也佩戴。由于当时玉的材料难得和制作不易，装饰品中以石代玉较玉质为多。出玉质装饰品的多为大墓，伴出的陶、骨、牙、角、石器等殉葬品也较多。属于大汶口文化的茌平尚庄、邹县野店、安丘景芝镇和五莲等遗址，出土了内圆外方的玉镯（类似臂环）以及模拟花朵，琢制成单环、双连环、四连环花朵形玉串饰，这是大汶口文化独具特色的一项装饰品。此外，值得重视的是，三里河一期文化还出土一件玉牙璧（亦称玉璇玑形佩饰），这是这一品种时代最早、出土地点明确的实例之一。山东滕县（今滕州市）古遗址调查中，在岗上村采集到一件属于大汶口文化的玉人面佩饰，它以简练的线条，勾划出人的面部，是迄今已知出土的时代较早的一件玉人面形器，在我国原始雕塑史上占有一定的位置。通观大汶口文化玉器，到了中晚期数量相当丰富，有些种类、形状和良渚玉器相若，表明两者之间有较多的接触和交往，只是大汶口文化环镯器较多见，且断面富于变化，玉臂环、指环呈偏心圆，好的部位不在圆心。大汶口文化玉器基本上不见玦和璜，反之，双连、三连、四连环玉串饰和玉牙璧，却为良渚文化所未见。江苏北部新沂县（今新沂市）花厅大汶口文化墓葬中近年引人注目地发现了大型锥形器（上册第 29 页，图三九），以及精美的玉瑗、玉环、珠、管组成的玉串饰和刻有神人兽面纹的玉琮[21]，这批玉器与太湖流域良渚文化玉器特征大致相同，反映了南北文化的交流和融合。新沂花厅是已知发现有良渚文化因素最北的遗址，又是和大汶口文化的连接点，因此，这里的发现更显得重要。与此相联系的是，中国历史博物馆藏有一件长方形玉琮，19 节，高达 49.2 厘米，可称琮王（上册第 83 页，图一九〇）。其形制与良渚玉琮几无区别，惟在玉琮一端射部刻有“”，与大汶口文化晚期莒县凌阳河陶文相似，因此这件玉琮归属，具有大汶口和良渚文化两重性。大汶口文化玉器玉材可能来自山东当地，山东泰山、邹县（今邹城市）和莱阳都产玉，就地取材是容易做到的。

三、中原地区仰韶文化玉器

近年发现的属于仰韶文化的先驱，新郑裴李岗文化、武安磁山文化，距今约 7000 至 8000 年，这时期绝少发现玉器，仅在河南舞阳贾湖遗址发现有圆形、三角形、长方形绿松石饰。中原仰韶文化，最早发现于渑池县仰韶村，遍布于黄河流域（距今4300至6700），经历了2000多年发展的历程。社会形态处于母系氏族社会繁荣时期，出现了实用与装饰相结合的陶塑艺术品和大量的陶环、骨笄、石环、珠饰等装饰品。迄今为止，各处仰韶遗址中发现玉器数量是很少的。河南南阳黄山仰韶文化遗址中曾出土一件墨绿色玉斧，系用河南当地独山玉做成[22]。此外，在河南郑州西郊、南召二郎岗、禹县（今禹州市）谷水河、洛阳锉李、偃师汤泉沟等地也零星出土了玉璜、玉环、半月形玉饰、龟头形玉饰等少量玉器。著名的西安半坡、临潼姜寨仰韶文化遗址中，个别少女墓随葬有玉耳坠、石耳坠、石珠、玉笄等。玉坠饰呈淡绿色，没有穿孔，上端刻有凹槽，供系线用。另一玉坠呈磬形，顶端有一两面对钻的小孔。玉笄状似锥形，个别笄头呈钉帽形，制作比较古朴。郑州大何庄仰韶文化遗址第四期文化出土有玉璜，但它的年代，已经属于仰韶文化向龙山文化的过渡期。从现有资料上看，中原仰韶文化遗址里，只出土了屈指可数的若干件小玉饰品，制作都很简朴，说明仰韶文化玉雕业并不发达，和其他地域原始文化玉器相比，它不处于领先地位。但是，需要特别指出的是姜寨遗址（距今约6300至6700）出土的一件青白玉三角饰，很像和田玉，其来源值得注意，这是和田玉东移过程中最为重要的也是最早的一则信息。

四、黄河中下游龙山文化玉器

继大汶口文化之后的山东龙山文化，1931年最早发现于章丘城子崖，分布于山东、江苏和河北沿海及辽东半岛一带（距今约为3500至4000）。黄河中游的龙山文化，包括河南龙山文化、陕西龙山文化和山西襄汾陶寺类型，均有玉器发现，这几支文化与山东龙山文化不属于同一文化系统，但考虑它们与山东龙山文化处于大致相同的发展阶段，故仍把这三支文化玉器归并到山东龙山文化玉器中一起叙述。

山东日照两城镇龙山文化遗址中曾经发现成坑的半成品玉材，说明玉料来源较为充裕，制玉领域进一步扩大，与生产工具有关或仿照实用的生产工具样式制作的玉斧、玉锛、玉铲、玉刀、玉凿等显著增多。原始社会卷选录了两城镇所出玉兽面纹圭和玉四孔刀各一件（上册第 30、33 页，图四〇、四一）。后者的主题花纹，以阴刻的旋转曲线，围绕目纹展开，勾划出一幅极为狰狞的面孔，这类纹饰无疑影响了其后我国奴隶制时代青铜礼器的装饰纹样。山东临朐龙山文化晚期墓地，最近也出土了造型优美、雕琢精细的玉刀、玉铲、玉环、玉佩、玉簪等十多件玉器[23]，龙山文化玉器中动物形雕较前增多，山东胶县（今胶州市）三里河出土了鸟形或鸟头形玉饰，陕西神木石峁出土了玉虎头、玉蚕、玉蝗、玉螳螂，这都为商代大量盛行动物形玉雕开了先河。龙山文化玉器中玉牙璧（玉璇玑形佩饰），在胶县（今胶州市）三里河发现两个，滕县（今滕州市）发现一个，神木石峁和辽东半岛长海县也均有发现。据推断，玉牙璧（玉璇玑形佩饰）的渊源，来自大汶口文化的石臂环和半坡仰韶文化三璜组成的石环，它的用途仍是装饰品[24]。原始社会卷选录河南孟津小潘沟出土的玉玦和绿松石饰各一件（上册第 34、35 页，图四七、四九），属河南龙山文化王湾类型，要早于二里头文化。龙山文化玉玦在已发表的资料中不多见，是值得重视的线索。神木石峁墓地采集的玉器，属陕西龙山文化，除著名的人面形玉雕外，还有玉斧、玉钺、玉牙璋、玉戚、玉戈、玉圭等，制作都很精致，其中一向被认为直到二里头文化时期才出现的玉戈、玉牙璋也意外地出现。这当然还需要有更多的发掘品来验证。陕北出土的玉器中，最重要的是延安芦山峁的发现，种类有琮、钺、璧、镯和刀等多种。它们虽然是当地的征集品，缺乏地层学依据，但在附近曾调查到龙山文化的陶片。这里发现的玉琮（上册第33页，图四三）分上下两节，并琢有兽面纹，具有浓郁的良渚文化玉琮风格，仍然保留着早期琮的形态。同时还发现了良渚文化特有一种被称为斜把破土器的石器工具。山西襄汾陶寺类型遗址，分布在山西西南部汾水流域，相当于黄河中游龙山文化晚期，在陶寺遗址中型墓中出土了玉钺、玉斧、石钺多件，它们大部分钝刃，无使用痕迹，已非生产工具范畴，似用于军旅。可以设想，当时的军事首领用这些玉兵器举行军事仪式，祈求征伐的胜利，这些玉兵器是其权威的信物，后来逐渐演化成王权的象征。陶寺遗址还发现数件玉（石）琮，这些玉（石）琮大都素面或饰横槽数道，它们有的和玉（石）璧伴出，与江南沿海良渚文化玉琮形制有差异，用途也并非一致。

五、黄河上游齐家文化玉器

齐家文化与陕西龙山文化有密切联系，随着这一文化的发展，吸收当地马家窑文化一些因素，表现出一定的地域性。齐家文化最早发现于甘肃临洮齐家坪，遗址中普遍发现铜器，显然年代较晚，下限可能晚到商代（距今约3500至4000）。齐家文化除了琮、璧、璜等礼仪用玉较为发达外，生产工具中的斧、锛、凿、铲，有的采用硬度较高的玉料来制作，这些玉质生产工具，通体磨光，边棱整齐，有的器形虽不规整，但制作尚精致。总之，黄河上游齐家文化玉器制作数量和制作水平较前均有了提高。

六、江淮地区原始文化玉器

江淮之间的原始文化，主要有北阴阳营文化、薛家岗文化。南京北阴阳营遗址距今约为5000到6000年。这一地区目前虽然未见到相当于马家浜文化阶段的早期玉器，然而在北阴阳营遗址及本地区其他遗址的发掘中，出土玉器的品种还是相当丰富的，包括管、璜、玦、珠、坠等，许多玉器系薄片形状，证明线切割技术已经出现，并且得到了广泛的应用。经南京地质矿产研究所鉴定，这批玉器在材料应用上，以玛瑙为主，软玉占了相当高的比例。其质地为透闪石、阳起石、蛇纹石和高岭石等。从这些玉饰出土部位上可以清楚地看出，玦为耳饰，佩戴时其缺口的地方朝上。璜为项饰，佩戴时端首朝上，呈下弦弯月状。管、珠、坠为胸前或腰际的佩饰。这些玉饰，几乎都没有装饰花纹。此一时期，南京营盘山遗址也出土了众多的玉器，其中条形璜明显减少，半璧形璜增多，璜的外缘也刻有锯齿状的花边，与大溪文化玉璜风格近似。与北阴阳营遗址时代相当的安徽潜山薛家岗第三期文化墓地，时代距今5100年，除出土十余件玉钺外，还出土了百多件玉质装饰品，说明当时佩戴玉饰风气盛行。这些玉制品磨制精细，多数器物留有弧形切割痕迹，除常见的玉环、玉璜、玉管、玉坠饰外，有4件玉璜，璜的下端镂雕对称的花纹，是前所未见的造型，很有特色。另外，还出土了两件小玉琮，这也是玉琮出现时代较早的实例。与薛家岗一期文化相当的安徽宿县（今宿州市）黄鳝嘴遗址，也出土了玉玦、石璜等，虽数量不多，但制作精致。最近安徽含山凌家滩、萧县金寨村陆续发现了几批重要的新石器时代玉器。凌家滩遗址距今约5000年，出土了迄今最为完整的、时代较早的一件玉雕全身人像（上册第38页，图五八）。其比例准确，体态完美，面部近方形，眼、耳、鼻、嘴五官安排匀称，头戴扁冠，两臂弯曲，十指张开，置于胸前，可以表示戴有臂环。此人像与大汶口文化玉人面，面部风格近似，与上海博物馆所藏商代玉人以及妇好墓所出玉人相比，较为古朴，是原始玉雕艺术中不可多得的一件珍品。凌家滩还出土了刻有方心八角星形纹和圭形纹饰的玉片（上册第38页，图五九），出土时其上有玉质龟腹甲，其下有玉质龟背甲，经初步研究，认为是与古代河图、洛书和八卦有关的珍贵遗存[25]。

据当今地质学家透露，在苏南、浙北的镁质大理岩地带，有许多属于透闪石 —— 阳起石类矿物的分布点。在这些矿物岩芯上鉴定到具有软玉结构的矿物体，是为期不远的事。看来，江淮之间很可能是我国境内第三个玉器的起源地区。

七、长江中游三峡和江汉地区原始文化玉器

这一地区包括大溪文化、屈家岭文化和湖北龙山文化为代表的三种原始文化遗存。其中大溪文化发现了丰富的玉器（距今约4300至5700）。大溪文化玉制装饰品主要分耳饰、项饰、臂饰和腰际间的佩饰。耳饰多为玦形耳饰，也有用绿松石、玉石等质地做成梯形、圆形、方形的坠饰和双环饰。男子墓也有耳饰。项饰包括璜和璧，璜多为半璧形或扁平桥形，与崧泽文化玉璜接近。其中半璧形璜外缘刻锯齿纹，是大溪文化玉器中独具特色的工艺手法。臂饰主要为手镯。人面形佩饰仅发现一例，出土于巫山大溪遗址，是原始玉雕中的一件杰作（上册第48页，图八八）。综观大溪文化玉饰，早期以耳饰为主，晚期玉饰种类增多，项饰中的璜和臂饰中的手镯占主要地位。原始社会卷选录了湖南华容县毛家村出土的玉璜（上册第49页，图八九），是大溪文化玉器中的典型器物。晚于大溪文化的屈家岭文化，也间有玉器出土，原始社会卷选录了湖南澧县三元宫村出土的两件扁平梯形斜刃玉锛，淡绿色，通体磨光，非实用品，从中可窥见一斑。

八、华南地区广东石峡文化玉器

石峡文化发现于广东曲江石峡，时代距今约为4000至5700年。在石峡41座墓中出土了玉璧、玉（石）琮、玉瑗、玉环、玉璜、玉玦和动物形象的玉坠饰、鸟形饰等百余件。玉玦形体扁薄，缺口切割整齐，其中有3件外缘附加4个犹如C字形的装饰，值得注意的是台湾卑南遗址中所出的玉玦也有类似的风格。石峡文化第三期墓葬出土的玉

（石）琮，与相距2000千米的吴县（今苏州市吴中区）草鞋山出土的玉琮，从形制、工艺手法、花纹图案方面看几乎相同，显示了此一时期地区间文化交往相当密切。

九、浙江宁绍地区河姆渡文化玉器

河姆渡文化发现于浙江杭州湾附近的余姚县河姆渡。年代距今约四五千年至6900年。河姆渡三、四层出土的玉器是我国迄今发现较早的玉饰件之一部。它们制作都还简陋，玉料选择不严，玉质也差，有玉和莹石两种。因河姆渡附近的冯家村有莹石矿，河姆渡玉饰品所用材料莹石质的就较多，约占第一期文化玉器中75%。这些玉器的器形只有璜、玦、管、珠、饼、丸、坠等，多系小件佩饰，制作不规整。玦断面椭圆形，多自一端对钻穿孔。玉管是腰鼓形，两端平面多不平齐。河姆渡所出玉器大多光素无纹，但这些玉器，对探索我国玉器产生的渊源有重要价值。

十、太湖周围和杭州湾以北的马家浜文化、崧泽文化玉器

钱塘江北岸，在太湖流域周围，分布着马家浜文化和崧泽文化，它们发展脉络清晰，自成体系。马家浜文化距今约六七千年，出土的玉器多属璜、玦等小件饰品。玉玦靠近缺口的首端厚重，相对缺口部位要薄一些。玉璜半环形，亦称条形璜，三个璜可组成一圆形。璜厚薄均匀，大都为项饰。江苏常州的圩墩、吴县（今苏州市吴中区）草鞋山、上海青浦崧泽遗址下层均有马家浜文化玉器发现，所出品种与嘉兴马家浜所出玉器相同。

上海青浦县崧泽文化墓地出土玉器有璜、玦、环、冶、镯等，时代距今约五六千年，与马家浜玉器稍有区别，崧泽文化玉器所选玉材较好，玦少见，璜的形式增多，以扁平倒桥形、半璧形为主，半环条形璜较少，也有近似鱼形、

鸟形的。璜体宽且薄，两端平直。崧泽文化玉璜多为两端各穿一孔。崧泽文化开始出现玉琀，有心形、璧形、圆饼形三种，出土时含在死者口中。这一时期玉器多为扁平形，系玉片切割加工而成。器表光素无纹，即便是鱼、鸟形玉璜，也只是粗具轮廓，用钻孔的方法表示鱼、鸟眼睛的部位，别无其他花纹。崧泽文化玉器中尚未发现良渚文化玉器中那样大量的礼仪用器。

十一、东南沿海一带的良渚文化玉器

良渚文化最初发现于浙江余杭县，是马家浜文化、崧泽文化的发展和继续，距今约四五千年，其分布范围主要集中在长江下游的太湖流域。制玉工艺的普遍发展是良渚文化的一个显著特点，它和红山文化同时代表了我国东部沿海南北两地原始社会制玉工艺的最高水平。

近年南京博物院发掘的江苏吴县草鞋山、张陵山，武进寺墩，上海文管会发掘的青浦县福泉山，浙江省文物考古研究所发掘的余杭县反山、瑶山等处良渚文化遗存，都发现了众多的精美玉器，而且还发现了很重要的“玉敛葬”“祭坛”等遗迹。余杭反山、瑶山发现玉器总数已达三四千件之多，许多是前所未见之品。各地接二连三发现的良渚玉器中，新的资料层出不穷，比比皆是。原始社会卷选录的余杭反山、瑶山、桐乡金星村出土的玉带钩（上册第89页，图二〇八、二〇九），各置于墓主人尸骨下半部，形制和制作都很精巧，一端有一横穿的圆孔，一端有弯钩状的扁方孔，可以穿绳系带，十分适用，虽不能确认此种带钩是衣带上的饰件抑或是挂系其他物品，但可把中国玉带钩出现的历史推早二三千年。余杭瑶山发现的玉梃纺轮（上册第90页，图二一一），非常规整精致，梃杆顶端钻有小孔，可以穿绳悬吊，便于手搓捻动，从而明了当时的安装和使用方法，这是探讨原始纺织工艺不可多得的实物例证。属于礼仪方面的用器，青浦福泉山发现一件长达34厘米的锥形器（上册第 99 页，图二三七），相同器形在新沂花厅大汶口文化墓地中也有发现。在这些锥形器方柱体上，有若干组简化的带冠人面纹，从纹饰上看，锥形器尖端朝上，带榫口的朝下，有的榫口处外套圆形玉管，或插在其他器物上。上海金山亭林良渚文化墓葬中所出锥形器握于死者手中[26]，凡此种种，都说明此种锥形器不同于佩戴的锥形饰，应是原始宗教祭祀用器。

此外，带有特权性质的玉钺和相关玉质配件，近年在武进寺墩，青浦福泉山，余杭反山、瑶山相继发现，一柄玉钺包括有钺身、木质或其他有机质的柲，柲的柄首 —— 玉龠，柲的柄尾 —— 玉镦。从玉钺和相关玉质配件出土位置测知，大体一柄玉钺长度在 60 厘米至 80 厘米，持有玉钺的墓主人往往把玉镦握在手中，钺身在左肩，玉龠在其上端，显示着墓主人生前拥有神权、财权和军事统帅权。余杭反山、瑶山良渚文化墓地出土玉器中首次发现了似人似兽的神人形象和人与兽集于一体的形象，这在玉钺、玉琮、锥形器、玉冠状饰的图案中都有相同的反映，也可以说是良渚部族崇拜的神徽。这些图案的寓意，不少学者认为是起贯通天地和保护人世的功用。过去所指良渚玉器上的兽面纹，有些就是这种神人兽面图像的简化形式。神徽的发现，引发了对良渚部族原始宗教和巫术的进一步探讨。过去良渚玉器中的璧，大多为素面无纹。余杭安溪乡新近出土的一件青玉璧（上册第 97 页，图二二九、二三〇、二三一），正反两面均有图文铭刻，是迄今国内发现的第一件良渚玉璧图文铭刻，类似的玉璧在美国弗里尔美术馆曾有收藏，对其进一步深入研究，无疑对探讨良渚文化时期文字符号会有重大意义。此外，良渚文化遗存下来众多的精美玉器实物，其高难度的加工技术，在当时条件下如何完成，令人难以想象。如在不到 1 厘米的地纹内，刻五六道细线；又如地纹、主题纹、辅助纹样三层纹饰的合理布局，十分娴熟地运用减地、浅浮雕、透雕方法，加工出各种精美绝伦的艺术杰作。加工大件玉器也有惊人之举，有的长筒形玉琮高达三十厘米至四十厘米，宽扁形玉琮重达6.5公斤，这都说明良渚制玉工艺有着空前的发展和突破。

十二、其他地区的原始文化玉器

我国原始社会玉器的地域分布，极不平衡，在辽宁、山东、江苏、浙江东部临海地区以及长江中游，玉器出现较早且分布集中，发展延续不断。至于黄河中上游的内陆地区，迄今只零星发现一些玉器，不仅数量少，而且类型简单，精品更属少见。原始社会卷选录的西藏昌都卡若遗址出土的玉斧、玉璜，甘肃马家窑文化出土的玉凿，青海乐都柳湾出土的玉锛，这些玉器多属于生产工具范畴。我国台湾台东县卑南遗址出土了众多的玦形耳饰，是这一地区新石器时代最重要的装饰品之一，时代距今约3000年。原始社会卷图二九六至三〇一，上册第119页至123页，所选6幅卑南玉玦照片是宋文薰、连照美两位教授提供的。在众多经过发掘的单体葬石板棺和复体葬石板棺中，出土玉玦1338件，玉料来自花莲县的玉矿，这些玉玦多出土于死者的耳部，位置与大陆所见相同。玦在中国大陆沿海及东南亚地区，分布范围广而形制多变化，其中若干类型显然与台湾所出有密切关系。卑南遗址是台湾出土玉玦类型最丰富的一处遗址。玦有的呈环形，外缘刻有锯齿；有的外缘附加出廓装饰，有的变常态的环形为长方形。特别重要的有做成单人或双人连体兽形玉玦，以及多环兽形玉玦，形状十分奇特。这类人兽形玉玦迄今发现的数量很少，原始社会卷收录的几件玉玦是卑南遗址发掘品中最为精美的标本。据宋文薰教授研究，台湾史前时代玦形耳饰的型式，比起中国大陆的玦要繁杂得多，而与环中国南海诸地区相比，则出现的是彼此不同的类型系列[27]。

通过对玉器分布、发展水平、艺术特点及其历史面貌的分析研讨之后，不难发现我国各地史前玉器的品种、形态及艺术风格上存在着若干区域性的差别。

红山玉器的风格特征是：造型浑厚凝重，整体截面几乎全部呈椭圆形。擅长从总体上把握对象，器物造型概括洗练，重点部位突出，如玉龙、兽形玦、双龙首玉璜、兽首丫形器及鸮鸟、龟鳖等。其中玉龙等的造型，既非某一自然物的摹写，也不是众多物象的简单拼合，而是进行了大胆的取舍、夸张创作出的一种艺术造型。这是一个长期积累、演化的过程，并非某一代某几代人思维沉积的物化表现。在史前时代，推进这类思维活动的原动力，应是以多神崇拜为特征的原始宗教。因而在红山文化玉器的品类中，我们不难发现既有神化后崇拜物的艺术形象，又有与某种礼仪有关的实用功能，其独特造型和艺术风格，在红山文化以外别无他见。从总体上看，它们是独立起源的。然而红山玉器中的双联或三联璧和一些管珠等，在形态、功能上又和大汶口文化出土的同类玉器有某些相近之处，说明它的琢玉工艺依然与外界有所交流。

辽宁境内向以出产岫岩玉（蛇纹石和角闪石）著称，据报道在海城小孤山古人类洞穴内发现了3件玉质砍砸器，这一洞穴遗址与出产角闪石仔玉的细玉沟仅一岭之隔，采用他们作原料是很自然的事。笔者曾在辽东地区看到旅顺郭家村及长海县出土的不少史前玉斧、玉凿等实用生产工具。它们在成形时，较多地采用了锤击法。在沈阳新乐遗址所见的几件玉质工具上，也可以看到类似细石器工艺的剥片成形术。现已查明，宽甸一带有具备软玉结构的透闪石——阳起石。据地质学家鉴定，早在七八千年以前，这里的先民就已经使用它们来制作玉器了。因此，我们说辽宁地区是我国最早用玉的区域之一。

长江下游地区玉器的发展脉络比较清楚。就太湖水系而论，在马家浜文化及其后继崧泽文化阶段，玉器的品种是以玦、璜、管、珠等为主的人体饰品，集中使用在颈、胸部位，器表光素净洁，无花纹雕琢。其中璜的形状，先后经历条形、桥形和半璧形三个阶段，选用蛇纹石、玛瑙和石英等多种材料。而在崧泽文化中已经鉴定到软玉制品。

良渚玉器继承了前人的用玉传统，而在品种、数量及碾琢工艺上则大大超过了前人。它在艺术上的创新之举，是在坚硬的玉制件外表，成功地雕琢上了令人叹为观止的装饰纹样，突破了先前玉器光素无华的传统风格，从而极大地提高了玉制品的艺术水平。其表现手法有圆雕、半圆雕、浅浮雕、透雕和细如发丝的繁密阴线刻等等。在构图上着重表现头部时，突出刻画眼睛、鼻子和嘴等器官，而舍弃头颅外形，在许多时候甚至连嘴也省略掉，只留有眼睛和鼻子。同时也很少表现物体的躯干和四肢，只有某些鸟、鱼、龟、蝉等圆雕除外。在制作上，良渚人将阴线刻和浮雕两种技法巧妙结合，出现了由主体纹、装饰纹和地纹三重组合的装饰章法。这种特有的装饰章法，一直到商周时代青铜器的制作，仍然经常沿用。原始社会卷图一三八，上册第 64 页，的画面，即是良渚玉器的主题装饰之一。在良渚玉器的浮雕作品中，多是口露獠牙的猛兽面像，头部戴有插羽披茅的华盖状冠冕。在华冠的居中部位，以阴线手法刻出常人的脸孔，连同以阴线表现的四肢，组成了一躯完整的人形。浮雕表现的是图像的实体和躯壳——兽，狰狞中显露出无比的威严，而纤细繁密的阴线人形，则是兽神的幽灵，具有若隐若现的神秘感。笔者以为这是随着崇拜物的人格化而出现的图形上的人形化，并且使两者结合得最为完整的画面。上述这幅图像雕刻在重达 6.5 公斤的一件大玉琮上（上册第 64 页，图一三八、一三九、一四〇），原作每幅画面的宽度只有 3 厘米，在构图上将虚实有别的神人和兽面两种形象，和谐巧妙地设置在这方寸之内，就其技巧而言，堪称世界史前艺术宝库中微雕艺术的瑰宝。全器共雕神人兽面像 16 幅，上述类型的微雕就出现在 8 个地方。就其艺术构思而言，在总体上则表现了在玉的世界中，神的精灵无所不在。微雕的艺术效果是将玉件的有限体积，加以无限制的扩大夸张，突破视觉空间，造成神人兽面像至高无上的精神境界，产生世人对它顶礼膜拜的心理作用，只有原始宗教发展到相当成熟的时候，才会出现这样的作品。在其他画面上，我们还可以看到兽神逐步人形化和人兽界限消失后图形逐渐简化的过程。这些都是探索史前艺术历史不可多得的宝贵资料。像这种神人兽面图像，在许多良渚玉器上反复出现，说明它是当时的主要崇拜对象。特别是玉琮，无一不雕有神人兽面图像，说明两者之间存有相互依存的关系。因而我们说，良渚文化玉琮的功能，可能是祖先崇拜的神柱，或是与某种神灵信仰有关的法器。在良渚玉器中，还可以看到另外一种图像，就是在画面中心是一对圆突的眼球，上方有一对圆头的短角和尖耸的双耳，硕长的嘴吻半掩着上列平齐的门齿。整个图形采用透视画法，形象与采用投影法描绘的神人兽面像有明显的区别，它似乎是另外一种动物的头像，我们暂时也称它为龙首形。这种龙首形造型在不少圆牌、环镯及个别璜上都有发现，但是在放有琮、钺、三叉形器这些雕琢着神人兽面像玉件的墓穴中却绝少发现，显然它属于另外一种崇拜对象（上册第 93 页，图二一八）。玉钺是良渚玉器中的常见器，是墓主人亲自捧执的神圣物件，绝非一般仿自实用器具的冥器或供玩赏的陈设，而是军事统帅权力的象征物。在图一二五，上册第 59 页，的玉钺上雕琢着神人兽面像，具体地表现了军权中渗透着神的旨意。我们从山东日照出土的玉圭上也可以看到相似的头像（上册第 30 页，图四〇），只是图像的位置作了 90 度的变换。由此推断，在商代以后曾是等级很高的玉圭，本是钺的演化物，是一种不再安柄的玉钺。玉钺作为身份象征和权力象征的礼器，是和玉质石斧的根本区别所在。以玉琮、玉钺、玉璧为核心组成的庞大礼仪用玉，正是良渚玉器社会功能的集中表现。因此，长江下游地区是我国史前玉器的重要策源地之一是没有疑问的，良渚玉器的卓越艺术成就也是举世公认的事实。

玉器的制作是专业化程度较高的复杂劳动过程，从原料的采集到玉件的琢成，又是一种多工序的消耗大量劳动的过程，是新石器时代社会生产力进一步发展以后的产物。玉礼器的出现，则是玉器从雕琢工艺到产品的社会功能全面成熟的一个标尺。纵观我国史前时期玉器，尤其良渚文化玉器中，不少器种的用途和装饰纹样，无一不与多神崇拜的原始信仰有关。《说文解字》释"灵"，灵字下方巫的含义为"以玉事神为之巫"。巫是神在人间的代表，是神的意志的体现，是神的化身。玉是巫奉献给神的礼物，巫以神的名义占有了玉，反过来又通过玉来体现神的存在，这样玉又成了神的物质表现。在这里我们看到了巫、神、玉三位一体、互为表里的依存关系。

良渚文化玉器的主要占有者，是那些死后能埋进高台土冢上的显贵阶层。红山文化的玉器，更是有资格埋在大型积石冢或祭坛上的显贵者的唯一物品。这一阶层的出现是和营建这些大劳动量的土方工程一样，反映了当时已经存在着组织和驱使大批劳动力从事其本身物质生活以外的劳务活动的权力和社会秩序。他们掌握着象征神权的琮、玉龙、兽形玦等神器、体现财富的玉璧和表示军权的钺，凭借着神的旨意，建立起金字塔式的人间社会。

文字是人类步入文明社会的重要标志，汉字中玉的含义如此明确，正是文明起源时期我国玉器特有的社会功能的真实记录。玉礼器的出现是和金字塔式社会结构相适应的社会产物。当"神的意志"和世俗等级统治混杂在一起的时候，玉就成了政治神秘化的物质表现。这些伟大而无实际用途的艺术品，就植根于政治神秘化的社会生活之中，在中华文明诞生之时，就深深烙上了玉和政治同样神秘化的印记。这就是中华民族孕育成崇玉心理的历史原因。中国青铜时代出现了无数精美杰出的艺术品，就其用途而言，仍然是集祖先与神灵崇拜为一体的礼器，在功能上正是史前玉器的继续和延伸，扩大。史前玉器从原料筛选、品种、纹样、用途及雕琢工艺等方面对商周玉器均产生过重大影响。自此以后，尽管还出现过葬玉、佩玉及食玉登仙等起伏曲折，中国的玉器终于渐渐地卸下神秘的袍套，走向为世俗人间所赏玩喜爱的工艺美术道路，作为中华民族聪明才智的艺术体现，放射出光彩夺目的绚丽霞光。

我国史前玉器出现在距今六七千年以前，那时离新石器时代的初萌还不很远，还处于新石器时代的较早阶段。当玉器只是作为人体装饰的时候，既不能将我国新石器时代都叫作玉器时代，也不宜以此区分社会性质上的某种质变。2000 年以前，风胡子在《越绝书》中，将“玉兵”排列在“石兵”和“铜兵”之间的时候就曾指出：“夫玉者，亦神物也。”特别点明了神在当时的社会功能和其特殊地位。据考证，甲骨文中的“礼”字，像二玉在器之形，为盛玉以奉神人之器。可见以“事神致福”(《说文解字》)为目的的礼，与前面分析过的神、玉、巫三位一体的关系是相通的。“礼”在成字时的本义，只是巫以玉事神的一种行为。然而，用以区别尊卑、贵贱、上下、亲疏等社会等级制度的礼制，恰恰是构成中华文明的核心内容。所以说只有当玉件作为礼器出现的时候，才是社会即将发生变革的信息，这就是玉器时代。它宣告了史前社会行将就木；它标志着文明时代的曙光已经出现；它预示出灿烂辉煌的青铜文明即将到来。这就是玉 —— 东方史前艺术的明珠，在中国文明史上的特殊贡献。

注 释

① 南京博物院：《江苏吴县草鞋山遗址》，《文物资料丛刊》1980 年第 3 期。

② 南京博物院:《江苏吴县张陵山遗址发掘简报》,《文物资料丛刊》1982年第6期。

③ 周甲胜:《江苏武进寺墩遗址的试掘》,《考古》1981年第3期。

④ 黄宜佩:《上海福泉山良渚文化墓葬》,《文物》1984年第2期。孙维昌:《上海青浦福泉山良渚文化墓地》,《文物》1986年第10期。

⑤ 王明达:《浙江余杭反山良渚墓地发掘简报》,《文物》1988年第1期。

⑥ 芮国耀:《余杭瑶山良渚文化祭坛遗址发掘简报》,《文物》1988年第1期。

⑦ 宋文薰:《论台湾及环中国南海史前时代的玦形耳饰》,载中央研究院编《台湾第二届国际汉学会议论文集》,1989,第117页。

⑧ 高天麟、张岱海:《山西襄汾县陶寺遗址发掘简报》,《考古》1980年第1期。高炜、李健民:《1978—1980年山西襄汾陶寺墓地发掘简报》,《考古》1983年第1期。

⑨ 戴应新:《陕西神木县石峁龙山文化遗址调查》,《考古》1977年第3期。

⑩ 姬乃军:《延安市发现的古代玉器》,《文物》1984年第2期。

⑪ 杨德标:《潜山薛家岗新石器时代遗址》,《考古学报》1982年第3期。

⑫ 张敬国:《安徽含山凌家滩新石器时代墓地发掘简报》,《文物》1989年第4期。

⑬《阜新查海出土七八千年前的玉器》,《中国文物报》1990年2月8日。

⑭ 贾鸿恩:《内蒙古翁牛特旗三星他拉村发现玉龙》,《文物》1984年第6期。

⑮ 方殿春、刘葆华:《辽宁阜新县胡头沟红山文化玉器墓的发现》,《文物》1984年第6期。

⑯ 孙守道:《三星他拉红山文化玉龙考》,《文物》1984年第6期。

⑰ 李恭笃:《辽宁凌源县三官甸子城子山遗址试掘报告》,《考古》1986年第6期。

⑱ 方殿春、魏凡:《辽宁牛河梁红山文化“女神庙”与积石冢群发掘简报》,《文物》1986年第8期。

⑲ 孙守道:《三星他拉红山文化玉龙考》,《文物》1984年第6期。

⑳《阜新查海出土七八千年前的玉器》,《中国文物报》1990年2月8日。

㉑ 南京博物院:《1987年江苏新沂花厅遗址的发掘》,《文物》1990年第2期。

㉒ 贾峨:《关于河南出土东周玉器的几个问题》,《文物》1983年第4期。

㉓《山东朱封遗址发现龙山晚期大墓》,《中国文物报》1990年2月15日。

㉔ 夏鼐:《所谓玉璇玑不会是天文仪器》,《考古学报》1984年第4期。

㉕ 张敬国:《安徽含山凌家滩新石器时代墓地发掘简报》,《文物》1989年第4期。

㉖《良渚文化考古又喜获新成果》,《中国文物报》1990年4月19日。

㉗ 宋文薰:《论台湾及环中国南海史前时代的玦形耳饰》,《台湾第二届国际汉学会议论文集》, 1989, 第117页。

夏商玉器综述

陈志达

一、前言

中国玉器，源远流长，民族特色鲜明，在长达七八千年的发展历程中，由于社会制度的变化与王朝的更迭，玉器受到不同时代的权贵人物的宗教信仰、礼仪观念和奢侈风尚等诸多方面的影响，被打上了时代的烙印。但作为一种工艺品与“德”（品格）的象征物，人们崇玉、藏玉与琢玉的文化传统，一直相沿未衰，这在中国古代手工艺品发展史中可谓独树一帜。

商周卷收录的商和西周玉器，以科学发掘品为主，兼收某些艺术价值较高的博物馆藏品。对于探索中的夏文化玉器，也酌量作了收录，借以开阔人们的思路，开展讨论。

夏王朝是我国历史上由夏族人建立的第一个奴隶制国家。据文献记载，夏代自禹至桀，历 14 世 17 王，共 400 多年（相当于公元前 22 世纪至公元前 17 世纪）。为探索夏代的文化面貌，考古学家在今豫西、晋南一带传说中的夏人活动地区进行了长达 30 多年的考古发掘与调查，目前学者们一致认为，中原地区确实存在夏文化遗存，但究竟何种考古学文化属于夏文化，因无地下文字可资证实，存在分歧意见。我们权衡各家论述，采用下述观点：

(一) 龙山文化“陶寺类型”中期和晚期可能是夏文化[①]。

(二) 偃师二里头文化第一、二期或第一期是夏文化[②]。

这就是说，我们将以此两种考古学文化的年代为依据，来探讨夏文化玉器和夏代纪年内的重要玉器。

商灭夏后，建立了我国历史上第二个奴隶制国家——商王朝。商代自成汤建国至帝辛覆亡，历经17世31王，约600年（相当于公元前17世纪至公元前11世纪）。商代的世系及商代晚期（盘庚至帝辛）的文化面貌（考古学上称为殷墟文化），已为甲骨文与殷墟考古资料所证实，并为多数学者所公认。

20世纪50年代以来，考古学家在河南郑州二里岗遗址发现了早于殷墟文化的二里岗文化。在河南偃师二里头遗址发现了早于二里岗文化的二里头文化。这两大发现，突破了商代文明的时空界限，意义重大。但也因无地下文字的证实，学术界对这两种考古学文化的历史年代问题存在不同意见，我们采用下述观点：

(一) 二里岗文化早晚期为商代中期[③]。

(二) 二里头文化三、四期或二、三期为商代早期。

高度发展的商代青铜器与商代文明早已举世瞩目。商代玉器于近20年也显露头角。有学者认为，良渚文化玉器是我国古玉器发展史上的第一个高峰，而商代晚期玉器则是古玉发展史上的第二个高峰，可见其地位之重要。

在夏商两代玉器中，其中品类最全、式样最多、工艺最精的当推商代晚期的殷墟玉器。如何对这一时期的玉器恰当地进行分类，则有普遍意义。20世纪70年代末，我们依据对妇好墓玉器的考察，结合文献资料，按器物的用途，将它们分为礼器、仪仗、工具、用具、装饰品、艺术品与杂器七大类[④]。夏鼐先生晚年运用考古学方法，对商代玉器的分类、定名和用途作了科学论证，他以为商代的主要玉器可以分为“礼玉”、武器与工具和装饰品三大类[⑤]。本文参照夏先生和某些学者的意见，对某些器类的内容作了调整或补充，但仍以七大类作为框架，不予更动。下面我们将按时代、地区、器类对夏商玉器加以简述，抛砖引玉，敬希批评指正。

二、探索中的夏代玉器

(一) 山西襄汾陶寺遗址的发现与大规模发掘，开拓了探索夏文化的新领域。发掘者与研究者多认为命名为龙山文化“陶寺类型”的考古学文化，就地望、放射性碳素断代、出土重要文物等方面都与夏代密切关连，以为“陶寺类型”中晚期可能就是夏文化。有些学者可能疏忽了上述的重要因素，而将其归属于新石器时代晚期，这是值得进一步研究的。

“陶寺类型”的玉器，主要出自中晚期墓中[6]，数量有待公布，器类大致可分礼器、仪仗、用具与装饰品四大类。

礼器有琮、瑗两种。琮多为矮体，外方内圆，个别的呈八角形。瑗都经抛光，晶莹光泽。

仪仗类仅钺一种，主要有两种形式，一种呈长方形或梯形，近顶端有一穿；另一种钺身呈长方形，有上下阑，一穿短内，但较少见。

用具类只梳一种。一件呈长方形，下端有排列规整的梳齿 11 枚；一件石梳，制作甚精，有梳齿 12 枚。从形制考察，皆适于实用。

装饰品有臂环与玉管两种。臂环边高而薄，形近商代晚期的玉镯，应是实用物。

从总体考察，此期玉器多质朴无纹，工艺不及二里头文化三、四期玉器之精细，而二里头文化常见的圭、戈、戚等礼仪性玉器，这里却阙如。这里的同一种器物，诸如琮、瑗、梳等，往往玉石料并用，而未加严格选择，这些现象表明，当时的琢玉工艺似乎处于低水平的发展时期。

(二) 陕西神木石峁上世纪 70 年代征集到一批玉器，有较重要的学术价值[7]。发现者起初判断为新石器时代或殷代遗物，后更正为陕西龙山文化（即客省庄二期文化）遗存。由于玉器缺乏地层依据，其时代确实难以说清。

在征集到的 127 件玉器中，据鉴定，其中一部分属石质。器类有：

礼器类有璧、圭、牙璋三种，而以牙璋为数最多，形制与二里头三、四期的牙璋近似，制作精细，有的长达35厘米，有较高的“开料”技术，为这批玉器中具有代表性的作品。

仪仗类有戈、钺、戚和多孔刀四种。戈、戚、多孔刀的形制与商代同类玉器接近，磨制也较精细。

装饰品和艺术品类有璜、牙璧（旧称“璇玑”）、人头像、虎头、蚕、蝗虫、螳螂等。一件浮雕人头像，作侧视形，眼位于额部，耳廓大而靠后，显然失实。虎头、蚕、螳螂等肖生作品，小巧雅致，颇具匠心。

据报道，石峁遗址出土的都是龙山文化陶片，作者由此认为“石峁玉器和陶器都是龙山时期的”。据考古研究所实验室近年对“客省庄二期文化”放射性碳素断代，有四个数据在公元前2000年至公元前1685年之间[⑧]，均在夏代纪年范围内，而石峁玉器中的圭、牙璋、戈和戚，其形制与风格都与二里头文化的同类玉器接近，相反，在新石器时代玉器中至今仍少见其踪迹。我们设想，这批玉器有可能是夏时期居住在我国西北地区某族所创作。

三、发展中的商代玉器

（一）初步发展的商代早期玉器

以二里头文化三、四期为代表的商代早期玉器，主要出土于河南偃师二里头遗址，共约四五十件，多数是墓葬的随葬品，少数为采集品。器类比“陶寺类型”增多，工艺也更益精细，如这一时期的双线浅浮雕纹样和兽面铜牌饰件上的绿松石镶嵌工艺[⑨]，都是首创的。北京玉器厂技术室的高级技师对这一时期的琢玉工艺给予高度评价，指出：“（玉器）无论从造型、纹样和做工等方面来说，可以肯定当时琢玉技艺已达到相当精巧细致的程度。”[⑩]并推测青铜工具已应用于琢玉领域。

此期玉器大体有礼器、仪仗、工具、武器与装饰品五类。

礼器有圭、牙璋两种。另有一件称为“琮”的[11]，呈圆筒状，形制不规范，可能是佩玉。圭作长条形，皆有一穿，精致的琢刻菱形雷纹带花纹；有的则素面抛光。两件牙璋，出土于同座墓中，长柄凹刃，双重阑，有对称的齿牙，一穿[12]。关于牙璋的用途，学者们说法不一。从出土牙璋的圹穴与伴出的随葬品考察，墓主的地位并不高。推测它可能是标志身份的礼器。

仪仗类有戈、戚、钺、多孔刀四种。戈的援部均作长条三角形，有上下阑，长方形内或短内，其上都有一穿。其中一件在援的后部琢竖直阴线五组，制作较精，据说用独山玉制成[13]。戚（原报告称“钺”）有圆形、长方形凹刃、长方形弧刃和梯形四种形式，两侧都有对称的齿牙（四对或六对）。一件梯形戚，双面刃，上部并列三孔，两侧有齿牙两对[14]，甚少见。钺仅一见，呈梯形，有上下二穿，下面的一穿镶以绿松石[15]。这是商代玉器中最早的一件嵌松石制品。多孔刀发现三件，其中两件系采集，一件呈长条梯形，靠背处并列三穿，质地较差[16]；另一件也是长条梯形（上册第131页，图十二），近背处七孔并列，两侧有六对齿牙，两端则饰以对称的菱形花纹[17]。它集刀、戚的形制于一体，琢磨精细，是一件难得的珍品。

工具类有刀和铲。铲作长条形，端刃，近顶端有穿。

武器类仅镞一种，有两种形式：一种呈圆柱形；另一种呈三角形，有短铤，形似铜镞。有可能是实用物。

装饰品类有柄形饰、璜，尖状饰、长条形饰和管形饰等数种，而以柄形饰为数最多，其中一件为白玉质（上册第131页，图十四），通体琢兽面纹和花瓣形纹各五组，两者相互间隔，中间用横线隔开。兽面运用双线浅浮雕手法琢成，精细醒目[18]，可与殷墟玉器的兽面纹媲美，是这一时期高水平琢玉工艺的代表作。

与中原地区二里头文化年代相当的夏家店下层文化，近年也出土了一批玉器，颇值得注意。

夏家店下层文化发现于内蒙古赤峰夏家店，故名。遗址主要分布在燕山山地广阔地带内，迄今经过发掘的有内蒙古赤峰地区夏家店、药王庙、新店、香炉山、南山根、大甸子及辽宁朝阳地区的丰下，水泉等遗址。据放射性碳素断代，其年代在公元前2000至公元前1500年，晚于红山文化，属我国北方青铜时代早期[19]。

夏家店下层文化的玉器，主要是在赤峰大甸子墓群内出土的，细节有待公布。据“考古研究所建所四十年成果展览”的部分展品，得知玉器有斧、钺、臂饰、镯、钩形器柄以及由玉管状珠与玛瑙珠串缀而成的项链等。一般说来，玉石质的斧、钺，工艺都较精细，主要出自成年男性墓中，像是墓主身份的标志物。令人惊异的是，一件钩形器柄，其形制与红山文化[20]及妇好墓出土的一件[21]同类器相似，反映出三者之间的可能承袭关系，受到考古学家的关注。

（二）商代中期玉器

以二里岗文化早、晚期为代表的商代中期玉器，主要出土于郑州商城遗址与墓葬中，大约有40多件。器类与琢玉工艺都较商代早期玉器少而逊色。这一反常现象，令人困惑。究其原因，可能有二：一是没有发掘到此期的大墓，二是当时的贵族存在重铜器轻玉器的倾向。从二里岗期铜器远胜二里头文化铜器分析，后者可能是主要原因。

郑州出土的二里岗期玉器有礼器、仪仗、工具、装饰品四类。

礼器类有璧和牙璋各一件。璧，褐色素面，为商代所习见。牙璋，系采集，首端内凹呈弧形，双重阑，一穿，长方形内[22]，形与二里头四期的牙璋雷同。长达66厘米。

仪仗器仅戈一种，数量不多，形体都较大，主要有两种形式：一种为长条三角形援，援上一穿，有上下阑，长方形内或后缘的角被切去[23]，磨制都较精；一种援后无阑，一穿，后缘琢成齿牙状[24]，形制较特殊。

工具类有铲和凿，数量都很少。铲有两种形式：一种呈长方形，上有一穿，两面分别琢以连珠纹和横行阴线[25]，工艺较精细，似非实用器；另一种呈长条形，有穿，形似“圭”，亦非实用器。凿均为长条形，小巧别致，其中一件长仅 4.9 厘米[26]，像是玩赏品。

装饰品类有笄、柄形饰、璜、长方形饰和柿蒂形饰等，多为商代习见之物，唯一件柿蒂形饰属首见[27]。此件四角漫圆，一面平，另一面微鼓，中部琢“十”字形凹槽，将面平分为四，中心有孔，可佩戴。

这一时期的玉器在河南偃师县（今偃师市）尸乡沟[28]、辉县琉璃阁、新郑望京楼[29]、许昌大路陈村[30]、山西夏县东下冯[31]和北京平谷刘家河[32]也有少量发现。而以望京楼的较为重要。此处采集有玉戈三件和玉援铜内戈一件。玉戈大致有两种形式：一种长援浅阑，长方形内，一穿；另一种援近三角形，有上下阑，长方形内，一穿。一件玉援铜内戈，玉援作长条三角形，后缘插入铜内里。铜内作磬折形，前后段都有纹饰。从一起发现的青铜礼器的形制考察，其年代多属二里岗文化时期。因此说，这件玉援铜内戈当是我国目前存世的最早的一件。

湖北黄陂盘龙城发现的一座年代相当于二里岗晚期的小城垣、一座宫殿基址和十多座墓葬，出土了 20 多件玉器和为数较多的青铜器、陶器等遗物[33]，引起考古学家的重视。

玉器中有仪仗类的戈，工具类的雕刀以及装饰品类的柄形饰、玉蝉等。其中的一件大型玉戈（上册第 134 页，图二一），中脊和边刃都磨制得很精细，长达 94 厘米[34]，显示出高水平的“开料”技术，堪称商代中期玉器中的精品。

据学者研究，盘龙城遗址可能是商王朝南方的一个重要都邑[35]。那么，埋葬于这一城垣外围某些同时代的墓葬，如李家嘴2号墓，除出有6件玉戈外，还伴出有铜礼器、兵器、工具等共63件，墓内还有3个殉葬人，由此推测，其墓主有可能就是这一城垣的权威人物。

（三）高度发展的商代晚期玉器（约公元前14世纪至公元前11世纪）

商王朝自盘庚徙殷后，商亦称殷，中经8代12王，共273年，考古学界将这一历史时期订为商代晚期或商代后期。据学者研究，殷王“行汤之政”，对内加强王室的统治，发展生产，对外在武丁时期四方用兵，扩大统治区域与文化影响，使王朝的国力空前强大。这一时期的琢玉工艺与青铜冶铸技术一样，都有惊人的发展，特别是殷王都（殷墟）玉器，更是精品迭出，蔚为大观。王都以外其他区域的玉器，也有不少新颖作品，令人刮目相看。同时，玉石文化亦于此期兴起。下面将从三个方面加以阐述。

1. 多彩多姿的殷墟玉器

殷墟是殷代的王都遗址，位于今河南安阳西北郊，洹河由西向东流贯全境，它的范围大约有30平方千米。这一中国田野考古的圣地和所发现的殷墟文化，早已举世闻名。作为殷墟文化的一个重要组成部分——玉器，自1976年妇好墓发掘之后[36]，因大量珍贵玉器的出土，引起学术界的兴趣与重视，

在殷墟，玉器绝大多数出土于殷代的大中型墓中，小型墓和居住遗址极少发现。大部分应是墓主生前使用之物，是墓主身份、地位的标志之一。极少数系殉葬人的佩玉和方国的贡品。

殷墟究竟出土过多少玉器，已难以考查，就发掘品而言，截至1990年，大约有2000多件。应当指出的是，由于古今盗掘，十墓九空，被劫被毁的玉器当更多。据《逸周书·世俘解》称:“商王纣取天智玉琰五，环身厚以自焚，凡厥有庶告，焚玉四千。……凡武王俘商旧玉亿有百万。”[37]清代王念孙《读书杂志》校为“凡武王俘商，得

旧宝玉万四千”[38]。王氏的校正，比较接近事实。

（1）色泽与质地。色泽绚丽多彩，多数含有与主色相异的玉斑，纯色的较少。有些因受沁原因，色略发白或黄。其表面颜色，以深浅不同的绿色为最多，计有墨绿、淡绿、茶绿等。其次为黄褐和棕褐。灰色、白色（包括乳白色）、黄色的较少，黑色、蓝色、银灰色、橘红色的更少。

玉料之所以呈现各种不同的颜色，矿物学家多认为，主要原因在于矿物本身所含的不同化学成分所造成[39]。另一种意见认为，“矿物或矿石有各种各样的颜色，这是由于它们对自然光中不同波长的光波吸收程度不同的结果。”[40]也有矿物学家将矿物的色源归因于某些物理原因。总之，矿物的呈色原因相当复杂，有待矿物学家进一步分析研究。

至于殷墟玉器的质料，学者们曾作过探索与研究。40年代，李济先生将殷墟出土的61件玉器标本全部作了比重和硬度分析，认为“没有一件够上硬玉的资格”[41]。1952年，他将殷墟出土的7件玉器标本，请阮维周教授作矿物鉴定，认为都是南阳玉[42]。1976年妇好墓发现之后，我们曾请北京玉器厂、安阳玉雕厂的有关技师对妇好墓出土的约300件玉器加以初步鉴定，鉴定结果认为，大部分均系软玉，少数属硅质板岩和大理岩。在玉中，以青玉居多数，白玉较少，青白玉、黄玉、糖玉更少。这几种玉料大体上都是新疆玉。此外，有3件嘴形器，质地近似岫岩玉。1件玉戈，有人认为是独山玉（南阳玉）。由于鉴定者仅凭肉眼观察和个人经验，因此不能作为定论。随后，中国科学院地质研究所张培善教授对妇好墓出土的5件残玉器作了切片鉴定，鉴定结果，均属透闪石玉[43]。但他未触及玉料的产地问题。近年，地质矿产部地质研究所闻广教授对妇好墓出土的3件残玉器运用红外光谱及X光粉晶测定法进行鉴定，认为全属透闪石玉[44]。

关于我国古玉原料的产地问题，现代学者多认为，新疆和田和叶尔羌地方的山上和河谷中是我国古代的产玉中心，开矿所得的文献上称为“山料”，在河谷中采集的称为“籽玉”。此外，河南南阳、密县、淅川，陕西蓝田，甘肃酒泉，辽宁岫岩[45]，太湖周围的宜溧山地、天目山脉和宁镇山脉[46]，以及台湾花莲丰田[47]等地都是产玉的地方，但这些地方所产的玉料，多数不属透闪石玉，而是中国考古学术界所称的广义的玉。从妇好墓玉器的初步鉴定中，有新疆玉、透闪石玉、岫岩玉和南阳玉四种，而以新疆玉居多数，这是目前所知新疆玉最早输入中原的证据。杨伯达教授指出：“仅从妇好生前掌握大量精美的和田玉肖生雕刻判断，至少是和田玉的本质美起了决定性作用，至于是否还有权、神、族、旅等实际的用途和观念上的功能，也是值得考虑的。”[48]

从甲骨卜辞的有关记载看，殷时肯定有外来的玉材，如卜辞中有“庚子卜，争贞，令[illegible]取玉于龠”[49]；“戊寅卜，㱿贞……正（征）玉”[50]。“争”“㱿”都是武丁时期贞人。“龠”的地望虽不清楚，但由此说明，武丁时期殷王室就派人到外地“征”“取”玉材了，这是和妇好墓玉器应用多种玉料相一致的。

在殷墟，至今未发现理想的琢玉手工业作坊遗址，只是1975年冬在小屯村北地发现两座殷代晚期小型房子，在房内，出土有大量砺石和少量玉料，并有几件精致的“俏色”玉石艺术品[51]，估计这里可能是磨制玉石器的场所。从殷墟某些玉器的造型、纹样（兽面纹、蝉纹、云纹等）与殷墟青铜器相接近等方面考察，推测大部分玉器应是殷人在殷墟当地制作的。至于极少数刻有方国名的玉器（详下），那是与殷王国亲睦的方国入贡的。

(2) 精细入微的琢玉工艺。据我们对殷墟玉器（尤其是妇好墓玉器）、玉半成品以及玉器上遗留的工具痕迹等方面考察，得知当时的琢玉工艺已达到相当高的水平，主要表现在下列四个方面[52]：

第一，选料、用料似有缜密考虑。如，往往用同一块玉料或色泽相近的料琢雕成成对的肖生动物，像妇好墓出土的对象、对马、对鹤等；善于利用玉料的自然形态，因材施艺，创作出形象生动的作品。如妇好墓中的一件回首状伏牛，主要是利用此件籽玉前高后低的自然形状巧妙设计而成。善于利用玉环、瑗、璧的“钻心”，制成纺轮之类的工具。同时，还利用残器及边角料改制成其他用器或镶嵌片，以节省原料；利用玉石的天然色彩，创作“俏色”作品，使天然美与艺术美融于一体。如小屯北地出土的一件圆雕玉鳖，背甲呈黑色，头颈和腹部都呈灰色。一件石鳖的背甲、双目、爪均呈褐黑色，而腹部呈肉红色[53]，惟妙惟肖，开我国“俏色”玉器的先河。

第二，造型丰富多彩。主要表现在三个方面：(甲) 沿袭传统的造型手法，如琮、璧、环、璜、戈、铲之类大体上承袭商代早中期同类器的形式，但也有不少新的创造，如妇好墓出土的一种孔周凸起呈圆口状的璧、环和龙形玦，等等，都是前所未见的。(乙) 突破传统的造型程式，创作了人像、兽畜、禽鸟等多种圆雕作品。如妇好墓出土的玉石人物跽坐像，面部表情不尽相同，刻画较细。圆雕的兽禽和昆虫，大多形象逼真，有些还突出其外形的主要特征，如象的长鼻、虎的利齿、螳螂的刀足，等等。对于某些神话性动物，如蟠龙、怪鸟等，造型也很优美，反映出设计者丰富的想象力和深厚的艺术造诣。浮雕的兽禽，多设计成侧视形，肥瘦适中，以作静止状态居多，少数则作运动状态，或奔跑或飞翔。如妇好墓出土的一件玉鹰（上册第154页，图八三、八四），尖喙歪头，两翼展开，作冲天直上之势。殷墟西区墓出土的一件玉雁（上册第156页，图九二），伸颈展翅，给人以飞向远方的感觉。(丙) 模仿铜器的造型，如玉簋、石豆、石觯等，其形制与同类铜器雷同。个别的由于玉料的限制，则自成形式，妇好墓出土的一件玉盘，即是一例。

第三，雕琢手法多样。殷墟玉器的花纹，大多舒展流畅，给人以美感。一般说来，兽、禽、鱼类的花纹各有自身的风格，如兽禽的眼多作甲骨文“目”字形，少数作圆形，鱼则一律作圆形。兽类身上多用斑条纹或变形云纹，背部多用脊状纹。禽类多用翎纹和羽毛纹。龙多用云纹或菱形纹，等等。可注意的是，多数浮雕的兽或禽鸟，它们各自的两面花纹基本相同，仅少数在局部上有小的差异。由此分析，在造型和琢雕之前，可能分别绘有设计图。然而，雕琢花纹，并不是一次就能完成的，而是先勾勒出极浅的轮廓线，再沿轮廓线反复雕琢，直到全部线条合乎要求为止。

据观察，花纹的线条，有阳线和阴线两种。阳线大致有两种方法琢成：其一，沿纹样两侧边缘分别刻出阴线(或称双线阴钩)，再将阴线的外侧修磨成一斜面（玉雕工艺上称之为“彻”）。其二，磨去纹样周缘的玉面，使成为真正的浅浮雕。阴线也有两种方法：其一，沿花纹直接刻人（玉雕工艺上称为“勾”）。其二，将阴线两侧微加修磨，使线条加宽，如禽鸟类的羽毛纹。但无论阳线或阴线，都以弧线或曲线为多，大概是用圆形的铊子琢出。此外，多数玉璧两面的同心圆花纹，线条流畅，始点与终点紧密相合，工艺水平较高，可能当时已应用一种简单的画图工具。

第四，钻孔、镂空、开料与抛光。在大多数玉器上，都有一至三个大小不同的圆孔。据观察，当时大致有两种钻孔方法，即管钻与锃钻。由不同大小的圆孔，可知应有多种不同尺码的青铜管子及青铜棒（锃子)。玉器上的镂孔，不外两种形式，我们称之为“封闭式”和“半封闭式”。封闭式镂孔,大概先在相应部位上钻一或数孔，然后用“镘弓子”(青铜质）之类的工具向外侧镘出所需要的形状，并修磨其不平之处，再经抛光。半封闭式也要钻孔，方法是，由孔壁向外和由玉版外侧向内镘出所需要的形状，颇为巧妙。开料痕迹遗留很少，一种呈长条形，另一种呈弧形。由此推知，其工具为长条形平锯和圆形铊子。抛光则是琢玉工艺的最后一道工序。在殷代，可能用兽皮与丝麻织品蘸拌水的细砂反复打磨而完成。

总之，一件玉器的琢成，必须经选料、开料、成型、琢纹、钻孔、抛光等一系列工序，每道工序，除必要的工具外，都离不开水和解玉沙（金刚砂）。由于各道工序都配合默契，从而有效地创作出很多典雅作品。有些精品，不仅殷代以前所未见，即使用今天的琢玉水平来衡量，琢成它也是十分不易的。

（3）玉器的种类。殷墟玉器的种类相当齐全，尤其是以妇好墓为代表的殷代王室玉器，更是名目繁多，式样纷呈。以用途分，大致有礼器、仪仗器（或武器）、工具、用具、装饰品、艺术品以及杂器七大类。

第一，礼器。也称“礼玉”，主要用于祭祀、仪礼等方面。有些也用作佩戴，以显示主人的身份，起“礼”的作用。

甲骨卜辞有用玉祭祀的记载，如：“庚申卜，宾贞，南庚玉㞢𢀛”[54]；“癸酉贞，帝五玉，其三小宰”[55]。《周礼·大宗伯》说：“以玉作六器，以礼天地四方，以苍璧礼天，以黄琮礼地，以青圭礼东方，以赤璋礼南方，以白琥礼西方，以玄璜礼北方……”但《周礼》成书于战国，不可全信。

郭宝钧先生早年曾对《周礼》在考证古代玉石器中的作用，作过评说[56]。夏鼐先生也指出：“《周礼》所记‘六瑞’（璧、琮、圭、璋、璜、琥）的用途，有的可能有根据，有的是依据字义和儒家思想硬派用场。”[57]鉴于此，我们将琮、圭、璋、璧、环、瑗以及簋、盘定为礼器，而将璜、玦、琥、璇玑等列为装饰品。

琮的数量不多，大致有两种形式：一种形体较高，四角雕出凸棱，射亦较高；另一种矮体短射，或在四角凸棱上琢以蝉纹，或在四面中部雕以几何形纹（或称兽面纹）。此外，还有一种形状甚小的琮（高仅2厘米上下），大概是一种仿制的玩赏品。

圭的数量较少，大多为长条形，平首厚刃，下端多有一孔，表面琢简朴花纹；少数上端作三角形或略内凹。大司空村出土的一件上端有孔，长仅4.1厘米[58]，像是玩赏品。

玉璋的数量不多，完整者更少。近年出土过朱书残璋[59]，但未见详细报道。

璧、瑗、环三者相加的数量较多。《尔雅》曰:“肉倍好谓之璧，好倍肉谓之瑗，肉好若一谓之环。”据戴震《考工记图》：璧的两边相加之和等于璧的孔径的一倍。按此，则瑗的孔应等于瑗两边之和一倍，环的两边之和等于环孔。然而，妇好墓出土的璧、瑗、环（共57件），除其中一件环符合上述“肉”“好”的比例外，绝大多数并不符合规定的模式。

关于璧、瑗、环各自的形制，基本上都有两种：一种孔与璧面平，另一种孔壁凸起作圈状。它们的大小不尽相同。少数工艺讲究的璧、瑗、环，表面分别雕琢同心圆阴线。殷墟出土的两个玉环，套合在一起，可旋转自如[60]，极少见。可注意的是，20世纪30年代曾在小屯宫殿宗庙遗址的丙二基址南面，发现两件东西并列的玉璧（相距约1.8米），白璧在西，苍璧在东。璧孔中均满布绿松石[61]。联系到“苍璧礼天”的记载，此二璧有可能是祭天后的遗留。

簋二件，盘一件，均出自妇好墓，质料、工艺都称上乘，不像是日常用器。我们估计，此簋、盘可能与伴出的石瓿、石觯、石豆等配套，是殷王室举行祭祀或宴飨时的专用器皿。

第二，仪仗（或武器）类。有戈、矛、戚、钺和大刀五种。多数琢制精细，形制典雅，无使用痕迹。一些大型玉戈，边刃极薄，易崩裂。有的玉援铜内戈，援入内里很浅，极易脱落。一件龙纹大玉刀，纹样精湛，可见皆非实际杀伐的兵器，应是殷王室和贵族在举行礼仪或祭祀活动时作仪仗之用。至于形制极小的戈（短的仅 3.3 厘米），当是“弄器”。

戈的数量最多，约有 170 多件，大致有三种形式：

Ⅰ式最多，长条三角形援，有中脊和边刃（上下刃）直内。多数援后琢出上下阑，少数援内不分。在内上或援后有一穿。有的内上琢有花纹，有些内上留有安秘痕迹。长度不一，长者 40 厘米以上。一般的 20 厘米至 40 厘米。短的仅 3.3 厘米，当是弄器。

Ⅱ式甚少，援部窄长如刀，有上下阑，长方形内，一穿。

Ⅲ式较少，援形如圭，有中脊和边刃，有上下阑，内宽而短，多有一穿，二穿者极少。

可注意的是，在极少数戈上琢刻或书写有纪事性文字，其内容详下述“商代晚期的玉石文”节。

此外，还有三件玉援铜内戈，相当引人注目。如妇好墓出土的一件，在鸟形铜内上，遍镶绿松石片，显示出娴熟的镶嵌技艺。

矛的数量极少。一件略呈柳叶形，短内一穿[62]。另一件两侧有对称的扉棱，后端有阑，方形内，一穿[63]，形状较异。

近年在大司空村的一座殷墓中出土铜骹玉矛（头）一件（上册第 138 页，图三六）。矛头呈叶状，铜骹作蛇头形，两面分别用绿松石镶嵌出蛇与默面图案，精巧而醒目。

戚、钺类约有 20 多件。戚多作长方形，平顶弧刃，两侧有齿牙，上端都有一穿，长度在 10 厘米左右。但也有弧顶弧刃，两侧有齿牙的。钺的形状近戚，但有阑，而无齿牙。

大刀仅一件（上册第 139 页，图三九）。背部雕出齿牙状薄棱，刀身后部有一圆穿，短内。刀身两面雕以精细的龙纹，别具风采。

第三，工具类。有斧、凿、锛、锯、刀、槌、觿、纺轮、铲、镰等，共约一百余件，内涵比较复杂。有些器类的外形与另一种器类近似（如镰与戈），在定名上可能不够确切。从实物考察，少数镰和一些小刀、刮刀有使用痕迹，应是实用器。纺轮和一部分小刻刀，也有实用价值。至于斧、凿、锛以及制作精细的某些小刀，未见使用痕迹，大概都是象征性工具。

斧、凿、锛、铲的刃部或平或微凸，体呈长方形或长条形，顶端多有一孔，有的有短内，夏鼐先生把它们归入“平头（或凸弧刀）端刃器”。例如，妇好墓出土的一件玉斧（上册第139页，图四〇），长方扁圆体，弧刃，内呈长方形，一穿，器身两面琢雕精细的兽面纹。侯家庄大墓盗坑出土的两件残玉斧，分别刻有文字。妇好墓出土的一件琢有形象诡异的饕餮纹玉铲，下段两侧有对称的扉棱，顶端有孔，有较高的艺术价值。

锯仅一件，长条形，刃部有较密锯齿，直柄稍残。

刀的形式较多，大多小巧玲珑，新颖别致。按其外形，大致可分边刃和端刃两大类。边刃刀有多种式样，而以凹背曲刃，短柄或柄稍长的为多见。如，妇好墓出土的一对青玉刀（上册第140页，图四三），背部雕出锯齿状扉棱，刀身两面雕以雅致的S形纹和方目纹，很有特色。一件梯形刀刃长于背，背部有两孔，两面均雕饕餮纹，颇为罕见。一件半月形刮刀，背部有双孔，磨制光滑，形制典雅。

端刃刀的数量较多，均为斜刃，形似今之刻刀。柄端多数雕成各种动物形象，如夔、鸟、壁虎、鱼等，其中以鱼居多数，鸟形次之。有浮雕，也有圆雕（较少）。形象逼真，工艺不凡。长度大多在6厘米至8厘米。柄端多有小孔，可佩戴。武官大墓出土的一件碧玉刻刀，表面琢竹节纹四节，刀身上下分别钻有一孔。朴实无华，适于实用。

槌只一件，头部呈亚腰形，长方形内，一穿，可安柄[64]。大概是实用器。

觿的数量很少，一般认为作解结之用。大司空村出土的一件（上册第 141 页，图四六）上端雕成牛头形，下端如角锥，长 6.1 厘米[65]。应为实用器。

纺轮在妇好墓中出土了 20 多件，表面多无纹，直径在五厘米至六厘米。唯有一件雕虺形纹（上册第 141 页，图四七），正面为虺背，背面为虺腹。设计巧妙，颇具新意。

第四，用具类。有研磨朱砂的臼杵，调色的盘，以及梳、耳勺、匕、斗等，但数量都很少，皆为实用之器。

成套的杵臼，妇好墓中出了一套。臼由大理岩制成，臼孔晶莹光泽，满染朱砂。杵为玉质，柄部留有因长时期研磨朱砂而形成的宽“旋”纹。商代少见。

梳甚少，但制作颇精。一件梳背雕成双鹦鹉形象，头相对，颇具情趣，下端有梳齿 15 枚；另一件（上册第 142 页，图五〇）梳背饰饕餮纹，有梳齿 8 枚。都是难得的珍品。

调色盘（上册第 142 页，图四九）造型轻巧，后端两面均雕双鹦鹉纹，有钮可悬挂。盘底满染朱砂。从书写角度看，它也是我国最早的砚台。

耳勺的柄端雕成鱼形或蝉形，下端挖出浅圆小孔，与今之耳勺相似，甚精巧。

匕很少。一件（上册第 142 页，图五一）琢有繁缛精致的花纹，一面柄端饰一蝉，匕面伏四蝉；另一面饰对夔纹、兽面纹、目雷纹和三角形纹，纹样之精美，令人赞叹。

斗仅一件。斗与柄系一料琢成[66]，有较高的琢玉技艺。

第五，装饰品。数量最多（总数在千件以上，包括玉镶嵌片、玉珠等），品种也很齐全。从实物考察，大致可分佩戴与镶嵌饰、头饰与冠饰、腕饰、坠饰以及不明用途的饰品等。其中不少作品，题材新颖，工艺高超，堪称商代玉器中的精华，举世瞩目。

甲、佩戴与镶嵌饰品（有的两者兼用），其上多有小孔或外伸的短榫。题材多样，主要有人像、人头像、各种动物形象和神话性动物。此外，还有柄形饰、牌状饰、牙璧、璜、玦、坠、珠和由玉管串成的项饰等。

人像和人头像，以圆雕居多，浮雕较少。圆雕人像多作跽坐形，双手拊膝，表情、冠服、发式不尽相同，各具风采。浮雕人像多作侧视蹲踞形，手臂上举，裸体，面目呆板。仅一件作站立状，一面为男性，另一面为女性，裸体，像是儿童的形象，也可能含有巫术意义。圆雕和浮雕的人头像，多为正视相，但在塑造手法上，含有夸张色彩或其他含义。如，有的眼窝深陷，似盲人。有的五官变形，面目狰狞。有的人面与兽面合璧，像是巫师戴面具的写照。它们从一个侧面真实地反映了殷人生活习俗的某些方面，有较高的学术价值和现实意义。

写实性的肖生动物，种类繁多，而在某些同一种动物中（如虎、鹦鹉等），又有多样的姿态，情趣盎然，反映出玉雕艺人对动物世界的精密观察，也体现了殷人对某些动物的偏爱。

在大约390多件动物形作品中，浮雕约占92%，圆雕约占8%。其形象有虎、象、熊、鹿、猴、马、牛、狗、兔、羊头、蝙蝠、鸟、鹤、鹰、鸱鸮、鹦鹉、雁、鸽、燕雏、鸬鹚、鹅、鸭、鱼、蛙、龟、鳖、螳螂、蚱蜢、蝉、蚕、螺蛳等31种。其中以鱼为最多，但品种不尽相同。其次为鹦鹉，多作站立状，高冠钩喙，或直肢，或屈肢。个别的雕成双鹦鹉，尾相连。也有躯体丰满、头部伏一夔龙的，千姿百态，极富情趣。虎都作侧视形，有伏卧、行走、急驰等姿态，相当神似。有的兽禽，两两分别成对，如妇好墓出土的对象、对马、对鹤、对鹅等等，都是少见的珍品。它们不仅是研究殷代雕刻艺术的绝妙资料，也是探究殷代的野生动物和家畜、家禽的直接依据。

神话性动物的玉雕，数量较少。主要有龙、凤、怪鸟兽、神鸟负龙等作品。

龙的艺术形象出现于新石器时代，此后绵延发展，成为华夏族的崇拜对象。殷代的玉龙，多作蟠曲形，仅个别的作伏状，头上都有瓶状钝角，露锐齿，其形象与后期的龙纹比较接近。妇好墓出土的一件圆雕玉龙（上册第147页，图五八），玉质与工艺都很出色，是商代玉龙中的佼佼者。凤仅一件（上册第148页，图六二），作侧身回首状，翅上琢出浅浮雕阳线翎纹，工艺精湛，堪称古玉中的瑰宝。一件神鸟负龙的浮雕作品（上册第148页，图六三），呈现它们踩云升天的画面，构思新颖，有可能是当时神话的写照。怪鸟、怪兽多为圆雕，或兽头鸟身，或兽角鸟身，反映玉工们丰富的想象力和他们的创作才能。

柄形饰，旧称“琴拨”。一般形状为扁平长条形，近顶端两侧稍内凹，有的下端有短榫或钻有小孔。长短不一。讲究的表面琢有花瓣形纹或弦纹。出土时，多放在墓主腰部或腹部，应是一种佩戴饰物。至于少数有短榫的，可能作插嵌之用。

牙璧（旧称璇玑）的数量很少。形如璧，有“机牙”。以往有些学者疑此是浑天仪一类天文仪器的构件。夏鼐先生否定这一说法，认为应是一种装饰品。

璜的数量较多，多数为圆周的三分之一，极少数为圆周的一半或四分之一。可见《周礼·大宗伯》郑注“半璧曰璜”的说法，与殷代的璜制基本上不相符合。殷代的璜大致有雕成龙形、鱼形和光洁无纹的三种。多数两端有孔，少数只一端有孔。妇好墓出土的璜中，有两件或三件对合成一环的。殷墟西区出土的一件璜，出土时位于墓主的腰部，应是一种佩饰。此外，妇好墓出土的一件大号璜形器，两面各雕有形象诡异的人面鸟身纹和侧视人面纹，有可能是冠饰。

玦的数量少于璜，但造型、纹样均优于璜。主要有龙形、虺形和环形三种。一侧都有一小豁口。龙形与虺形玦，纹样都较精细，颈部或背部有小孔，可佩戴。但这两种玦多数较厚重，似不宜作耳饰。至于一些小而轻的玦可能用作耳饰。

乙、头饰与冠饰。数量不多。头饰主要有发笄。多数笄为平顶，少数笄的头端雕成夔形或鸟形，也有雕琢成卷云形或人形图案的。上世纪 30 年代小屯 331 号墓出土的一组称为“编珠鹰鱼饰”的头饰，由 1 枚雕鹰玉笄、17 条玉鱼和 181 颗绿松石珠组成，在其中的一条鱼上琢有“大示它”三字[67]，较别致。

冠饰在侯家庄 2099 墓出土 1 件，略呈半月形，中部有两行几何形纹镂空，边缘作齿牙状。据说，沿冠饰的内缘有许多绿松石片。有学者认为，此系帽子后面护领上的装饰品。

丙、腕饰只镯一种。妇好墓出土的镯多数有高起的边，形与后来的手镯接近。有些外表琢有简朴花纹。孔径多在 6 厘米以上，适合成年人佩戴；少数孔径 5 厘米左右的，似适用于儿童。

丁、坠饰数量较多，大致有两种形式：一种近直筒状，有些表面琢有蝉纹或弦纹；另一种作矮筒形，长度在 3 厘米以内。坠饰有的可能佩挂在衣上，有的或许悬于刀类的柄端。

戊、用途不甚清楚的玉饰主要出土于妇好墓，按外形的区异，名之为圆箍形饰、长条形饰等等。圆箍形饰多琢有简朴花纹，一端边缘有小钉孔，疑是套在木柄上的附饰。长条形饰形近柄形饰，但体较厚，中心有从两端穿透的孔，有的还有坠痕，可能也是一种佩饰。

第六，艺术品。数量甚少，但质地精良，琢雕精细，无孔眼或榫，大概作陈设观赏之用。如，妇好墓出土的一件圆雕蟠伏玉龙，形象凝重端庄，刻纹精细。同墓出土的一件龙角玉虎，企望虎能腾云升天，颇为神秘。此外，还有两件铜玉复合制品，其上部均为青铜铸成的虎头（下连前肢），并镶以绿松石片。虎头的末端镶以玉柱，柱中部有深孔，孔内有朽木。制作精巧。大概是一种嵌插在漆木器上的艺术品。

第七，杂器。数量不多，但品种庞杂。可辨识用途的有玉韘、镞、玉弭、玉嚼、玉策、玉唅等。另有一些既不识用途，也无公认的名称，我们只能按其外形称之为器，座形器、拐尺形器、器柄形器、匕首形器、羊头形器、玉链等等。

韘今称“扳（搬）指”，出土于妇好墓（上册第162页，图一一一），形似半截壶嘴，正面雕兽面纹，背面有一条凹槽，可纳弓弦，射时套于右手大拇指上，用以勾弦。据目前所知，这是我国最早的一件玉扳指。

玉弭仅一对，安于弓的两端。形似兽角，尖端光滑，上部雕兽面纹，两侧有穿孔，可捆缚。小屯出土[68]。

玉马嚼和玉策在小屯墓中各出土一件[69]。马嚼呈马蹄铁形，内侧各有三齿，两端分别钻有两孔，可系绳。策为御马之器，由本、末和杆三部分组成。本在下端，玉质，上端平，下端作半球形，中有孔，可插入木杆。末亦为玉质，形似戟，长8.2厘米。木杆长约40厘米，外包金叶，相当讲究。此外，同一墓中还出有一套马的羁饰，由玉兽面3、玉燕1、石人面2、玉珠10和贝等组成，设计颇为巧妙。

玉唅皆出于墓主人的口中，形状不一，主要有鱼、蝉、珠和玉玦等，少的1或2件，多的达6件。其用意与唅贝同。从实物观察，与同类玉器雷同，似非敛尸时专制。

在未识用途的杂器中，有一件形似菱角上雕羊头纹的玉器颇可注意[70]。此器三角，各有一孔，三孔相通。以口嘘上端之孔，可吹出三个不同的音，或认为是口哨之类的乐器。

（4）殷墟玉器的学术意义。殷墟玉器是高度发展的商代文明的重要标志之一，也是当前学术研究中的一个热门课题。它是探讨殷人的生活习俗、动物品种以及殷代早晚期玉器的主要特征等问题的第一手资料。

第一，殷墟出土的十多件玉石人像和人头像为探讨殷人生活习俗的某些方面提供了实物资料。如：

跽坐姿：圆雕人像多为跽坐，双手抚膝，足趾着地，臀部坐脚踵上。浮雕人像多作蹲踞形，手臂向上蜷曲。传出安阳四盘磨的一件石人作箕踞形[71]。由此可见，跽坐、蹲踞与箕踞在殷代同时并存，可能以前两种较为普遍。

衣式，共发现三种。一种为交领长袖，窄袖口，腰束宽带，衣的下缘及踝部，衣上绣云纹。腹前悬有“蔽膝”(上册第144页，图五二)。第二种见于侯家庄大墓1004、1217号墓翻葬坑出土的一件残石人上的衣纹，据报道,“身着大领衣，衣长盖臀，右衽，腰束宽带，下身外着裙，长似过膝。胫扎裹腿，足穿翘尖鞋。衣之领口，襟缘、下缘、袖口缘有似刺绣之花边，腰带上亦有刺绣之纹。裙似‘百褶’亦有绣纹”。第三种后领较高，长袖，窄袖口，衣下缘似及小腿。衣上绣蛇纹和云纹，但前领不显，似敞襟。胸部有兽面纹，或许是文身的标志(上册第145页，图五五)。

蔽膝。俗称“蔽体”，皆为长条形，一件中腰较窄；另一件上窄下宽。跽坐时，下缘都过膝。

冠式。大致有五种：第一种作圆箍状，围头部一周，用以束发。《诗经·小雅·頍弁》称“有頍皆弁”。有学者认为“頍”就是围在头上的布圈。第二种在圆箍前附加一个绣有花纹的筒状饰。第三种为较高或较低的“平顶”冠，此式多见于侧身浮雕人像。第四种为筒形高帽，此式见于传出安阳的一件作站立状的玉人[72]。第五种在冠的中部安饰一鱼尾形装饰[73]。

发式。共五种。第一种在右耳后侧梳或拧长辫一条，由头顶盘后脑一周，将辫梢压于辫根下。第二种在头顶中心梳短辫一条，辫上缚以发绳，垂于后脑。第三种在头顶留短发一周。第四种在头上梳两个上翘的角状髻，左右对称。第五种在脑后梳一下垂的发髻。

上述不同衣冠和发式的玉石人像，有的可能属于不同的社会阶级，有的应是性别或年龄的差别。如衣冠或衣上乘的人像，像是奴隶主，也有可能是各该墓主的“肖像”。一件石人无衣赤脚，腹前仅悬一“蔽膝”，像是男性奴隶。

一件留短发、着短衣的可能是儿童，一件裸体站立的阴阳人可能也是儿童。

第二，肖生类玉雕为探究殷代的兽畜、昆虫等的种类提供了新资料。早在20世纪40年代，杨钟健、刘东生二教授对殷墟出土的动物骨骼作过科学鉴定，其种类有肿面猪、四不像鹿、圣水牛、家犬、猪、獐、鹿、羊、牛、狸、熊、獾、虎、黑鼠、竹鼠、兔、马、狐、乌苏黑熊、豹、猫、鲸、田鼠、貘、犀牛、山羊、扭角羚、象、猴等29种[74]。而在殷墟出土的玉器中，除有多种哺乳类动物的艺术形象外，还有禽鸟类的鸭、鹅、鹤、雁、燕、鸬鹚、鹦鹉、鹰、鸟、鸽以及壁虎、鳖、蛙、鱼、螳螂、蚱蜢、蝉、蚕等十几种，这对了解殷代的家畜、家禽等问题有重要意义。

第三，殷墟玉器早晚期的主要特征。

目前，学者们多认为殷墟文化可分为四期，第一、二期称为殷墟早期，其历史年代相当于盘庚至祖甲；三、四期称为殷墟晚期，其历史年代相当于廪辛至帝辛。属于殷墟第二期的妇好墓玉器，可作殷墟早期的代表。殷墟西区墓的玉器大部出自殷墟第3、4墓，可作殷墟晚期的代表，而小屯北房子出土的玉石器则属殷墟文化第四期。以这三部分玉器为依据，大致可看出殷墟早晚期玉器的主要特征。

早期的玉禽鸟，多作站立状，眼睛作甲骨文“目”字形或圆形，刻纹大多采用双线。晚期的鸟多作伏状，眼作圆形，长尾后伸或下垂，花纹多为单线，工艺较早期简练，但很传神。其次，早期某些玉器，往往在相应部位琢有扉棱，而晚期的几乎未见扉棱。再次，早期巧用玉料色泽的“俏色”作品，仅在个别玉器上有所表现，但不明显，到了殷墟第四期，“俏色”作品已较成熟，这是玉雕工艺上的一大成就。

殷墟早晚期玉器的判定，对鉴定传世的商代玉器的年代有参考意义。

2. 殷墟以外地区的商代晚期玉器

周武王灭殷后，分商的王畿为邶、庸、卫三国，史称

“三监”。据顾颉刚先生研究,“三监”所辖之地,“大体上相当于华北大平原，即今河北、山东、河南三省的平原地区”[75]。殷时，王畿外围，还分布有众多的方国与一些其他族属。由于各地区生产力发展水平的不平衡和受殷文化影响程度的差异，反映在各该文化上，呈现出错综复杂的文化现象。玉器作为殷文化中的一个重要组成部分，也有明显反映。下面我们将河北、河南、山东、山西、江西、四川等省内出土的玉器加以简述，并与殷墟玉器进行比较，以窥探其玉文化的一斑。

(1) 河南境内出土商代晚期玉器的地点有郑州人民公园[76]、辉县琉璃阁[77]、柘城孟庄[78]、孟县（今孟州市）涧溪[79]、淮阳冯塘村[80]和罗山蟒张[81]六地。我们选择三地作简要介绍。

辉县在安阳西南，相距约 80 千米，殷时属畿内之地。玉器皆出于墓中，共 10 余件，有仪仗类的戈、矛；装饰品类的鸟、鱼、璜、柄形饰、珠和镶嵌片；杂器类的镞等。1 件桂叶形短内玉矛，形制与殷墟三家庄殷墓出土的一件矛相近，其年代早于武丁时期。1 件玉鸟，作伏状，其琢雕手法与殷墟晚期玉鸟雷同。5 件玉镞，皆为三角形，底边内凹，同出于一座墓中，可能是实用物。

淮阳冯塘村出土的 12 件玉器，有仪仗类的戈、钺，工具类的铲，装饰品类的鸮、鱼、牙璧、柄形饰、璜、管、三角形饰等。1 件玉钺，宽弧刃，双角上翘，平肩短内，身中部一穿。形制与殷墟的玉钺有别，可能是模仿铜钺而作。1 件圆雕玉鸮，以简练的线条勾勒出面部、双翼和腹尾，小巧精细，很有特色。1 件牙璧，周缘雕出大小齿牙各 3 对，两者相互间隔。商代少见。从与玉器同出的铜器考察，其年代似略早于妇好墓，值得注意。

罗山蟒张天湖村 25 座殷墓出土的 80 多件玉器，按用途可分为四大类：

礼器类有璧、瑗、环三种，皆无纹饰，玉质也较差。

仪仗类有戈、钺和戚。在 4 件戈中，有 2 件形制较小，像是弄器。1件玉钺，长方形，顶端两面琢有精细的兽面纹。并有一穿。纹样具殷墟玉器的风格。1件玉戚，长方形，两侧有对称齿牙6对。顶端有一穿。形制与殷墟的戚雷同。

工具类仅刀、锛、铲三种，各一件。形制都很小，似非实用器。

装饰品中以各种肖生玉雕最为出色，有浮雕，也有少量圆雕。其形象有牛、牛头、兽、狗、兔、鸡、鱼、蝉等，纹样多为单线阴刻，其手法与殷墟晚期玉器雷同。一件玉鸡，高冠宽尾，足部外伸似短榫，背部有小孔，可佩戴。尽管工艺不够精细，但它迄今未见于殷墟和其他商代遗址，可谓首创。此外，还有镯、柄形饰、璜、管状珠以及指环等。其中的一件柄形饰，据说琢有两组简化夔纹，比较精致。

关于上述玉器的质料，原报告称有一件翡翠和十多件硬玉，此说显然有误。实际上，翡翠与硬玉属同一种矿物，主要产于缅甸，我国云南西部和缅甸毗连的地方，也有少量出产。一般多认为18世纪清代乾隆时始用以雕琢玉器。因此说，这批玉器的质地与产地，有待矿物学家的鉴定研究。

发掘者将这批墓葬的年代定为祖庚至帝辛之世，其说可信。由于墓内出有较多的铭“息”字的铜器，学者们多认为，此处应是以“息”族为主体而建立的息国贵族的墓地[82]。据胡厚宣先生研究，甲骨文中的“帚息”，乃是武丁的后妃之一。由此可见，息国与殷王国的亲密关系。从玉器考察，除个别的玉器（鸡）外，大多数玉器的形制、风格都十分接近殷墟晚期的同类之器，反映出息族受殷文化影响之深刻。

(2) 河北境内出土玉器的地点有藁城台西村[83]、藁城前西关[84]、赵县双庙村[85]以及定县（今定州市）郊区[86]等处，而以藁城台西村最具代表性。

藁城台西商代遗址、墓群中共出土玉器30多件，可归纳为工具、仪仗和装饰品三大类。

工具类有刀、斧、凿三种，形制都很小，磨制光滑，大概都是一些象征性工具。

仪仗类仅戈一种，其中一件，前锋锐尖，援内无明显分界，援后有一穿，并琢有菱形花纹，工艺相当精细。

装饰品以佩饰居多，大部为浮雕，单线阴刻。器形有人面、马首形饰，鸟、蝉、牙璧、玦、珠、坠以及锤形、长条形、棒形等饰物。头饰只笄一种。一件人面形饰（上册第164页，图一一八），平顶短发，张口露齿，大眼细眉，蒜头鼻。面目图案化，刻纹内填以朱红色。一件牙璧，外缘有齿牙三组，每组由一长一短的齿牙构成，甚少见。

综观藁城台西出土的主要文物，除少数具有地区性特点外（如铜匕、铁刃铜钺），主流却与殷墟出土的同类物雷同。结合文献资料与学者们的研究，今藁城一带，殷时大概属畿内之地。

（3）山东境内出土商代晚期玉器的地点有济南大辛庄[87]、曲阜孔府花园[88]、益都苏埠屯[89]和滕县（今滕州市）前掌大[90]四地，而以后两地较为重要。

益都（今青州市）苏埠屯的玉器皆出于一座带四条墓道的大墓中。由于大墓遭受盗掘，劫余物已所剩无几。获得的玉器有琮、戈和装饰品类的鱼、玦、柄形饰、圆台形饰等共12件。此外，还有一串玉石管状珠。戈的形制很小，似为弄器。一件圆台形饰，周身琢两组倒置的兽面纹，双线阴刻，纹样与殷墟玉器上的兽面相似。由于墓内出有“亚醜”铭文的铜器，且有47个个体的人殉和人牲。据学者考证，此墓地可能是殷时薄姑氏的文化遗存[91]，也有学者认为墓主可能是方伯之类的人物。

滕县前掌大两座商代晚期墓共出土玉器28件。由于两墓皆遭盗掘，此亦为劫余物。在28件玉器中，有礼器类的琮、璧，佩饰类的鹿、鸮、鱼、蝉、兽面、璜、管等，头饰的笄，另有两件小型戈。从整体考察，多数佩玉与殷墟晚期的同类玉器接近，两件小玉戈也具殷墟晚期玉器特征。

但一件双角多枝杈的玉鹿（上册第165页，图一二一），至今仍未见于殷墟；一件作站立状的圆雕玉鸮，也独具风格，都有较浓厚的地区特点。有意思的是，双角多枝杈的玉鹿，在陕西宝鸡[92]、沣西等地的西周墓中却屡有出土，由此反映出西周时代的琢玉工艺不仅直接继承了殷代玉器的传统，可能也吸收了东夷族玉文化的因素。

据发掘者研究，上述两座墓的主人当为商代东方某方国统治集团的重要成员，而这个方国可能与春秋时代的薛国有关。

(4) 山西石楼、灵石两地都有玉器的出土[93]，灵石旌介村两座商代晚期墓出土的19件玉器，除两件璧外，余均为佩饰。佩饰中有鹿首、兔、虎、蝉、鸟、燕、鱼、蚕等形象，另有璜和管状珠。1件圆雕鹿首，角分四杈，形象真实，工艺较细。3件玉虎，细部形象各不相同，小巧雅致，很有特点。总的看来，这批玉器的纹样以单线阴刻为主，与殷墟晚期玉器的风格接近，有可能受殷代琢玉工艺的影响。

据同出的铜器铭文，发掘者认为灵石一带可能是“㚇”族所代表的方国所在地。附此以供参考。

(5) 江西新干大洋洲一座商代大墓的发掘，是继清江吴城商代遗址发掘之后，我国南方地区商代考古又一重大收获。墓中出有150余件各类玉器和近千件小玉珠、玉管和小玉片等[94]，此外还有两件罕见的水晶套圈。它揭示了殷时期南土玉文化的奥秘，有很高的学术价值。

这批玉器的色泽，以绿色为主，灰色、米黄色、白色次之。玉料经初步鉴定，有新疆和田玉、蓝田洛翡玉、辽宁岫岩玉、河南密玉及南阳独山玉等，可见用料之广泛。

玉器的种类有礼器、仪仗和装饰品三大类。

礼器类有琮、璧、环、瑗四种。琮为矮体短射，四角凸棱雕蝉形纹。璧、环、瑗中有孔周凸起呈圆口状的。表面的同心圆周线匀称规整，工艺不凡。

仪仗类有戈和矛。戈有四种形式，而以长条三角形宽援的居多，有中脊和边刃，显示出高水平的开料和琢磨技术。矛仅一件，柳叶形，末端有一小豁口，并有一穿和两个对称的小孔，甚少见。

装饰品的品种较齐全，有腕饰的镯，佩戴的项链，佩饰的羽人、神人兽面饰、蛙、蝉、瑚、柄形器、坠饰、鱼以及玦、璜等，还有嵌镶用的夔形足、长条形片等。而以羽人和神人兽面饰最为出色。羽人（上册第 169 页，图一三五）作侧身蹲踞状，勾鼻粗眉，“目”字形大眼，戴羽状冠，冠后垂三个用掏空法雕出的环链，下身雕出羽翼和鳞片纹。其造型和纹样都与殷墟的玉石人像迥异，有可能是经艺术夸张的少数民族的形象。一件神人兽面饰（上册第 170 页，图一三六），张口露獠牙，戴高筒形羽冠，佩耳环。面目狰狞，未见于殷墟。此种面像，最早见于湖北石家河文化六合萧家屋脊瓮棺葬中[95],在西周时代的墓葬中也有发现，传世玉器中亦有数例[96]，可见其源远流长。

这批玉器中的蝉纹琮，孔周凸起的璧、环、瑗，各式戈，以及柄形器、蝉、蛙等装饰品，其形制与妇好墓出土的同类玉器有很多相似之处，显示了殷文化对南方地区的深刻影响。但这里的石羽人、玉神人兽面饰则为殷墟玉器所阙如，掏雕环链的技术也是殷墟迄今未见的，应是此地的创造。

对此大墓的年代，学者们多认为属于吴城文化第二期，相当于殷墟文化早中期。从玉器的总体考察，我们认为其琢成时期相当于妇好墓的年代（武丁晚期）。而创造这一文化的主人，发掘者以为，应是古越氏族的一支—— 扬越人，并认为赣江流域的清江吴城、新干大洋洲一带或许是殷代的方国之一。

（6）四川广汉南兴镇三星堆遗址的发掘[97]揭开了殷时期西南边陲地区早蜀人所建立的奴隶制国家的文化面貌。在已发掘的一、二号祭祀坑中出土了大量各种质地的珍贵文物，其中玉器一项即达百件以上。加上城垣范围内出土的玉器[98]，其数量当更多，引入注目。

此处玉器的色泽，有乳白、绿、黄、灰、浅褐、黑、青等，而以白色和绿色居多数。质地未经科学鉴定。器类可分礼器、仪仗、工具、用具和装饰品五大类。

礼器类有琮、璧、圭、牙璋、瑗、环六种，而以牙璋最具特色，发掘者将它们分为四型：A型，前锋内凹呈鱼嘴形。B型，尖端琢出一鸟，射表雕“璋”形图案。C型，尖端内凹，形近中原地区商代早中期的牙璋。D型，尖端略呈弧形。但它们的柄部基本相同。此外，二号坑出土的一件石质“边璋”，它的两面分别琢刻两组以人物为主体的图案，对于研究早蜀社会的宗教、礼仪、人体装饰等问题有参考意义，也是商时期雕刻艺术品的佳作。

仪仗类仅戈一种，按援部的区异，大致有三角形、梯形和窄长形三种。除梯形援较特殊者外，其余两型分别与妇好墓出土的Ⅰ式、Ⅳ式戈接近。

工具类有斧、锛、刀、凿、斨、锄、匕首形器等。其中以凿的数量最多，形较多样，但都素面，工艺不精。一件玉锄（上册第176页，图一五七），呈舌状，中心部位有一凸起的圆銎，可安柄。形较特殊，未见于殷墟。

用具类有柶和舌形器两种。一件柶（匕），长条形，近顶端有一穿，应是实用的进食器。两件舌形器，也像是进食器。

装饰品类只有一件舌形佩饰，工艺较粗糙，显然不能与殷墟的佩玉相比。反映早蜀贵族轻视佩玉的风尚。

科学发掘三星堆遗址之前，南兴镇一带曾多次发现过玉石器[99]。学者们推断其时代属西周后期至春秋前期。现在看来，其年代可提早到殷代。

关于三星堆一、二号祭祀坑的年代，发掘者将它们分别定为殷墟文化第一期和殷墟文化晚期。我们认为，将此两坑的年代定为殷墟文化早期比较恰当。

这里出土的青铜像、人面像、金杖、金面罩等等，具有浓厚的地区特点，可谓独树一帜。但另方面，这里的青铜尊、一部分玉器的形制恰与殷墟出土的同类器十分接近，体现了殷文化对早蜀文化的影响。

(7) 其他地区出土的商代晚期玉器：湖北孝感在考古调查中曾获牙璋、戈、环等共4件[100]；湖南衡阳杏花村发现的一件商代铜卣中，内装玉佩、玉玦、玉牙璧和140多颗玉管状珠，据推测，可能是窖藏物[101]。陕西西安老牛坡发掘的38座商代晚期墓葬中，出土有玉戈、玉环和管状珠，共4件[102]，都是习见之物。如果与伴出的质精量多的青铜器相比，显得很不相称，反映出墓主重铜器轻玉器的倾向。

3. 商代晚期的玉石文

甲骨文是我国最早最成熟的文字，与甲骨文同时并存的还有金文、玉石文和陶文。这些刻写或铸于不同质料上的文字，尽管内容、用途并不相同，但它们都是商代文明的重要标志[103]。

玉石文大约兴起于殷代武丁时期，一直延续到殷代末年。主要出土于安阳殷墟，其次为传世品，个别的发现于甘肃。总数据最近统计约有30件以上，其中玉质的约占一半。或琢刻，或书写，而以前者居多数。按内容大致可分两类：

(1) 纪事性铭辞，数量甚少，内容有入贡、战争、赏赐、祭祀等方面，从一个侧面反映了殷王朝的一次历史性事件。例如：

妇好墓出土的一件大玉戈，在戈内后部一面刻有“卢方𣅀入戈五”六字。“卢方”当系方国名，“𣅀”是人名，“入”有贡纳意。大意是说，卢方的𣅀入贡玉戈五件。大概在武丁时期，卢方与殷王国比较亲睦，故有入贡之举。这是我国最早一件自名的玉器。关于卢方的地望，有学者认为在今湖北襄阳南，即春秋时的卢戎所在地[104]。

安阳小屯村出土的一件绿色玉戈，在戈援一面的前端有用毛笔书写的朱红色文字，能辨识“在沘𢽾叀𢀛在入”7字。据研究，此戈上的文字可能是殷王国在“沘”与

“叕”“⿰”战争获胜后所书，也可能专制此戈并书记其事[105]。由于此墓中出土有铭“子渔”的铜器，而“子渔”为武丁时代甲骨文中常见的人物，是武丁的儿子。由此推测，墓主可能是殷王室成员。至于墓葬的年代，发掘者认为大致与妇好墓同时。

一件现藏美国哈佛大学福格艺术博物馆的玉戈，在援的后部由上而下刻有十个字，铭辞经李学勤先生厘定和考释：“曰𩞁王大乙，才（在）林田，䣅䚯”。李先生认为这件玉戈是䣅在一次祭祀大乙的过程中在旁侍奉，可能手持此戈，而事后刻辞留念。并认为此戈应看作与征人方的有关的器物之一[106]。

一件传世的玉柄形饰，在柄端下侧的一面阴刻文字两行，共11字，文曰：“乙亥王易（赐）小臣䳄（右一行）䰜才（在）大室（左一行）”[107]。“小臣”是殷代较高的官名。“䳄”可能是人名。“䰜”似为器名。“大室”是建筑物的名称，是藏庙主之所在。大意是说，在乙亥日，殷王在大室赏赐小臣䳄一件称为䰜的器物。小臣受王之赐，刻文以志其事。此铭刻的辞例与戍嗣子鼎的铭文相近[108]，但较简略。结合刻文的字体，推断此柄形饰属于乙、辛时期。

（2）方国名或族名、人名及其他。此类内容比较复杂，有的则难明确其含义，有待学者们探讨研究。例如：

安阳侯家庄西北冈殷代王陵区出土的一件残玉斧，在其一面刻有倒置的“弜”字。“弜”可能是方国名，见于甲骨文与金文。如“乙巳卜贞弜眔雀伐羌祸”（《粹》1167片）；妇好墓出土的一件铜大圆鼎和两件铜铙上分别铸有“亚弜”铭文（“亚”是官名）。据陈梦家先生研究，“弜和雀是殷国的邦侯，二邦相当邻近，故于一辞卜两邦伐羌”[109]。他在另一处提到雀的地望时，认为“当近豫西”。由此推知，“弜”也可能在今豫西一带。

同墓中出土的一件残玉斧，在斧的正面刻有倒置的

“𠂤侯”2字。某侯或侯某，在甲骨卜辞中屡见。陈梦家认为“侯、白（伯）受殷王的统制，有交纳其农作物与其出征的义务”[110]。

安阳小屯村东北地的一座殷墓中，出土有一组“编珠鹰鱼饰”，已如上述。可注意的是，在其中一条玉鱼的一面刻有“大示它”3字，耐人寻味。我曾认为，殷王之直系祖先将为祟于某人，故铭此以自作儆[111]。但又感勉强，待指正。至于331号墓的年代，应为武丁早期。

甘肃庆阳县（今庆阳市）野林大队发现的一件玉戈，在阑的前方一面阴刻“乍册吾”3字[112]。“乍册”是殷代史官的名称，“吾”应是人名。大意谓此戈系史官吾所有。此戈的形制与妇好墓出土的一件玉戈近似，其年代可能亦相当。

传世的一块玉甲子版残片，据说出土于安阳。玉版残存“庚寅辛”3字，阴线双勾，“庚辛”2字泐伤。据研究，甲子表原由6片组成，此残版为第3片，文字为第2行[113]。但在殷墟发掘中，始终未见玉甲子表的踪迹。此版可备一说。

上述刻写文字的玉器，连同未作介绍的刻文石器，主要为礼乐、祭祀和仪仗用器，也有少量装饰品和动物雕像、镶嵌片等。它们从一个侧面反映殷人对礼仪、祭祀制度的重视。

殷代刻写文字的玉石器，是当时玉石工艺、书写艺术、社会意识各方面的综合体，是殷代文明的具体体现。对于后世的玉石器铭刻无疑也有深远影响。

4. 简短的小结

关于夏代和商代早期的玉器，学术界存在分歧意见。然而，综观这两个时代的玉器，不难发现，它们的器类、形制与艺术风格，都比较接近于商代晚期玉器，显示出夏商文化的承袭关系。

商代中期的玉器显得比较贫乏，相反，这一时期的青铜器却有较大发展，两者不甚相称，我们怀疑当时的统治者存在重铜器轻玉器的倾向。

商王盘庚迁都于殷后，在多种主客观原因促成下，创造了高水平的物质文明和精神文明，玉器仅是这二大文明的一个组成部分。

殷代“玉工”继承了前人琢玉工艺的优良传统，在王室琢玉作坊中，运用自己的智慧和才能，创作了众多新颖而典雅的作品，妇好生前各种使用的礼仪性玉器和大量肖生形玉佩、人物像等等，都是他们的杰作。与此同时，在殷代琢玉技术的影响下，分布于殷王国外围的方国和某些族属，他们的琢玉工艺也取得了很大成就。到了帝乙、帝辛时期，“玉人”们还创作了融玉石天然美与艺术美于一体的“俏色”作品。另一方面，我们也不能忽视，由于殷王室和贵族对玉器的不同需求，促使了玉器器类的多样化。他们还通过各种手段，从安阳以外“征”“取”玉料，使新疆玉得以较多地输入中原，把玉雕品推到更高的境界。

总之，商代晚期是中国古玉创作的第二次高潮。殷王都与某些方国所发现的众多多姿多彩的玉器，为中国古代玉器发展史谱写了新的一页，同时也为探究西周玉器的源头、影响等问题提供了重要资料。

注 释

① 高炜:《试论陶寺遗址和陶寺类型龙山文化》，载《华夏文明》第一辑，北京大学出版社，1987，第62页；张长寿:《陶寺遗址的发现和夏文化的探索》，载《考古与文物论集》，文物出版社，1986，第112页。

② 殷玮璋:《夏文化问题》,《中国大百科全书·考古学》，中国大百科全书出版社，1986，第573页。郑光:《试论二里头商代早期文化》,《中国考古学会第四次年会论文集》，文物出版社，1983，第18页。

③ 安金槐:《郑州商城》;《郑州商代遗址》,《中国大百科全书·考古学》，中国大百科全书出版社，1986，第

649—651 页。

④ 郑振香、陈志达:《近年来殷墟新出土的玉器》,《殷墟玉器》,文物出版社,1981,第 12—13 页。

⑤ 夏鼐:《商代玉器的分类、定名和用途》,《考古》1983 年第 5 期。

⑥ 中国社会科学院考古研究所、临汾地区文化局:《山西襄汾陶寺墓地发掘简报》,《考古》1980 年第 1 期。《1978—1980 年山西襄汾陶寺墓地发掘简报》,《考古》1983 年第 1 期。

⑦ 戴应新:《陕西神木县石峁龙山文化遗址调查》,《考古》1973 年第 3 期。《神木石峁龙山文化玉器》,《考古与文物》1988 年第 5、6 期。

⑧ 中国社会科学院考古研究所编:《中国考古学中碳十四年代数据集》(1965—1981 年),文物出版社,1983,第 129 页。

⑨中国社会科学院考古研究所二里头工作队:《1981 年河南偃师二里头墓葬发掘简报》,《考古》1984 年第 1 期。

⑩ 北京市玉器厂技术研究组:《对商代琢玉工艺的一些初步看法》,《考古》1976 年第 4 期。

⑪ 中国社会科学院考古研究所二里头工作队:《河南偃师二里头遗址三、八区发掘简报》,《考古》1975 年第 5 期。

⑫ 中国社会科学院考古研究所二里头工作队:《1980 年秋河南偃师二里头遗址发掘简报》,《考古》1983 年第 3 期。

⑬ 中国社会科学院考古研究所二里头工作队:《偃师二里头遗址新发现的铜器和玉器》,《考古》1976 年第 4 期。

⑭ 中国社会科学院考古研究所二里头工作队:《1982 年秋偃师二里头遗址九区发掘简报》,《考古》1985 年第 12 期。

⑮ 中国社会科学院考古研究所二里头工作队:《1980 年秋河南偃师二里头遗址发掘简报》,《考古》1983 年第 3 期。

⑯ 中国社会科学院考古研究所二里头工作队:《河南偃师二里头遗址三、八区发掘简报》,《考古》1975 年第 5 期。

⑰ 偃师县文化馆:《二里头遗址出土的铜器与玉器》,《考古》1978 年第 4 期。

⑱ 中国社会科学院考古研究所二里头工作队:《偃师二里头遗址新发现的铜器和玉器》,《考古》1976 年第 4 期。

⑲ 刘观民:《夏家店下层文化》,《中国大百科全书·考古学》, 中国大百科全书出版社, 1986, 第 571—572 页。

⑳ 云希正、牟永抗主编《中国玉器全集(1)原始社会》, 河北美术出版社, 1992。

㉑ 中国社会科学院考古研究所编《殷墟妇好墓》, 文物出版社, 1980。

㉒ 赵新来:《郑州二里岗发现的商代玉璋》,《文物》1966 年第 1 期。

㉓ 河南文物研究所:《郑州北二七路新发现的三座商墓》,《文物》1983 年第 3 期。

㉔ 郑州市博物馆:《郑州市铭功路西侧的两座商代墓》,《考古》1965 年第 10 期。

㉕ 河南文物研究所:《郑州商代城内宫殿遗址区第一次发掘报告》,《文物》1983 年第 4 期。

㉖ 郑州市博物馆:《郑州商代遗址发掘简报》,《考古》1986 年第 4 期。

㉗ 郑州市博物馆:《郑州市铭功路西侧的两座商代墓》,《考古》1965 年第 10 期。

㉘ 中国社会科学院考古研究所河南二队:《1983 年秋季河南偃师商城发掘简报》,《考古》1984 第 10 期。《1984 年春偃师尸乡沟商城宫殿遗址发掘简报》,《考古》1985 年第 4 期。

㉙ 新郑县文化馆:《新郑县望京楼出土的铜器和玉器》,《考古》1981 年第 6 期。

㉚ 河南文物研究所:《许昌县大路陈村发现商代墓》,

《华夏考古》1988年第1期。

㉛ 中国社会科学院考古研究所等:《夏县东下冯》,文物出版社,1988,第183、197页。

㉜ 北京市文物管理处:《北京平谷县发现商代墓葬》,《文物》1977年第11期。

㉝ 湖北省博物馆:《1963年湖北黄陂盘龙城商代遗址的发掘》,《文物》1976年第1期;《盘龙城1974年度田野考古纪要》,《文物》1976年第2期。

㉞ 杨伯达主编《中国美术全集9·玉器》,文物出版社,1986。

㉟ 江鸿:《盘龙城与商朝的南土》,《文物》1976年第2期。

㊱ 中国社会科学院考古研究所:《殷墟妇好墓》,文物出版社,1980。

㊲ 孔晁注《逸周书》卷四,《丛书集成初编》,商务印书馆,1937。

㊳ 王念孙:《读书杂志》(上),载《国学基本丛书》,商务印书馆,1933,第19页。

㊴ 夏鼐:《有关安阳殷墟玉器的几个问题》,载《殷墟玉器》,文物出版社出版,1982,第1页。

㊵ 西安冶金建筑学院等:《矿物学》,人民教育出版社,1976,第32页。

㊶ 李济:《研究中国古玉问题的新资料》,载《历史语言研究所集刊》第13本,中华书局,1948。

㊷ 李济:《殷墟有刃石器图说》,载《历史语言研究所集刊》第23本,中华书局,1952,第526页。

㊸ 张培善:《安阳殷墟妇好墓中玉器宝石的鉴定》,《考古》1982年第2期。

㊹闻广:《中国古玉地质考古学研究》,载《第三届国际中国科学史讨论会文集》,科学出版社,1990。

㊺ 夏鼐:《有关安阳殷墟玉器的几个问题》,载《殷墟

玉器》，文物出版社出版，1982，第1页。

㊻ 汪遵国:《良渚文化“玉敛葬”述略》,《文物》1984年第2期。

㊼ 邓淑苹:《中华五千年文物集刊·玉器篇一》，1985，第116—117页。

㊽ 杨伯达:《中国古代玉器概述》，载《中国玉器全集1原始社会》，河北美术出版社，1992，第2—3页。

㊾ 罗振玉:《殷墟书契续编》五·二二·二，1933。

㊿ 胡厚宣:《战后京津新获甲骨集》，群联出版社，1954。

51 中国科学院考古研究所安阳发掘队:《1975年安阳殷墟的新发现》,《考古》1976年第4期。

52 陈志达:《殷墟玉器的工艺考察》，载《中国考古学研究——夏鼐先生考古五十年纪念论文集》，文物出版社，1986，第210页。

53 中国社会科学考古研究所:《殷墟玉器》，文物出版社，1981。

54 罗振玉:《殷墟书契前编》，1912。

55 罗振玉:《殷墟书契后编》上，1916。

56 郭宝钧:《古玉新诠》，载《历史语言研究所集刊》第20本下册，1949，第22—23页。

57 夏鼐:《商代玉器的分类、定名和用途》,《考古》1983年第5期。

58 马得志、周永珍、张云鹏:《一九五三年安阳大司空村发掘报告》,《考古学报》1955年第9册。

59 安阳市博物馆:《安阳铁西刘家庄南殷代墓葬发掘简报》,《中原文物》1986年第3期。

60 中国社会科学院考古研究所安阳工作队:《1969—1977年殷墟西区墓葬发掘报告》,《考古学报》1979年第1期。

61 石璋如:《小屯第一本·殷墟建筑遗存》，历史语言研究所出版，1959，第173页。

62 中国社会科学院考古研究所安阳工作队:《安阳殷墟三家庄东的发掘》,《考古》1983年第2期。

63 中国社会科学院考古研究所编《殷墟妇好墓》，文物出版社，1980。

64 中国社会科学院考古研究所安阳工作队:《安阳殷墟三家庄东的发掘》,《考古》1983年第2期。

65 马得志、周永珍、张云鹏:《一九五三年安阳大司空村发掘报告》,《考古学报》1955年第9册。

66 中国社会科学院考古研究所安阳工作队:《1986—1987年安阳花园庄南地发掘报告》,《考古学报》1992年第1期。

67 石璋如:《殷代头饰举例》，载《历史语言研究所集刊》第28本下，1957，第637页。

68 石璋如:《小屯殷代的成套兵器》，载《历史语言研究所集刊》第22本，1950。

69 石璋如:《殷墟墓葬之二·中组墓葬》，历史语言研究所出版，1972，第15—17页，24—25页。

70 中国社会科学院考古研究所编《殷墟妇好墓》，文物出版社，1980。

71 李济:《跪坐蹲居与箕踞》,《历史语言研究所集刊》第24本，1953。

72 梅原末治:《殷墟》，朝日新闻社，1964。

73 同上。

74 杨钟健、刘东生:《安阳殷墟之哺乳动物群补遗》,《中国考古学报》1949年10月25日，第4册。

75 顾颉刚:《“三监”人物及其疆地》，载《文史》第22辑，中华书局出版，1984，第1页。

76 安志敏:《郑州市人民公园附近的殷代遗存》，载《文物参考资料》第6期，中央人民政府文化部社会文化事业管理局，1954，第32页。

⑦ 中国科学院考古研究所编《辉县发掘报告》，科学出版社，1956。

⑧ 中国社会科学院考古研究所河南一队、商丘地区文物管理委员会:《河南柘城孟庄商代遗址》,《考古学报》1982年第1期。

⑨ 河南省文化局文物工作队:《河南孟县涧溪遗址发掘》,《考古》1961年第1期。

⑩ 淮阳县博物馆:《河南淮阳县出土一批晚商文物》,《文物》1989年第3期。

⑪ 信阳地区文管会、淅川县文管会:《河南罗山蟒张商代墓地第一次发掘简报》,《考古》1981年第2期;《罗山县蟒张后李商周墓地第二次发掘简报》,《中原文物》1981年第4期;《罗山天湖商周墓地》,《考古学报》1986年第2期;《罗山蟒张后李商周墓地第三次发掘简报》,《中原文物》1988年第1期。

⑫ 李伯谦、郑杰祥:《后李商代墓葬族属试析》,《中原文物》1981年第4期。

⑬ 河北省文物研究所编:《藁城台西商代遗址》，文物出版社，1985。

⑭ 石家庄地区文化局:《河北省石家庄地区的考古新发现》，载《文物资料丛刊》1，文物出版社，1977，第149页。

⑮ 同上。

⑯ 河北省文物研究所等:《定州发现商代大型方国贵族墓地》,《中国文物报》1991年12月15日，第48期。

⑰ 蔡凤书:《济南大辛庄商代遗址的调查》,《考古》1973年第5期。

⑱ 孔繁银:《山东曲阜发现古代蚌器玉器及陶器等》，载《文物参考资料》第10期，文化部社会文化事业管理局，1954。

⑲ 山东省博物馆:《山东益都苏埠屯第一号奴隶殉葬

墓》,《文物》1972 年第 8 期;《"文化大革命"期间出土文物》(第一辑),文物出版社,1972。

⑽ 中国社会科学院考古研究所:《滕州前掌大商代墓葬》,《考古学报》1992 年第 3 期。

⑾ 殷之彝:《山东益都苏埠屯墓地和"亚丑"铜器》,《考古学报》1977 年第 2 期。

⑿ 卢连成、胡智生:《宝鸡*国墓地》上册,文物出版社,1988。

⒀ 谢青山、杨绍舜:《山西吕梁县石楼镇又发现铜器》,《文物》1960 年第 7 期。杨绍舜:《山西石楼褚家峪、曹家垣发现商代铜器》,《文物》1981 年第 8 期。山西省考古研究所、灵石县文化局:《山西灵石旌介村商墓》,《文物》1986 年第 11 期。

⒁ 江西省文物考古研究所、江西省新干县博物馆:《江西新干大洋洲商墓发掘简报》,《文物》1991 年第 10 期。适凡、刘林、詹开逊:《关于新干大洋洲商墓年代问题的探讨》,《文物》1991 年第 10 期。

⒂ 张绪球:《石家河文化玉器》,《江海考古》1992 年第 1 期。

⒃ 张长寿:《记沣西新发现的兽面玉饰》,《考古》1987 年第 5 期。

⒄ 四川省文物管理委员会等:《广汉三星堆遗址 1 号祭祀坑发掘简报》,《文物》1987 年第 10 期;《广汉三星堆遗址 2 号祭祀坑发掘简报》,《文物》1989 年第 5 期。

⒅ 陈显丹、陈德安:《三星堆遗址的文化特征》,《巴蜀历史·民族·考古·文化》,巴蜀书社,1991,第 321 页。

⒆ 冯汉骥、童恩正:《广汉出土的玉石器》,《文物》1979 年第 2 期。

⒇ 熊卜发:《湖北孝感地区商周古文化调查》,《考古》1988 年第 4 期。

(101) 唐先华:《衡阳市杏花村商代提梁卣》,载《中国考古学年鉴》，文物出版社，1986，第171页。

⑩② 西北大学历史系考古专业:《西安老牛坡商代墓地的发掘》,《文物》1988年第6期。

⑩③ 陈志达:《商代的玉石文字》,《华夏考古》1991年第2期。

⑩④ 王云五:《尚书今注今译》，屈万里注译，台湾商务印书馆，1969，第72页。

⑩⑤ 中国社会科学院考古研究所安阳工作队:《安阳小屯村北的两座殷代墓》,《考古学报》1981年第4期。

⑩⑥ 李学勤:《论美澳收藏的几件商周文物》,《文物》1979年12期。

⑩⑦ 黄浚:《古玉图录初集》卷四，北京尊古斋，1939，第11页。

⑩⑧ 中国社会科学院考古研究所编《殷墟发掘报告》(1958—1961年)，文物出版社，1987年。

⑩⑨ 陈梦家:《殷墟卜辞综述》，科学出版社，1956，第289、331。

⑪⓪ 同上。

⑪① 陈志达:《商代的玉石文字》,《华夏考古》1991年第2期。

⑪② 许俊臣:《甘肃庆阳发现商代玉戈》,《文物》1979年第2期。

⑪③ 天津市艺术博物馆编《天津艺术博物馆》，文物出版社，1984。

西周玉器简说

方国锦

公元前11世纪周姬发策划发动了“武王革命”，推翻了殷纣王的残暴统治，建立了周王朝，定都镐京。至公元前771年平王东迁洛阳。史称此260年间的周朝为西周。

西周统治者采取“封诸侯，班锡宗彝”及等级制世袭领主的井田制土地制度，以巩固其统治。西周王室接受了殷朝灭亡的教训，提倡发展生产，力戒酗酒。因此，西周青铜酒器生产减少，食器、礼器有所增多。周王朝为了巩固奴隶制政权和规范礼治，建立了各种法律。东周成书的《周礼》记载，不同等级、身份的周民，在祭祀、典礼等重大活动中，使用的青铜器、玉器的数量、质地、规格都有着严格的规定。这些规定成为等级差别的标志，带有强烈的政治色彩。因此，周王朝对于玉器的碾琢和应用均非常重视。《周礼·考工记》记载：周王室设立玉作，管理专为王室雕琢玉器的奴隶——玉人①。所以，西周统治者除了缴获了大量的殷王室玉器之外，还琢磨制作了难以计数的新型玉器。但，限于实物不足，视野不广，研究工作有待今后深入开展，本册只能简要地解说西周玉器的基本面貌及其主要特点，以供读者参考。

一、西周玉器遗存概况

西周玉器，流传于国内外的数量相当可观。据作者所目验以及发表在出版物上的西周玉器，其玉质和雕琢技艺均较为精美，并有着西周时代的显著风格和鲜明特点。这是历史检验和人们用艺术眼光精心筛选、去粗存精的结果。

迄今，科学发掘出土的西周玉器主要分布于以下地区：

北京琉璃河黄土坡，山东济阳刘台子，山西洪洞永凝堡，浙江衢州西山，安徽屯溪市郊，福建南安大盈，陕西长安县张家坡和客省庄，扶风，岐山，宝鸡竹园沟、茹家庄，宁夏固原孙家庄，甘肃灵台白草坡，四川成都指挥街，河北元氏西张村，河南洛阳、襄县、新郑唐户、平顶山滍村、三门峡虢国墓地，湖北黄陂鲁台山等13个省市自治区，约计有50余处。这都是已见报道的，可能还有许多尚未公开发表的。40余年来全国发掘出土的西周古墓中，规模大、出土玉器均在千件以上的有宝鸡茹家庄弶国墓地和河南三门峡虢国墓地两大宗。这是西周中晚期玉器两大重要发现，引起了文物、考古界的高度重视。至今已发掘并报道的西周玉器总数有数千件。出土最多的是陕西，约在2000件以上。陕西作为周王朝的发祥地和政治中心，从公元前11世纪至公元前771年，时间长达约260年，在此出土数量众多的西周玉器是理所当然的。河南次之，发掘出土的西周玉器也在千件以上。黄河中上游是西周玉器主要出土地区，在一些方国和边远地区，玉器作为一种文化，虽有地区特点，但其造型、纹饰、雕琢技艺及风格基本上是相同的，反映了不同地区文化的共同性，对判断玉器的时代是一个重要依据。

西周玉器用材的品种相当复杂，并非单一的。迄今可识别的，计有白、青、墨、碧、黄等诸色和田玉和蓝田玉、玛瑙、水晶、绿松石等。还有许多暂时尚未识别的地方玉材。陕西沣西、镐京、扶风以及河南三门峡虢国墓地等地区出土的一批玉器虽未进行科学鉴定，仅据目验观察判断，有些优质玉器确为和田玉。这在很大程度上与这几个地区地处当时的政治文化中心有关。西周同商代相比较，获得优质新疆玉有更大的可能性。但从全国出土的西周玉器来看，有大部分是选用当地优质玉料雕琢成器的，可知和田玉仍是来之不易的珍贵玉材。宝鸡茹家庄弶伯墓出土的煤玉玦应是就地取材制成的，但目前在其附近地域尚未找到矿床，其产地有待于进一步考证[②]。

二、西周玉器的品种及其代表作

西周早期玉器的造型、纹饰与商代近似。武王伐纣灭殷，夺得殷王室的青铜器、玉器及大量财宝。这些战利品，在《逸周书·世俘解》中有所记载:“凡武王俘商旧室玉亿有百万”，清人王念孙《读书杂志》校为“万四千”，此数较为可信。商王室的财物被夺，自然商朝一些有技术专长的奴隶也成为周朝的战利品。周朝统治者及诸侯便驱使这批奴隶工匠制造出青铜器、玉器等珍贵物品，与晚商不可能有明显的区别。所以，后人就很难分辨何为商人所为、何为西周之物了。

西周经过260年的发展历史，玉器工艺由沿袭商代传统风格和雕琢手法，逐渐向创造西周风格及特征的方向发展。仅目前全国出土的西周玉器，品种明显不及商代齐全，件头也比较小。可以说，西周玉器现存状况，并不能说明西周当时玉器制作水平就是如此。问题是，迄今为止，经过科学发掘的西周墓葬均属中小型墓，尚未发掘到西周王墓。有理由说，发掘出数量大、质地好、具有高度雕琢技艺的西周玉器还要寄托于将来。本册所收录的西周玉器共有礼器、仪仗、工具、装饰品、殓葬和杂项等六类。

礼器有琮、璧、璋三种。琮分为大、中、小三类，形状都比较规范，均为外方内圆，多数光素无纹。陕西沣西出土的一件泛绿色青玉琮（上册第188页，图二〇七），外方内圆，两端有短射，四面雕琢相同的双勾阴线鸟纹图案。鸟纹图形在青铜器装饰上十分广泛，在西周玉器上运用得也相当普遍，但将鸟纹装饰在玉琮上迄今发现仅此一件。碾琢精工，弥足珍贵。同时出土的玉兽面，在发掘品中也极为罕见[3]。璧均为圆形，厚薄不一，大小有别。故宫博物院收藏的玉双龙纹璧（上册第187页，图二〇四），形状不甚规则，两面纹饰相同，以双线雕琢双龙，两龙头尾弯曲相对。此璧属西周中期以后的作品。山东济阳县刘台子出土的浅黄色玉璧（上册 187 页，图二〇五），光素无纹，形状不甚规整。此器仅有 3.3 厘米大小，算得上是玉璧中最小的。璧本为礼器，但此璧可能是一件装饰佩戴品[④]。西周时代的璋甚少，仅见于四川广汉，该县中心乡出土的青灰色玉璋（上册 188 页，图二〇九）即其例证。璋作长条形，长射，首端为叉状，一尖略长，中间呈凹弧刃，射与柄部间两侧有齿状扉棱，扉棱间有多道刻线纹，应为西周早期之作。

仪仗类有戈、戚两种。陕西沣西的白玉戈，长条形，援端呈三角状，两边刃，中脊凸起，上下阑较浅，内较长，靠近援中脊有圆穿。此戈造型古朴，带有西周初期的风格。沣西的青色玉戈，援短，援端圆形，援周出边，援下有弧度，上下阑及中间各有一孔，援下前端有一圆孔，内端呈三角形，内中有一孔。这种形状的戈在西周青铜戈中尚可见数例，但在玉戈中确乎仅见此一件。玉戚有三种形状。山东济阳县刘台村出土的三件玉戚，为其中的两种。一种为长方形（上册第 189 页，图二一二），上部两侧有齿牙，中有一管钻圆孔，顶端亦有一小圆孔，下端为两面刃，两侧刃角向外扩。另两件为椭圆形（上册第 189 页，图二一〇、二一一），两侧有齿牙，近顶中有小孔，中间为管钻圆孔一个，下半部束腰，刃呈弧形，两面刃。两件玉戚是从死者口中发现的，可见原是压在死者舌头上的。三件玉戚质地相同，器物虽小，雕琢却十分精美。陕西沣西的一件玉戚，呈长方形，两侧齿牙，中呈大圆孔，两面刃，两侧刃角外展，此种形状的玉戚在西周发现甚少。

工具类有刀、觿、凿、铲、调色器。玉鸟纹刀是一件征集品（上册第 186 页，图一九九），为青玉，长条形，两面纹饰相同，主题图案为两只重叠立鸟，鸟尾上翘绕头，头顶高冠，鸟腿雕刻出发达的肌肉。该器饰纹精致，与西周早期青铜器上鸟纹风格相一致。此玉刀是西周玉器中罕见的精品。西安客庄出土的兽形刻刀，小巧别致。这种玉刀在商末周初较为普遍。觿有玉质和骨质的两种。据文献记载，觿是一种解结的工具，在西周中期以前较为流行，汉以后这种工具极为少见了。长形玉铲和长方形玉铲，形状非常规整，无纹，光泽晶莹，从开料到磨制成形都十分精工。此器不可能有实用价值，是某种观念的象征，或是贵人们喜爱的玩物。玉铲、玉凿属于西周早期作品。玉牛形调色器，白色带黑斑，牛呈卧状，头前伸，背部宽平，上有四个规整圆孔。匠师们将卧牛的温顺性格雕刻得栩栩如生。此外，故宫博物院收藏有一件商代兽首大理石四孔调色器，孔内尚遗存有朱砂。可见，商代和西周初，不仅把该器视为实用品，而且还是有一定观赏价值的艺术品。

装饰品类。这类在西周玉器中是数量较多、品种比较齐全的一类，包括这时期的装饰、佩饰等多种玉器。在琢制技术上有了很大进步，以圆雕、透雕为主，浮雕、阴刻相结合。取材广泛新颖，造型优美自然。其中有圆雕玉立人、鹿、禽、兽、鱼、虫、柄形饰，璜、项链以及各种形状的装饰、佩饰品。本册收入的是其中一部分，应为西周装饰玉器中之佼佼者。如甘肃白草坡出土的两件玉立人（上册第 190 页，图二一八），玉质为浅黄色。大者高螺髻，顶端虎头形，长脸，大眼，宽鼻，裸体，瘦骨嶙峋，双手捧腹站立。用简练的手法，准确地表现出人体的各个部位及立人在静中的神态。小玉人，身着袍服，头戴高冠，身呈尖锥状。这两件玉人表现了头部的装饰和服饰特点，是研究周代服装的重要资料，都具有很高的装饰性，其雕琢技巧及艺术水平，代表了西周早期琢玉工艺的卓越成就[5]。同妇好墓出土的商代玉人相比，在表现人的神态上有显著进步[6]。陕西茹家庄強伯墓出土玉器上千件，最晚时间是西周中期。具有代表性的玉器，是一批不同形态的圆雕玉鹿（上册第 193 页，图二二七）。此组玉鹿中有雌鹿、雄鹿。琢玉匠师们抓住鹿的形象特点和固有性格进行雕琢。本册收入的两只雄鹿，一大一小，有各自的动态表情。

大者为昂首前视，前腿立，后腿弓，似作起跑姿态，小者回首顾盼。大者角长枝繁，小者角较短，枝杈不茂。无论枝角长短，均表现得长势自然，形象生动逼真。而陕西沣西出土的两件玉鹿（上册第 193 页，图二二五）与之相比较，在表现鹿的形态及特征上，显得古拙，突出其温驯性和静态美。河南三门峡虢国墓出土的大批玉器中，也有一件玉鹿（上册第 193 页，图二二四）。玉质黄褐色，鹿呈站立状，闭嘴，角长枝茂似花树，钻孔为鼻。以圆雕和粗壮的单线条，刻画了鹿隆起而圆润的臀部和前后腿上发达的肌肉，表现出鹿在用力准备奔跑，使鹿的形体具有动感。综观西周早、中、晚三个时期，对于玉鹿的雕琢技法和表现能力，可以从中窥见西周琢玉技艺的发展水平，它对研究西周玉器发展、风格变化以及雕琢技法的进步，提供了准确而科学的宝贵资料。

柄形饰应为装饰用品，在西周中期以前使用得比较普遍。形状有古琴式、长条形、方形。其纹饰较为丰富，有鸟纹、夔龙、夔凤、鳞纹、竹节纹、光素等。西周后期，这种器物逐渐消失了。过去有的学者对柄形器的定名抱有疑义。陕西沣西发掘的一件光素青玉柄（上册第 209 页，图二八二），比较好地保存了原来的使用状况，有三分之一插入一镶嵌物里，显然是作为一种器柄使用的。陕西宝鸡茹家庄弛伯墓中曾发掘出几件类似的柄形饰，其前端之镶嵌部分仍可复原。所以柄形器是实用品确定无疑。柄形饰不仅是实用物，而且其形状和纹饰，都具有很强的装饰性和很高的观赏价值。故宫博物院收藏一件西周早期的柄形饰（上册第 207 页，图二七八），为青玉，琴式形状，以阴线双勾雕琢鸟纹。上端双鸟相对，鸟中上为心状孔，下为桃形孔相对。中部主题纹饰是一只高冠啄嘴立鸟。下部为一展翅夔凤单足踏在夔龙首上，下端一宽凸榫。两面纹饰相同。此器形状规整，纹饰层次分明，布局匀称优美，是西周柄形饰中的精品。此件的主题纹饰、工艺风格以及雕琢手法，与山东济阳刘台村征集的青玉鸟纹玉刀完全相同，似出自一人之手。

1990年河南三门峡虢国墓出土的一件玉柄铁剑（上册第210页，图二八六），柄青玉质，管状，通长12.5厘米，分为管状和截锥式方台座两部分，均为空心，铜心柱与铁剑贯穿相连。管状部分斜刻阴线条纹，方台座底边长2.5厘米，四角对琢饰变形饕餮纹。用玉作铁剑柄，在西周为首次发现。它一方面说明玉的功用范围扩大了，更重要的是玉柄铁剑的发现，将我国冶铁工艺的历史又提前了上百年，证明在西周晚期已经有了铁器。

玉璜是一种半璧（环、瑗）形佩饰，其大小尺寸依据佩用人的身份和系佩的部位而定。玉璜从新石器时代晚期与玛瑙、松石等管珠相串连，作为佩戴装饰之用。西周到战国时期，用玉璜作各种形式的装饰品最为盛行。从发掘出土的西周玉璜来看，大多均为两端各有一穿，佩戴时呈下弧状（见图版二九六，上册第13页），而上弧中及两端各有一穿的三孔璜，悬佩时呈上弧状者，仅见一例（见《宝鸡強国墓地》竹园沟9号墓Ⅲ式玉璜BZM9：14，图版一三七，2）。此外，尚有二孔璜（上册第210页，图二八八)与无孔璜（见《宝鸡強国墓地》茹家庄1号墓Ⅲ式玉璜BRM1乙：221、223，图版一七三,6）。综上所述，此时玉璜佩戴方法似多种并存，但从出土实例证明确以下弧状佩法为主，并风靡一世。本册收入的山东滕县（今滕州市）出土的一件玉璜（上册第210页，图二八七），青玉质，半圆形，以双勾阴线琢成龙纹。龙头有须发，身尾相交接，雕工简练古朴。两面花纹相同。周边有齿牙，富有装饰性。陕西沣西一件玉璜（上册第210页，图二九〇），为上乘的白玉质，上边有齿牙，两端各有一小孔，以双勾阴线雕琢一只鸟纹。鸟呈站立状，长尾上翘过头。这种主体鸟纹及雕琢技法，均属西周中期典型风格。故宫博物院收藏的一件龙纹青玉璜（上册第211页，图二九一），半环形，以双勾阴线雕琢对龙，躯体相互缠绕，两端龙首相望。两面纹饰相同。雕琢阴线较深，龙纹显现一种浮雕的艺术效果。该器具有西周后期流行的纹饰特点和艺术风格[7]。

装饰品中的禽、兽、鱼、虫在西周玉器中是数量较多的，造型丰富，制作巧妙。山东济阳刘台子出土的俏色玉鸬鹚，俗称鱼鹰（上册第 200 页，图二五二），玉色青中泛黄，质地细腻光洁。鹰作回首状，喙衔一条小鱼，屈足，垂尾。头部有一小孔为眼，两面雕琢相同的羽纹。它巧借玉中的一小块赭色斑点雕琢成鱼，鱼尾上翘，似作挣扎之态。此件具有很高的观赏价值，实为西周早期不可多得的惟妙惟肖的艺术品[8]。陕西沣西出土的三件青玉鸟（上册第 201 页，图二五五）。姿态基本相同，均作伏卧状，宽尾，臀下垂，以阴线纹表现翅尾。此类鸟形装饰品，属于西周初期的典型风格。玉牛、马头、虎、兔是西周玉器工艺品中常见的动物题材。西周早期的玉牛，从形体到神态、特征，均雕琢得不够鲜明，表现其特有的古拙简朴的艺术风格。山东济阳刘台子出土的一件碧玉兔，兔双耳后拢，身躯呈飞奔向前状，神态生动颇得造化之功。河南洛阳庞家沟出土的玉虎（上册第 195 页，图二三四），作伏卧式，伸头，卷尾，并利用玉料中的褐色，俏作虎背上的纹饰。琢玉匠师抓住虎的自然特征，巧妙地雕琢出虎在静默中的生动神态。玉鱼在西周利用得比较普遍，在选料上没有严格要求。形状有长条形、弯曲形两种，主要在大小、长短、宽窄、厚薄上进行调整并在形象上多作变化。以阴线勾出鱼眼、鳃、鳍、尾，鱼身上饰纹较少。玉鱼除了用于佩戴之外，还有的将鱼尾磨成一面或双面刃，或可作随身携带便于使用的小刀，也有可能专用于敛葬的。陕西沣西出土的玉鱼数量较多。本册选用的两件，一为长条形，一为璜形。两件雕琢得均很精细。茹家庄弓鱼伯墓出土的三件碧玉鱼，两件弯形，一件长条形。两种形状、两个品种的鱼，均不在细部上进行雕琢，而着意表现其造型的美感。此器为西周中期所作，代表了这个时期的琢玉技艺水平。

佩饰的内涵较广，此指人们身上佩戴的饰物。西周佩戴的玉器中有头上用的笄子、发箍，耳上戴的玦、环，颈上戴的项链，身上佩的璜、冲牙等组成串饰。人们还用许多小件禽、兽、鱼、虫等串缀起来，穿戴在身上，增加美感。佩戴串饰的数量多少，质量高低，能表示出不同人的等级、身份。故宫博物院收藏的一件青玉发箍（上册第 205 页，图二六九），圆筒形，微束腰，外壁饰凸凹弦纹，腰中部一侧琢一长方孔，在一侧白浸下部琢刻了几个模糊的篆字。此器玉质上乘，雕琢精细，器形规整，是西周早期不可多得的珍品。笄是一种规理头发的用具。在商周时期大量使用骨笄和玉笄，其中骨笄的用量最大。笄的形状大同小异，主要变化在笄头上的雕工，有鸟形、夔龙、夔凤、饕餮纹等，且偶以镶绿松石为饰。玉笄的形状，往往是平顶筷式，无细加工。陕西省博物馆收藏的两件青玉笄，均为筷式，光素无纹。陕西省周原博物馆收藏的一件项链（上册第 207 页，图二七五），一件佩饰（上册第 206 页，图二七四），均用青玉和红玛瑙组成。青玉和红玛瑙质地纯正，颜色鲜明，对比强烈，玉件形制图案丰富多彩。据罗西章先生考证，两器定为孝王时期。河南省博物馆收藏的一件佩饰（上册第 207 页，图二七六），以玉管、玉珠和玛瑙珠相隔串成串状，然后在一块上小下大的玉版下沿钻有十个小孔，连结而成为一件佩饰。玉管与玉珠和玛瑙珠串相间排列，具有很强的装饰效果。这件佩饰上的玉版与陕西茹家庄強伯墓出土的玉版完全一样。从而可见，強伯墓出土的玉版是此种佩饰的一个组成部分，同时也可证明，河南省博物馆收藏的玉版佩饰为西周中期的作品。从选刊上述各式佩饰来看，确有简繁之分，精粗之别，而又各不相同，在组合上有较大的灵活性和随意性。所以，此时佩饰组合并无统一规定，或有定制而执行时并不严格，可相机处之。

贝在商周时期是作为货物交换的媒介 ——“货币”在社会上流通的，有时也将其串起来作装饰品。西周有蚌贝、金箔贝、玉贝。其中的金箔贝、玉贝主要是上层社会权贵们的佩戴装饰品。河南新县文管会收藏的一件玉贝，呈扁平棱形，上部有一对穿圆孔，中间有一道凹槽，两面光素无纹，此器为西周晚期作品。

敛葬玉。以前所见到的敛葬玉只是一些零星玉片，如盖在眼、嘴等处的。目前从墓葬发掘工作中了解到敛葬玉较为详细的使用情况。近年河南三门峡虢国墓地发掘出一套完整的由玉、玛瑙、金、绿松石、兽牙组成的葬饰（上册第213页，图二九六）。敛葬整体可分成面罩、胸饰、腰饰三部分。面罩青玉质，微黄色，有象形的脸庞、眉毛、眼、耳、鼻、嘴、腮、下颏、髭须大小13片。在当时可能是缀缝在纺织物上的，证明是文献中所记载的“瞑目”。胸饰由7片玉玦间缀以200多个绿松石和玛瑙管、珠组成主体，并配有数块玉璧，分置于胸上下端对称的两侧，主饰文饰为大尾鸟纹。腰部以几枚金质的圆环、方环和三个饕餮纹样的动物饰件组成带状腰饰，其下缀为三角状凸起的蝉形饰一枚，另有青玉刀戈各一，野猪獠牙两枚。再下两腿延伸处有长方形玉尺两柄。综观整体，头部、胸部、腰部所有饰件布局有序，合乎人体四肢的比例关系，将排列井然的各种饰件缀缝在纺织物上，把死者身躯全部覆盖起来。当然，上述通身敛葬玉中只有“瞑目”的13件玉片是专用于殓葬的葬玉，但胸腰的玉饰是生前所用，死后殉葬的，抑或为敛葬而专门制作的葬玉，尚不能肯定。这套完整的金玉葬殓玉饰，是我国迄今发现最早的、在一定程度上起到开创两汉玉匣之风作用的一代杰作，可以说是玉衣制度的滥觞。同时，还反映出当时人们认为穿玉戴金能保存死者尸体不腐与灵魂转世复生的观念。

杂项类。这组玉器的内涵也是相当广泛的，大凡不属于上述各组范畴的玉器都归入此类。

“璇玑”在其他质地的器物中尚未发现，唯独玉器类有璇玑，该种器物从新石器时代晚期直至西周延绵未断。璇玑的用途至今不被人认识。过去有人认为，璇玑是天文仪器；还有人认为是纺织工具的零件[9]。夏鼐先生指出，这两种说法既缺乏根据，又不科学。璇玑到底是作何用途，这一问题有待学者进一步研究，或考古新发现来证实。本册收入的陕西省博物馆收藏的一件青玉璇玑（上册第 214 页，图三〇一），椭圆形，扁平，中间有一不圆的孔，外缘有 3 组形状相同的齿牙。其中两组为 8 齿，一组现存 7 齿，疑一齿残失。此器同以前见过的玉璇玑，只是在外缘齿牙格局上有些相似，其形状不尽相同。以前所见的玉璇玑均为圆形，而这件较为特殊，为西周初期作品。

三、西周玉器雕琢技法及其特点

玉器发展到西周已经历了几千年的历史。无论在使用范围、艺术造型、纹饰图案等各方面，均达到了崭新的境地，在我国古代玉器史上占有一席重要地位。西周玉器的种类大体上承袭商代而又有所发明，其纹饰也在继承商代风格的基础上，达到了 20 多种。在玉器的雕琢手法上，既继承传统而又有所创新。西周玉器多作扁平状，善于采用细阴线和一面坡粗阴线相结合的粗细阴线双勾法来刻画主题，线条刚劲，形象生动。西周玉器花纹图案的结构也很严谨。在表现动物纹样时，善于以夸大局部特征来概括全貌的艺术手法，达到笔简意赅、生动活泼的艺术效果。如故宫博物院收藏的青玉鸟纹柄形器，山东滕县的青玉鸟纹刀，是这个时期艺术风格的典型代表。西周初期玉器造型无新的突破，而在从鸟形器向鸟形纹图案的转变上有了很大发展，一改前期的粗拙风格。这一时期的玉器纹饰从青铜器纹饰图案中吸收了大量鸟纹图案，从而将鸟形向鸟纹发展，鸟纹向图案化的方向发展，使鸟纹图案成为西周一个时代的流行题材[10]。这种题材的盛行，反映出当时人们对鸟这种飞禽的崇拜心理，同时也体现了这一朝代人们的审美时尚。

西周玉器除了流行一时的鸟形纹饰外，主体圆雕玉鹿也是前所未有的一种新的艺术形象。鹿有大小雌雄之别。雌鹿站立，竖耳张望；雄鹿有的回首凝视，有的侧目寻觅。特别是以夸张的手法，着力刻画了鹿角的变化，有的双枝似花树，有的单枝分叉，有的独角横伸，变化多端。这说明当时琢玉匠师们一定对鹿作了精心观察，才能将每只鹿刻画得神形并妙，栩栩如生，可见其匠心独运，而达到了出神入化的境界。对玉兔的成功刻画，也是西周玉器工艺的一个显著进步。能将兔的跑、跳等各种动作和静止中轻悄怕物的神态，都雕琢得惟妙惟肖，充分显示琢玉匠师们在表现动物的神形、特征上掌握了纯熟的艺术技巧。

西周玉器工艺的另一特点是玉器由祭祀型向礼仪型发展。在新石器时代晚期，出现了大量神秘性的玉璧、玉琮等器，至商代各有损益。到了西周，体现礼制的玉佩饰渐趋盛行，不仅数量多，而且玉材及形式亦丰富多样。这种趋势的出现，亦是社会崇尚玉器的一种反映。所谓“君子比德于玉”“君子无故玉不离身”的社会观念无不于此时，不过当时能佩玉和用玉作装饰的，还是那些方国的君主和大小奴隶主与权贵。

目前全国经过科学发掘出土的以及社会上传世的西周玉器有数千件。发掘品主要集中在陕西、河南两省。其中陕西茹家庄弶伯墓，出土玉器千余件，其造型和纹饰均具有代表性。此墓为迄今发掘的西周中期等级最高的墓葬，所以对研究西周中期玉器有着重要作用[11]。河南三门峡虢国墓为西周晚期、等级比较高的方国诸侯墓葬，所出土的大批玉器，对于分辨和研究西周晚期玉器的形制与纹饰图案，提供了准确依据。

西周玉器在总体上继承了前朝的琢玉技术和艺术传统，同时也有显著的艺术创新和鲜明的时代特色。玉器的功用涉及到政治、宗教、伦理、生产和人们日常生活等诸多方面，所以说西周玉器是西周文明史的重要组成部分，是我国古代文化遗产的一颗璀璨明珠。

最后，让我们将260年的西周玉器纳入我国玉器发展史的总轨道来观察，若上溯商殷，回顾东周这两期玉器，则不难发现，西周玉器恰好正处于我国玉坛上的两大高潮之间，也就是说它是横跨两大玉器高潮的一个过渡期。当然，这并非意味着西周玉业的全盘衰退，而是在整体上不可避免地要发生新的转机与变化。这种变化与创新主要表现在佩饰的形成与发展，“瞑目”等葬玉的充实与完备，其形制奇诡华饰，图案神异符合，构图细密繁缛，碾琢流畅婉绵，阴线的魅力大为增强，有着浓郁的绘画趣味，并远胜商玉一筹。这一切都反映了周人不同于殷人的玉文化及其审美观，同时又为春秋玉器向新高点攀登构筑了观念的、艺术的坚实基础。

注释

① 杨伯达:《中国古玉研究刍议五题》,《文物》1986年9期。

② 赵承泽、卢连城:《关于西周的一批煤玉雕刻》,《文物》1978年9期。

③ 张长寿:《记沣西新发现的兽面玉饰》,《考古》1987年5期。

④ 德州行署文化局文物组、济阳县图书馆:《山东济阳刘台子西周早期墓发掘简报》,《文物》1981年9期。

⑤ 甘肃省博物馆文物组:《甘肃灵台白草坡西周墓》,《文物》1972年12期。

⑥ 陈志达:《殷代王室玉器和玉石人物雕像》,《文物》1982年12期。

⑦ 尤仁德:《西周玉雕龙纹的造型与纹制研究》,《文

物》1982年7期。

⑧ 熊建平:《西周早期的俏色玉鱼鹰》,《文物》1986年12期。

⑨ 夏鼐:《所谓玉璇玑不会是天文仪器》,《考古学报》1984年4期。

⑩ 陈公柔、张长寿:《殷周青铜容器上鸟纹的断代研究》,《考古学报》1984年3期。

⑪ 卢连城、胡智生:《宝鸡(弓魚)国墓地》,文物出版社,1988年。

春秋战国时代玉器综探

贾 峨

春秋 公元前 770 年—公元前 477 年

战国 公元前 476 年—公元前 221 年

公元前 770 年，由于犬戎的侵袭，周平王从关中的丰镐迁都中原的中心城市洛阳，不久，中国的历史进入诸侯割据的时期。列国纷争，竞相争霸。嗣后，紧接着就是七国并举，互相厮杀，不义之战，打得无止无休。由于许多小国的覆亡，消灭了过去作为封建经济发展的障碍，使封建经济在各大封区内获得自由的发展。在频繁的战争状态下，虽然社会生产力遭到一定程度的破坏，然而，列国诸侯为了保护自己的既得利益和自身的安危，争取战争的胜利，在春秋中叶，兴起了筑城运动。许多城邑开始设置官府手工业作坊，集中力量生产用于战争急需的兵器，高级贵族必备的青铜器、玉器和其他豪华用品，乃至丝绸、皮革等等。近年来数以千计的东周玉器的发现，大都是在列国都邑和重要城址附近的公侯卿士等高级贵族墓葬里出土的遗物。说明频繁的战争和各国王室的礼尚往来以及具有一定规模的烦琐的祭祀活动，加速了经济交流，加强了商业上的互通有无。列国都城设市，更可以促进王都这种中心城市的商业繁荣。玉料、珠金、皮革很自然地被追逐利润的商人从遥远的山乡、海域和草原地带贩运到列国的市场出售，以供王室、官僚、贵族和城市中某些上层人物享用。所以，当时就有所谓“商不出则三宝绝”的说法。从东周列国都城遗址勘察到的铸铜、制骨、制玉作坊遗址，说明当时统治者对这些作坊制作青铜礼器、兵器和漂亮的玉器是多么的重视。“国之大事在祀与戎”，一语道破了王室的贵族兴办这些官办工业的政治目的。崇玉、爱玉也是贵族为了争取在祭祀活动和征战行动中所处的应有的地位。

大约从春秋中叶起，中国社会在政治、经济和文化方面开始发生重大变革。农业税制的实施，地主阶级的出现，使社会上出现了一个前所未有的新兴阶级。燕、赵、秦、楚几乎在完成社会变革的同时，以其大国势力向外扩张，冲破了过去作为封建经济发展的阻力的包围，而使封建经济在中原的外围地区得以自由地发展。所以，七雄并峙的历史，使中国封建经济向更深广的范围发展，为秦的统一奠定了基础。

社会生产力得到解放，先进地区的群众经济生活得到改善，私塾相继兴起，讲学之风也日益兴旺。各国相继进入学术上百家争鸣、艺术上百花齐放的高潮期。艺术领域所展现的百花齐放的新格局，使传统工艺和科学技术在继承前代优秀文化遗产的基础上大力创新，从而取得了巨大的成就。于是，就有可能为各种手工业的发展开拓了广阔的前景。只要环顾 40 多年来五霸、七雄甚至小小的中山国和曾国辖区范围内出土的丰富玉器，就可以瞥见春秋战国时代五个多世纪的岁月里琢玉手工业飞速发展的程度，以及列国琢玉业的辉煌成就。

各种哲学流派的兴起，各种救世学说的出现，使学术事业得到繁荣。艺术上各种风格的存在和竞争，使学术事业得到发展。在工艺美术方面，无论是铸铜、漆木、骨刻、建筑都出现了伟大的创新之作。当然玉雕业也不例外。相玉行业的出现，使人们得来美玉更有把握，多种玉料的利用使琢玉业到战国初期就开始迈人中国历史上第三次高度繁荣期。而且，它对后世的玉雕手工业产生了极其深刻的影响。所以，有的学者认为汉初上距战国不远，而且工艺制作还有个传统继承问题的存在，所以战国墓出土的玉器和西汉初期出土的玉器，有许多实在不容易区分，这在考古发掘中是屡有所见的[①]。这种见解，我也有同感。若我们将考古发掘出土的战国晚期和西汉初期的玉器进行严格的对比分析，可以认为有必要将这次玉雕的繁荣期的年代向下延伸至西汉的武帝时期。

下面我们将简要地论述春秋战国时期玉器的出土情况、玉器的分类和用途、关于春秋战国时代佩玉的悬佩问题，以及它们的艺术价值。不当之处，请方家指正。

一、春秋时期玉器的概况

20世纪的后半叶，我国大规模的工农业基本建设工程的实施，使众多的古代艺术品重见天日。这不仅丰富了博物馆的藏品，而且还为重新编纂中国历史提供了实物素材。春秋战国时代列国玉器的出土，为探讨当时的玉作工艺美术提供了新知。下面列举的这些重要发现，可以使我们一览我国第一次百花齐放的艺术繁荣时期琢玉业伟大的成就。

洛阳的东周玉器 公元前770年周平王迁都洛阳后，王城即成为全国的政治、经济和文化中心。这里地势险要，聚居着东周王室、臣僚、贵族、豪商和百工各阶层的居民。他们死后，即埋葬于王城附近。因此，在洛河北岸曾发现许多春秋战国墓葬。1954年，为了建设洛阳中州路，从涧河东岸通往明清洛阳城的西关，共发掘春秋墓有73座（西工段）②，这些墓葬几乎都随葬有青铜器和玉器。发掘者将它们分为三期，其中春秋早期6座，中期30座，晚期37座。上述墓葬中有47座随葬有玉石器。其中包括本来应该用玉来制作的随葬品，改用石制品来作明器。这些玉器的材料有玉、玉髓、肉红玉髓、玛瑙、绿松石和大理石等等，另外还有琉璃。不过属于死者生前的用物有玉、玉髓、玛瑙等，为数不多。而墓主人随葬器物，多系石质明器。这些玉器个别是立体的，绝大多数是片状。成组的玉石器，其形制大体上是由简单到复杂，在数量上是由少到多件变化。尤其是佩饰也是由单一的玉饰向“组玉佩”的方向发展。属于春秋早期的2415号墓随葬品兽面纹玉片、雷纹 珠、玉贝、兽面纹长条玉片。属于中期的1号墓人骨架颈部饰长方形齿边玉片，颈部有柱状玉玦，还有11件齿边长方形石片，左右两手所握的理（插图一）。4号墓出土有柱状石玦、石琮，213号墓出土有石璋。晚期467号墓墓主人头顶有1件圆角方形石璧，脸上及其两侧有两件石玦和8件有圆穿的玉片，腹部有石璜、石片各1，脚部有长方形石片。2729号墓墓主人两耳各有1件片状石玦，脸上有6件平边有穿的长方石片，两耳下各有3件相互对称的水晶和绿松石珠，颈部有4件水晶和绿松石珠。腹部出土佩玉包括齿边玉璜和3件绿松石和玉珠。这是比较简单的，也是洛阳中州路东周墓出土较早的"组玉佩"。412号墓墓主人面部出土有夔龙形石片，腕部有串珠。2114号墓主人颈部出土8片齿边有穿的长方形石片，其中3件被压在颈骨下面，左右手各握一件夔形石片（琞）。据此，我们可以看出洛阳春秋墓随葬的明器都是以石代玉制作的。而生前佩戴的装饰品虽以真玉制作，但形制却比较简单。

虢国墓地出土的春秋玉器 从1956年冬到1957年，在三门峡上村岭虢国墓地发掘了234座古墓，3座车马坑。《上村岭虢国墓地》一书将1957年前后发掘的这些墓葬的年代定为西周晚期到东周早期（约当公元前9世纪初叶到公元前7世纪中叶），下限当公元前655年晋国灭虢时期。不过，其中大多数墓葬主要是两周之际的。墓内有一些玉、石装饰品，还有玉璧、玉玦、玉环、玉璜等。此外还有鱼形饰、龙形饰、两头兽形饰、蚕形、珠、球形饰、卵形（在1704号墓墓主人的胸部）、长方形玉饰、爵柱形玉饰、玉琀（碎玉石片）、勺形玉饰等。这些玉器少见立体圆雕，多为片状体。绝大多数无纹饰。个别玉玦雕琢云纹。两头兽形玉饰和虬龙形玉饰表面雕琢并列曲线和镂空。鱼形饰仅雕琢出雏形。213号墓出土的玉璋、4号墓出土的玉琮的器形简单，无纹饰。

这处墓地中的许多墓葬的棺盖上、棺椁之间发现有组成的串饰。人骨架的颈部、耳部、头部、腕部、腿部和胸部发现许多成串的串饰，它们是由各种不同质地的器形和串法组成。串饰的器形可分二类：珠类包括管形、菱形、方形和球形，饰类包括管形、长方形、马蹄形、贝形、蚕形、蝉形、龟形和不规则形。质料有玉、鸡血石色玛瑙、水晶和绿松石。其中玉饰中有马蹄形、蚕形、球形和玉珠。上述玉饰的串法和形制、放置或佩戴的部位不尽相同，例如，1052 号墓是一座规模较大的墓葬，随葬器物 970 件，墓主人耳部有玦，颈部有一组鸡血石色串饰，胸部置有玉璧，出土铜戈上铸有“虢大子元徒戈”6 字。据此可知墓主人是虢国的太子。1631 号墓主人骨架耳部出土玉玦、石璜。1614 号墓主人的颈部有用双线将 2 件鸡血色石珠和 1 件玉球及 6 件玉马蹄形片饰贯串成串饰。1820 号墓是一座随葬装饰品非常丰富的墓葬，外椁盖放有石戈、石璧，内外椁间放有1组青铜器和 1 组串饰。墓主耳部有玉玦，口中放着 5 件碎石片和 2 件石贝（琀），颈部围着串饰，以双线将 101 件鸡血色石珠、10 件玉马蹄形饰、1 件玉椭圆形饰、2 件小石饰串连而成。鸡血色石珠双行，每隔若干珠子，双线并列贯入 1 件玉马蹄形饰的孔眼中。玉椭圆形饰坠于整个串饰的右下方。这是上村岭虢国墓地出土的最美丽的项饰之一（插图二）。

上述墓主人的胸部至腹部，悬佩的另外一组串饰，系由 577 颗鸡血色石珠和 21 件管形石饰组成，全长 52 厘米，由上到下分 12 节，每节从右到左分若干行。墓主人腹部放着一组串饰，共 92 件。他的两手各握一件圆柱形的石饰（琭）（插图三）。另外，他的棺盖上放着一堆串饰，共 389 件，无法区别到底是几组。内外椁间，铜器附近，放着一组串饰，共 183 件，串法不详。1702 号墓和 1662 号墓的墓主人的颈部项饰与 1820 号墓的颈饰大同小异。1624 号墓墓主人的项饰除鸡血色石珠、管外，没有玉马蹄形饰，下方垂着一件有孔的方玉片。上述这些项饰都是玉、石等复合材料制成的漂亮的项链。

1619号墓墓主人的头侧放置着1组串饰，上边以1件玉璜为挈领，中间分两行，每行各有13条管状形鸡血色石珠，下面并穿着1件铜珠和1件玉贝（插图四）。它应是一组与众不同的美丽的饰物。还有的墓葬在人骨架的腕部由管状鸡血色石珠23，管状珠3，管形料珠2，玉球形珠、菱形料珠、玉蚕饰各1共同组成串饰。此器系多样材料制作的红绿澄差、错落别致的手镯。另外还有一种无论是材料和颜色都很单一的串饰，出土时围绕着1821号墓墓主人的两腕，应是一种形式简单的手镯。

在1714号墓墓主人的腿部附近用菱形料珠8、管形石珠4组成串饰。1780号墓还有鸡血色石管45、石管形珠1、绿松石10、绿松石方形珠6、不规则形石饰1，夹杂串连成单行串饰。

上述随葬玉石器，一般地说棺内的质地较佳，器形也较复杂，大体上是死者生前实用器，棺外多用石饰和菱形陶珠，器形单纯。采用鸡血石色和玉作原料者极少，质地亦差，应属地地道道的明器。

郑国的玉器 位于河南新郑县新郑故城，是郑桓公自棫林（今陕西华县一带）迁都新郑的都城遗址，到公元前375年被韩哀侯灭掉。郑国在此建都长达390多年，所以故城内外埋葬有王室、臣僚、贵族的墓葬。1923年在新郑故城内城李家楼附近，曾发现春秋时期的大墓，墓内出土包括莲鹤方壶等著名的青铜器，还有玉环5、环纹玉器2、玉片2件[③]。1964年我们发现这座重要的历史名城后，1975年，在其附近发现一些春秋小墓。经过发掘的一座小墓也出土了青铜器、玉器等。我们还在故城东南隅的后端湾北地发现有300座春秋墓。清理了其中12座，虽然都已被盗，但墓内棺椁和棺底尚保存有少量的青铜礼器、兵器、车马饰和精致的玉器、玛瑙器和水晶工艺品。上述这些小玉器和玛瑙饰与齐国故城内郎家庄1号墓所出土的饰物非常相似，看来这些饰物的佩戴是当时列国王室、贵族的风气。新郑故城东城外1千米处和西南墙外的烈江坡一带也是郑国的一处墓地。前者为小型墓，后者有棺有椁，是随葬品较多的贵族墓，所以多已被盗，墓内随葬器物所剩无几。1976年，在新郑唐户一带，发现19座春秋墓，所出土的铜簋上以双环纹为装饰，可据以推知系春秋时期遗物。与其同出的有少量玉璧、玉璜、玉珠和小型玉饰，大体与上述青铜器属于同一时期的遗物④。

晋国的玉器 近40余年来，发现和发掘晋国的墓葬不多，出土玉器不甚丰厚。山西侯马晋都新田附近上马村发掘的13座墓中，出土了一批重要的青铜器和少量的玉器。13号墓主人的两耳各1枚玉玦。面部放置两端各钻二孔的扁平玉片和十余片碎石片，这是缝缀在瞑目上的用玉⑤。玉璜1件（玉压舌）放在墓主人的下颌附近。此人胸部放有2组串饰，其中一组由26件钻孔的枣形、管状、珠形、六棱形和长方形的玛瑙珠、骨珠、玉环和玉兽组成⑥。另一组与上述一组的质地、形状相同，但系由11件组成。墓主人的双手各握玉片（琕）一枚，两脚附近放置4枚玉片。此外，还出土有玉鱼2、玉蚕2、玉绞丝环1、玉环1等。由于此墓出土徐国青铜器庚儿鼎，所以可据以考订两鼎作于鲁襄公（公元前572年至前542年）时，其时，正当晋悼公、晋平公执政之际。上述两鼎辗转运至晋都新田，或可在春秋中叶稍后⑦，故此墓年代亦应属此时。

1977年，在山西长子牛家坡发掘7号墓。它的规模较大，墓内葬具可分椁室、重椁、单棺，出土有青铜器、玉器、漆器和陶器，共达553件。其中玉器有谷纹玉璜1、青玉环29、六棱玛瑙环14件。另外还有玉环、紫晶环11，玉璜13件（其中1对玉青环形虎头虎尾勾云纹璜，1对玉齿边素面弧形璜，4件璜作扇面形），青玉齿边长方形玉片2件，青玉圆形片7件，青玉圆柱形器3件，青玉龙佩9件，虎头形玉雕3件（其中2件半圆形，由谷粒纹和双勾云纹组成兽面纹，扁平体，宽2.8厘米至3.4厘米，从顶部纵钻一孔。另1件虎头形玉雕，宽1.5厘米，亦由器顶纵钻一孔）。玉蝉1件，还有梯形、长条形、贝形玉片和玛瑙、紫晶、水晶珠、柱和料珠。从考古发掘报告公布的墓葬平面图和照片的记录看，上述这些玉器除玉璧和青玉谷纹斜长方形玉片2件等少量玉器外，其他玉器、玛瑙器、水晶管珠和玉珠皆出土于墓主人胸部，当为组玉佩无疑。青玉齿边平行四边形勾云纹玉片2件，从墓平面图看，出于墓主人脚端，颇罕见。这种现象与三门峡虢国墓地2001号墓主人脚趾夹碎玉片[8]的葬俗有近似之处，并且它是后者发展的形式。这座墓内的3个殉人中，有两个随葬有玉器。其中陪人2骨架中部有1件玉片，陪3的脚端放置带钩和玉饰各1件。从此墓棺椁制度和随葬铜、陶器形制推断其年代约当春秋中晚期[9]。1979年在长子县牛家坡发掘11号墓，也曾出土过玉环、玉片，其年代与上述墓葬同为春秋晚期，它们的国别属晋。

山西太原金胜村的西地，是一处古代墓地，南北长10千米，东西宽2至3千米，埋有从新石器时代晚期至北宋初年的墓葬。它西依龙山，东距金胜村300米，隔晋祠公路与晋阳湖相望，东南距东周晋都晋阳故城3千米。这里依山傍水，地势开阔。1988年发掘的251号大墓及其车马坑就位于墓地的中心地带。此墓系土圹竖穴墓，东西长11米，南北宽9.2米，深14米。土圹内积石积炭，并构筑三层木椁，椁室长7.2米，宽5.2米，有头箱、边箱和足箱。共出土青铜器、金器、陶器、骨器、蚌器和玉石器等大量遗物。仅青铜器即达1690件，玉石器545件，器形有圭、璧、璜、璋、瑗、环、珠、玉尺、玦、玉刀、玉片、玛瑙环、珠、水晶环、珠等十余种。此外附属车马坑面积110平方米，残存车13辆，马44匹。由于春秋中期以后，晋阳（今太原市）即为赵氏封邑，至前425年赵孟卒，子浣立，由晋阳徙都中牟（河南鹤壁市西），而此墓年代下限，似不应晚于公元前425年，所以墓的主人很可能是晋卿赵氏。此墓出土1件青铜鸟尊，其器形与现藏于美国弗利尔美术馆的一件青铜鸟尊相似，不过，后者有错金“子之弄鸟”四字。传此器出自太原，当为晋卿赵氏所作。

晋国是西周初年成王封其弟叔虞的封国，是西周时的一个重要的国家。平王东迁后，晋国日益强大，遂成为五霸之一。经过一度繁荣之后，由盛转衰，像《左传》记载晋国“幼君弱，六卿强”“六卿强，公室卑”及“政在家门”有了进一步的发展，统治阶级为了巩固他们的统治地位，维护既得利益，妄图使用盟约来压制对立面，因此在晋国晚期都城新田附近的秦村出现了盟誓活动，所以1955年冬在侯马秦村发现东周盟誓遗址。此地位于牛村古城东南2.5千米处，可能与宗庙有关。1965年至1966年间，在3800多平方米的范围内，发掘326个坎。它们的年代属春秋晚期。这些埋藏盟书圭片的坎，大多是埋牲的，坎底埋的牺牲大体有牛、羊、马，个别的有鸡。也有部分坎没有埋牲。大多数坎的北壁下掏有小龛，放置一件“玉币”（祭玉）。个别的坎放置有数件“玉币”。这些祭玉多属青玉、白玉，但也有以漂亮的石料琢成。其中玉器的种类有圭、璋、璧、环、璜、珑、佩、褋、玦、刀、瑁、戈、笏、铲等等。竖坎的用途是存放盟书，这种坎没有小龛。《礼记.曲礼》云：“约信日誓，莅牲日盟。”孔疏：“盟之为法，先凿地为方坎，杀牲于坎上，割牲左耳，盛以珠盘。又取血，盛以玉敦，用血为盟。书成，乃歃血而读书。”古人所说的基本上和发掘所见的情况一致。

出土盟书的坎达30多个。载有盟辞的盟书数百件，都是以红色颜料将盟辞书写于玉石片上。其中石圭呈灰色，形制规整。玉质的有璜、圭两种，其余的都是制作玉器的废料，呈不规则状，大小不过手掌[10]。

春秋时期盛行盟誓。当时的诸侯、卿大夫为了巩固内部的团结、打击敌对势力的政治目的，经常举行的一种具有制约作用的礼仪。盟誓遗址就是这种礼仪过程中遗留下来的实物证据。1942年前后，曾在豫北的沁阳发现与侯马盟书相似的“沁阳载书”[11]，由于当时在抗战期中，没有力量去探寻盟誓遗址。1982年，在河南温县西张计（1949年前属沁阳县管辖）东周州城遗址东北发现晋国盟誓遗址，通过发掘已获得一批墨书誓辞的圭片，其文辞及书体皆与侯马盟书相近，故有的学者认为是同一历史事件的遗存。在温县盟誓遗址的坎内，也出土有少量的“玉币”，其中有玉珑等少量玉器[12]。

临淄故城的玉器和玛瑙器　姜齐出土的玉器颇少见。1971年至1972年间，在齐都临淄故城南墙约500米的朗家庄发掘一座春秋晚期的殉人大墓[13]。此墓虽已被盗掘，主要随葬器物已被掠去，但仍遗留有少量的玉、石、水晶和料器。其中有多棱的玉龙管，枣核形、长方形、多棱形、球形水晶珠，扁圆形紫晶珠，雕花玉饰。另有玉髓管12枚，有棱，多被盗墓人火烧。由饰件组成的组玉佩，在被盗时被扰乱，已难弄清其原貌。不过主室周围的17个陪葬坑未遭破坏（其中一座坑内人骨架已腐朽，另六座坑内皆为女性，年龄约在20至30岁左右），随葬有玉、石、料器。器形有环、珠、管、璧和蚕形器等，质地包括玉髓环、肉红玉髓、玛瑙、水晶、橘红石、琉璃、滑石、青石、方解石等。前七种属于一类，制作精致，多为死者生前用器；后三种属另一类，数量较多，制作粗陋，应是明器。另有56件带钩，出土于这些坑内，少者数枚，一般与水晶、玉髓佩饰同出，个别成组的置于棺内。没有发现出于死者腰部的。因此，可知它们多数可能是用于悬佩他器的襟钩。

这座大墓出土的佩饰类型，从7座陪葬坑所出土的20组佩饰看，可依其放置的情况，分为三种：一、玉髓、水晶制品分开放置，如坑8、10、13。二、玉髓、水晶放在一起，如坑2、4、10、12。三、只放置水晶佩饰，而无玉髓佩饰，如坑 1。据一、三两种情况可知这些佩饰实属两种类型，即一类是以玉髓制作的佩饰，另一类是用水晶和紫晶制作的。在这些陪葬品中，上述两种质料的饰件，虽在一起出土，但它们并不串连成同一佩饰。

临淄故城地近江苏东海县，这里盛产天然水晶，故郎家庄 1 号墓中的水晶串饰的原料得之于东海，所以在数量上显得非常突出。这是它有别于其他春秋霸主国贵族墓葬随葬品的显著特点之一。

沂沭两河上游莒、郰诸小国玉器 1975 年夏季，在山东莒南县大店子发掘两座春秋时期的墓葬（莒大墓 1、墓 2）[14]，每座皆殉 10 人。墓 2 有腰坑，内埋一狗。出土 9 枚编钟及其他青铜器共 30 件。编钟的铭文是:“佳（唯）正月初吉庚午簷（莒）叔之中（仲）子平自乍（作）铸其游钟……”另出白色玉觿 1，玛瑙珠 15 枚，绿松石 271 枚，皆有孔，白绿相间，组成串饰。根据上述钟铭和陶器组合情况，可将此墓断为春秋中期莒国的墓葬。此墓出土玉觿的纹饰雕琢得颇为精致。

1978 年 2 月，在山东沂水刘家店子发掘两座春秋墓和车马坑。1 号墓木椁的南北各建一个器物库。此墓殉人较多，仅南库顶上填土中的殉人即达 35 至 39 人。墓内出土铜、陶、金、玉器 470 件，分别窆陈于棺椁内。在棺内葬有墓主人佩戴的玉石饰品。此墓出土玉器达 300 多件。墓主人头部有玉贝、玉玦、玛瑙珠，胸部放置玉戈、琮、璜、璧、圭、多齿璧等。北库北部放置 1 组玉佩，未被扰乱。此外，还出土有石磬和 1 件玉戈，玉戈援长而宽，中脊明显，减刃，前锋微屈，直内，并饰有四组平行线纹，内和援基各有一穿，通长 46 厘米，援长 39 厘米，援基宽 6.8 厘米，内宽 6.2 厘米[15]，其形制颇似殷墟妇好墓出土的玉戈（484 号）[16]。唯后者一穿，不过妇好墓的Ⅱ式玉戈也有二穿的[17]。此墓出土多齿璧，扁平体，圆形，外缘有四个较大的齿牙，大齿间有四组较小的组牙。外径 11 厘米，内径 4.8

厘米，厚 0.8 厘米。这种玉器，夏鼐先生曾作过翔实的考证，并将其名称改订为牙璧，指出其用途与天文仪器无关。并认为，它的用途，当和璜、玦一类相似，作为装饰物，可能也带有宗教或辟邪作用[18]。刘家店子 1 号墓出土的玉戈和牙璧，我认为并非春秋时器，因为春秋时期这种形制的玉戈已经绝迹。这种牙璧也可以称作多齿四牙璧，是由殷代的三节叶状突起的多齿三牙璧的形制发展而来的，其年代不会迟于殷周之际。上述玉戈的年代很可能与其同时。此墓出土青铜器 55 件，其中有盆 2，一底有“…… 黄大子伯克作其𩜁盆 ……”铭文，器底有“公𣪘”铭文，壶腹有“公铸壶”铭文，铃钟有“陈大丧史中高作铃钟”铭文。此器当是河南淮阳陈国大丧使名仲高所作之器。另一玉戈的援基有“簈公”铭文。此戈铭当系“莒公”2 字。春秋初年，莒南大店一带本属向，《左传》隐公二年云“…… 莒子娶于向，向姜不安莒而归。夏，莒人入向，以姜氏还。”事在公元前 721 年。假如没有其他缘故，刘家店子 1 号墓的下葬在“莒人入向”之后，才有可能将莒公戈等铜器随葬于墓内。据此，墓的年代当属于公元前 721 年。大店 2 号墓出土“莒平钟”1 组，可证该墓属于莒国。刘家店子 1、2 号墓与大店子的两座墓的形制、礼俗近似。他们都有椁室、器物库，都有浓厚地区性的特征现象，可见这个小国尚保留有东夷族的习俗。刘家店子 1 号墓的玉戈和牙璧当系墓主人生前所喜爱的古玉，随着墓主人的棺椁下葬时被埋入墓内[19]。

1982 年至 1983 年间，在山东临朐凤凰岭发掘春秋晚期墓葬。此墓系由墓室、器物坑和车马坑组合而成。并且发现人殉 14 具。此墓虽早年被盗，仍出土一定数量的青铜礼器、玉石器和骨器等遗物 300 件。根据它的埋葬习俗和遗物特征，可以证明死者的族属当为东夷。此墓所在地望据经籍记载在春秋末期当距鄅国故墟不远。因此，有可能系鄅国墓葬。它所出土的玉器 49 件，质料可分为玉和绿松石等。这些器物出土于棺内者达24件。计有玉玦2，放于墓主人头部的两侧；玉璜4，分别置于小腹正中、右上肢中部、前胸右上方和右肩附近；放在头顶部有玉环2，大腿间1，骨盆上方1。25件小型玉球形珠，断面呈圆形，有的形如枣核，有的呈不规则状。最小的体积形同谷粒，组成一组串珠。另3件串珠与玉佩伴出。在后室东南角，即殉人4的足下，随葬玉环等物，殉人2随葬玉环2，置于头的两侧。另有玉玦1，放于右肩处。殉人4随葬红玛瑙珠1，余皆绿色玉珠，零散地置于死者的腿部。

秦国的春秋玉器 秦是嬴姓部族，世居西戎间。自德公元年（前677）到秦献公（前383），在今陕西凤翔县境内营建雍城，作为诸侯国秦国的都城。嗣后，有20代秦国国君享国于此，先后长达290多年。秦穆公（前659年—前621）任用孟明视整顿内政，以雍城为基地，创造了“并国二十，开地千里，遂霸西戎”[20]的局面。从此秦国依靠河山之险，经过百年的经营扩张，终成霸业。

1986年11月，在陕西陇西县边家庄发掘春秋墓，其中五号墓是长方形土圹竖穴墓，墓室分上下两室。上室为椁室，埋一辇；下室为棺室，埋死者及随身佩戴的玉器等。此墓随葬器物丰富，有青铜器。其中礼器有鼎5、簋4，另有石、玉、陶、骨器等。玉石器计有玉泡饰2，圭11件，石圭4，石管2，石璧1，石条形饰5，石贝290件。还发现2串串饰，其中一串置于死者头部，由玉玦2件、玉牌7件、玉鱼1件、玛瑙珠80粒和若干绿松石珠组成。出土时已散乱，复原连接后，全长47厘米。其中玉牌饰呈束腰形，中间有四道凸棱，上下有对称的刻纹，四角各一孔，分别与两端的孔相通。长3.2厘米，宽2.8厘米，厚0.5厘米。另一串置于死者胸前，由70粒玛瑙珠组成[21]。5号墓出土青铜器礼器的形制和花纹具有明显的春秋早期特征，有的甚至与西周晚期同类器物没有什么区别。所饰的鸟纹、窃曲纹、蟠螭纹、重环纹、瓦纹等是西周晚期到春秋早期的流行纹饰，与上村岭虢国墓地和宝鸡福林堡、户县宋村等地铜器纹饰及宝鸡太公庙出土秦公镈的纹饰尤为接近。此墓出土铜片饰与三门峡上村岭虢国墓地墓1634: 78、墓1624: 46、墓1270、墓1820: 33即原报告彩色图版壹（一）的马蹄形玉、石饰的器形相同，其用途也应当是串饰的组成部分。此墓的年代约当西周晚期与春秋早期之际。

1974年，陕西户县宋村发掘了一部分春秋前期秦国墓葬，其中3号墓及其附葬坑（有殉人1）出土了一些铜器和玉器。而墓室内尚殉4人。其中3号殉人口含玉玦2枚，色泽晶莹，制作精致。1号殉人口含石玦1。2、4号殉人口皆含蚌啥各1。墓主人的脚箱内埋有苍玉圭，通高46.7厘米，宽7厘米，厚0.7厘米。另有苍玉戈、玉管，墓主人头部随葬玉串珠一串，置于头部，应为项饰。它由1个穿圆孔的方玉片、3个鳞形玉牌、9枚绿松石管及74颗鸡血色石珠组成。出土时虽已散乱，但根据其出土位置的遗迹可作复原。另外有玉牌3，刻有流利的花纹。这座墓葬出土春秋早期青铜器14件，故玉器亦当与其同时[22]。

1963年10月，在陕西宝鸡阳平镇秦家沟发现几座古墓。在墓一内发现铜椁饰和玉圭。墓主人口含玉玦2。另出玉凿2，皆四楞方柱形。玉鱼3，玉玦2，出土时位于两耳附近。青铜器的器形与宋村所出土的相似，只是纹饰有新发展，出现了一种细密的勾连纹。这种花纹过去有人认为是蟠虺纹，但蟠虺纹是由细小的虺蛇形成的，其来源是春秋前期末在中原兴起的蟠虺纹，和秦器此种勾连纹在母题和时间上均不吻合。秦家沟器物有的饰有勾连纹，有的饰有勾连纹与波带纹相配，为宋村所未有。所以秦家沟的年代当晚于宋村[23]。

1976年在凤翔八旗屯发掘秦国各个历史时期的墓葬40座。其中BM27等是比较早的、奴隶主身份较高的墓葬，内有重椁，椁内有棺，从随葬青铜器看应属春秋早期。出土的玉器有璧2、玦、石璧。BM102有殉人3（2人在墓坑北，1人在墓坑南）。殉人一般随葬有蚌、玉琀，还有玉珠、玉璧、石圭。这些有玉石器随葬品的人当系墓主人近身奴隶[24]。

1959年至1960年间，在宝鸡福临堡东北地，发掘10座秦墓，其中凡出土铜、陶器的墓同时也出土石圭。其中1号墓出土玉鱼、玉蚕各1，石管18枚，石扣1，石珠408粒，出土时散乱于人骨架的胸部，可分大小4种，有绿松石。石珠分白色和黑色，直径1厘米至0.5厘米。墓1、墓3和墓4出土石玦4件，皆在耳部，以白色大理石制成。石圭多的达27件，少的2件。这批玉石器的年代属春秋早期偏晚[25]。

20世纪70年代以来，在雍城遗址附近，连续发现几批秦国玉器。其中南河屯曾出土玉璧2，其一直径29.7厘米，内径5.9厘米，厚0.9厘米，玉料呈墨绿色，质地莹润，器表光洁透明。两面皆雕琢阴线相互蟠虬的方角勾连纹，并以五圈内填短斜线的环带纹相隔，纹饰繁缛，线条流畅。此璧肉的尺寸恰当好的二倍。《周礼·冬官·玉人》："璧琮九寸，诸侯以享天子。"郑注："享，献也。聘礼，享夫人以琮。"明确地记载制作径为九寸的玉璧，可贡献天子。以此璧直径推算当周尺一尺二寸余，可作贡献天子所用之璧。另一璧，径19厘米，内径4.2厘米，厚0.5厘米，墨绿色与浅绿色相间，两面密布阴雕的方角勾云纹。上述玉璧出土宫殿建筑基址附近，恐系祭器。南指挥乡出土的玉觿1，玉璜3，皆琢阴线方角勾云纹。雍城北部的纸坊瓦窑头曾出土玉琮1件，通高12.7厘米，边长6.5厘米，射高1.2厘米。玉鱼有黄白色的，含青绿色条纹，半透明，质地细润，碾磨光滑。瓦窑头出土的另一批玉器，计有璧、琮、璜、觿和圆形玉器14件，其中玉觿、璜2件的表面和圆形饰的表面琢阴线方面勾连纹。石家管豆腐村曾出土玉玦2件，玉料呈牙白色，两面皆琢有方角勾云纹。1973年至1974年，雍城出土三批秦国铜建筑构件和1976年至1977年发掘的秦宫殿、凌阴遗址就在玉玦出土地点[26]。

1981年至1984年，在凤翔雍城中部偏东马家庄，发掘1号建筑群基址，发现秦公时期大型宗庙建筑遗址和祭祀坑，出土玉璧、玉璜、玉玦、玉圭等物。它们大多出于朝寝建筑的前朝及东夹室的踩踏面上，少数散出于祭坑。坑79出土玉璜、串饰40件，坑15出土骨璧、玉璜，坑158出土玉器多件，大多完整，但玉器粗糙，器形不大。这处遗址共出土玉璜21件，玉色不一，有青白、蓝、浅黄色，有阴雕简化的方角云雷纹，也有光素无纹的。大都钻一至三孔，器表涂朱。玉璧共出81件，青白色或者青绿色，大多为素面，个别饰简化了的云雷纹，两面钻孔者多，一面钻孔颇少。玉玦共出21件，石圭34件，坑76出土煤精环2件。这处宗庙建筑属于春秋中期，废弃于春秋晚期[27]。

1973年至1974年，在凤翔姚家岗发现一处建筑遗迹。1976年至1977年进行两次发掘，初步断定它是春秋时期秦国的凌阴遗址。这里，几年前曾发现三批春秋秦时铜质建筑构件，还出土有玉璧、玉玦、玉圭多件。这座基址在1974年发掘的宫殿建筑附近。因此，判断此遗址的时代属于春秋[28]。

1976年开始在凤翔南指挥乡附近发掘春秋时期的秦公1号大墓。大墓占地面积5300多平方米，中字形，前后各有墓道一条，全长300米。墓室长60米，宽40米，深24米，应是本世纪我国田野考古发掘的最早最雄伟的“黄肠题凑”结构的墓葬。此墓虽经多次盗掘，但仍发现许多种玉器，包括璧、璜、圭、玦、白玉戈，精美的玉璋、石鱼，透雕蟠螭纹玉饰（佩）和煤精玉饰。还有绿松石串饰，无不色泽夺目，玲珑剔透。尤其是一件玉佩，通体透明，设计奇巧，造型不凡。另有一件碧玉马头形扁平玉雕，竖耳，圆眼，细长颈，酷似秦俑坑中的陶马形象，通体透明，雕琢技艺巧夺天工，再现了西域汗血马的艺术形象。还有一件小玉片上面雕琢了10个勾云纹镂空，缝隙间不到1厘米，其艺术效果非常玲珑娇巧（插图五）。此外还出土有直径不足2厘米大小的灿灿发光的金质“扣子”，运用浮雕、透雕等琢玉技术，雕镂出多组错落有致的主体花纹，花纹中镶嵌着许多绿松石，更增添了这枚工艺美术品的色调感。此外，墓内有殉人182具，其中多数人带着金串饰或绿松石饰（珠），说明殉人有一定的身份。据考证这座大墓是秦景公（前576—前537）的墓葬，其时正当秦国公室殉人的高潮期。秦景公十八年（前559），晋、齐、宋联军大举伐秦，大破秦军，但作为中国西部春秋时期的大国国君墓内窃余的随葬品看，这个国家具有一定丰裕的经济实力，而且还有雄厚的文化基础㉙。

1977年，在凤翔南部高庄墓地，出土玉璜90件，其中墓10的2号殉人的腰部出土白玉璜2件，制作精巧，两面浮雕卷云纹，两端钻孔。另外，青白玉璜2件出土于1号殉人两手旁（理），全形似月，两面饰回首鸟纹，周边围以斜线。白玉玦2件，蓝色玉璧1件，出土于墓16号殉人骨架左侧。玉襟钩，蓝色，钩端作鸭首形，镂刻细云纹。另有串饰11件。其中2号人骨架左下方由5枚绿松石珠、1枚料珠、1枚枣核形水晶柱饰组成串饰。还有的出自2号人骨架胸部482枚极小的青白玉珠组成的串饰，此墓属春秋晚期秦墓。

楚国的玉器 楚为周时的封国，是春秋战国时期幅员最广阔的国家。《史记·楚世家》云：“楚之先祖出自帝颛顼高阳。…… 熊绎当周成王之时，举文武勤劳之后嗣，而封熊绎于楚蛮，封以子男之田，姓芈氏，居丹阳。”其后渐与中原交往，遂成南土大国。春秋时，楚所灭诸国，凡四十有二，皆淮汉一带姬姓小国。而它的势力始终未越过洞庭湖。战国时期，楚向南征，得长沙以南之地。楚的早期都城即在丹阳，而丹阳的地望问题迄今尚未得到结论。秭归、枝江两地都未发现楚国早期的大墓，而河南淅川县的龙城附近的下寺、和尚岭一带，却发现了许多春秋时期的贵族墓葬，出土了大量的青铜器和玉器。

这处墓地依其各墓葬埋葬先后的秩序，大体自龙山南而北可分三组：其中甲组墓包括墓7、墓8、墓36及后2墓的车马坑；中部的乙组墓包括墓1、墓2、墓3、墓4，还有墓2的车马坑和15座小墓；北部的丙组墓包括墓10、墓11及其车马坑。由于这些大墓内出土带铭文的青铜器，可借以判断墓主人生前的有关情况及其死后下葬的年代，所以也可以借以搞清楚墓内珍藏玉器的所属年代。

下寺春秋中期墓8出土有玉环14、玉人1、玉牌40、玉觿82、玉蚕5、玉鱼2件。墓7出土玉琮1、玉玦1、玉牌6、玛瑙珠4、玉冲牙2、玉片1件和料珠48枚。墓36出土玉璜1。春秋晚期的墓1出土玉璧4、玉环5、玉璜8、玉虎11、小玉牌11、大玉牌1（插图六）、玉簪2、玉梳1、玉柄形饰1、玉觿13件，翡翠(?)珠5枚，玛瑙珠85枚，料珠65枚，玉髓管4枚，料管16枚，玉弧形管1枚，玉方柱形器2、玉方形穿孔器1件。墓2出土玉璧2、玉牌12、玉簪帽2、玉环6、玉长方形饰2、玉管状器2、玉虎3、玉鱼1、玉觿22件，玛瑙珠42枚，饰花石髓管1、料管11、料珠49枚，石串珠746枚，绿松石5件。墓3出土玉璧1、石璧4、玉琮1、玉牌6、玉兽1、玉虎6、玉觿30、玉弧形饰5、玉扁条形饰10件，料管5、料珠22枚，石髓管2、玛瑙珠30枚。墓4出土绿松石1件。墓24墓主头部出土玉牌4件。墓26出土玉牌4、碎玉9块。墓24出土碎玉6块，皆属墓主人口含的玉晗。墓26出土弧形玉饰1件，白色，半环状，中间粗两头细。另有玉方柱饰2件，墓16出土方形玉饰绿松石牌1件。墓11出土玉环2件，玉管1件[30]。据此我们可以看出下寺楚墓出土的玉器在楚玉中所占的重要地位。

近年来，在下寺附近的陈店和尚岭发掘春秋晚期的楚墓，和尚岭墓1是一座土圹木椁墓。椁室长5.5米，宽5.2

米，残高 0.75 米。被盗后尚遗留有比较重要的青铜器和玉器，其中有带“克黄之升”铭文的铜鼎，另有一“曾太师郑”鼎。铜壶也有“克黄”铭文。2 号墓墓主是女性，棺内随葬玉璧、玉璜、玉坠、玉方牌、玛瑙环等。此墓的镇墓兽方座上有“曾仲”铭文。2 号墓出土的编钟有“惟十又四年三月戊甲无作昧爽郯子受作奖彝歌钟其永配厥休”的铭文。徐家岭墓 9 所出铜鬲上有“倁 5 子受”铭文，与和尚岭墓 2 所出钟镈上的“郯子受”同铭。徐家岭墓 10 出土有玉璧、玉环、玉佩、玉璜和料珠，这些器物可能属于春秋晚期的遗物。

淅川楚墓随葬器物比较丰厚复杂，某些墓内虽出土有春秋中期的青铜器，但和这些较早的楚器埋葬在一起的，也有形制较晚的器物，甚至有中原地区战国早期的青铜器。所以学者们对某些墓葬的年代和墓主人提出商榷[31]。不过，这里的某些大墓的年代不会晚于春秋晚期。

淮汉间诸小国的玉器 曾国是姬姓封国，其年代下限约当公元前 400 年前后。它拥有今河南南部的桐柏、新野，湖北的随州、枣阳、京山等县市的土地。在上述县市境内有的曾不止一次出土过曾国的铜器和玉器。其中 1971 年在新野小西关发掘的曾子仲诲墓出土有春秋铜器、兵器、车马器和玉器等。从墓葬平面图看，象牙玦置于墓主人的两耳附近，牙白色，刻双勾云纹，另一面雕兽纹。玉管 2 置于腹下，应是墓主人两手中的。玉冲牙置于墓主人的口内，当为玉琀。玉齿边形钻孔片置于死者颈后，当是缀于瞑目上的葬玉。这些玉器小巧玲珑，雕琢精致，有兽形、鱼形和三角形玉器，制作较佳。从此墓出土铜器的形制及个别有铭文的铜器，可以判断其年代约当春秋早期或稍晚[32]。1974 年，在上述墓区发掘了另一座曾国墓葬，出土的青铜器与上次出土的近似。还出土有骨匕、骨饰各 1。另有石贝，散布于墓底。此墓的年代约当春秋中期。1979 年在随县季氏梁西地，西距县城 1.5 千米处，发掘一座春秋墓，从青铜器铭文看墓主是曾国大攻（工）尹季辝，李学勤同志认为此人“系朝中显官，再次证明随县应为曾国国都所在”[33]。他根据此墓出土的两件三角形锋的铜戈，内上的铭文分别为“穆侯之子西宫之孙，曾大攻（工）尹季怡之用”，“周王孙季怡孔臧元武，元用之”铭文，认为季怡是曾国的大攻（工）尹。戈铭的穆侯自是曾之先君，西宫是曾侯之子，季怡为西宫的后人，他即是曾国的公族，其任大攻（工）尹职当即由于这样的缘故。他为什么又自称为“周王孙”呢？这只在一种条件下才有可能，就是说曾侯本来便是周王的宗支。因此，两件季怡戈是非常重要的证据，说明曾的确是周朝分封的同姓国，并且和王室有较近的血缘关系。

这座墓出土玉环 1，牙白色，间有灰黄色斑疵，一面雕双阴线蟠虺纹，另一面无纹饰，直径 6 厘米，孔径 3 厘米，厚 0.2 厘米。玉璜 1，米黄色，器呈虎形，作直身伏卧状。背和头各钻一穿，通体光素，长 8.8 厘米，厚 0.3 厘米。玉佩 1，稍残，乳白色，半圆形，一头宽一头窄，器身有穿孔，一面有阴琢的双勾变形蟠虺纹，一面光素。另出土玉饰 2，牙白色，内有米黄色斑疵，一残，雕琢纹饰与玉佩相同。另一乳白色，弧形，截面呈椭圆形，素面无纹，长 6.5 厘米，宽 1 厘米。根据此墓出土青铜器的形制和铭文判断其年代应属春秋中期。不过此墓出土玉器在造型上尚保留着西周同形玉器的遗风[34]。

淮汉间另一个小国是嬴姓的黄国，其都城位于河南潢川县城西北六千米的隆古镇。此城城垣保存较好。《左传》桓公八年，“楚子合诸侯于沈鹿，黄、随不会。”其时，淮上诸小国皆联齐抗楚。

1983 年 4 月，光山宝相寺上官岗发现一座古墓，南椁室遭破坏，出土玉器、青铜器被取走，后被地、县工作组将散佚文物收回。经过发掘证实此系黄君孟及其夫人的墓葬，而北椁的铜器大多铸有铭文。此墓所处地望，正是

《左传》僖公五年（前655）："楚子使斗谷於菟灭弦，弦子奔黄"的弦国境内。其时，弦齐联姻，黄、弦皆恃齐抗楚。楚人灭弦后，其地没于楚。到了僖公十二年（前648）"黄人恃诸侯之睦于于齐也，不共楚职，曰：'自郢及我九百里，焉能害我？'夏，楚灭黄。"当楚人用兵攻占弦黄的战争时期，黄人不可能将黄君孟夫妇和下文的黄君佗父埋葬于宝相寺。因此，此墓有可能系弦黄灭后其子孙又续封的缘故，因为春秋时小国绝后而续封者颇多，所以黄君孟等才有可能葬于弦地。若从墓内随葬的青铜器和玉器之丰富及其椁室建筑并且髹漆绘彩的情况看，不似战争时期仓猝下葬的现象。因此，估计此二墓的埋葬年代当距黄灭国的时日不远。

这座墓内北椁中随葬青铜器14件，许多铸有黄君孟的铭文。玉器54件，计有环、鱼、玉兽面饰、玉圆柱形玦、玉人首饰（插图七）、玦、虎、玉兽首饰、玉人面纹饰、玉管、玛瑙串饰、残玉器、玛瑙管、玉蚕蛾、长方形穿系管、玉鸳鸯、玉棒形器、玉窃曲纹饰、玉双兽面纹饰、玉环等等。石器有圭。黄夫人椁室内埋葬有青铜器22件，玉器131件，出于墓主人头下、胸前、腰下和脚端。器形有璧、玦、环、木簪玉堵、璜、虎、鱼、牙形饰、蚕形饰、兽面形饰、玉雕人头、玉雕兽头、玉方形饰、玉牌形饰、玛瑙串珠、小玉管[35]。

上述墓葬共出土185件玉器，具有以下的特点：一、玉质良好，多为黄褐色或青绿色的软玉，透明度亦佳。二、器形多片状，小而薄。盖因玉料碎小，玉人在雕琢时难以控握，加工难度颇大。三、造型漂亮，选择玉料恰当，因料施工，利用质材小的特点，尽力地进行精细加工，成器绝无傻大粗的现象。四、成品绝少立体圆雕艺术品，但个别立体圆雕，如黄夫人椁室出土的玉雕人头和玉雕兽头、玉鸳鸯等是不可多得的玉雕工艺品。五、黄国地处淮上，境内没有玉资源，玉料全靠输入，对于国力单薄的黄国来说，制作巧小的玉工艺品是与其国力相适应的。

1988 年 6 月，在黄君孟墓墓西北 165 米的天鹅墩，发掘另一座春秋早期的黄季佗父墓。此墓为土圹，单椁室，单棺墓。随葬玉器 11 件，其中玉璜 4 件。玉璜一置于墓主人头上方，另一玉璜置于肩部，其下是玉方牌 3，再下有陶珠 4 枚和并列的玉璜 2 件。上述诸器合成一副组玉佩，佩于颈膝间。另有玉虎 1，置于人头的左上方，另一玉璜置于死者足端。玉戚 1，置于墓主人胸部。这些玉器多黑色，少量为白色或青色。璜和虎除素面者外，纹饰的雕琢与黄君孟墓出土的相同，皆为双勾云纹。此墓有陪葬箱，随葬玉璧、环各 1，青铜器、陶器、竹木器。兵器中有铜戈 1，内的边缘铸有“黄季佗之戈”铭文，因此知墓主人为黄季佗父。此墓玉器与黄君孟夫妇墓的形制花纹相同，故两墓年代相近，皆属春秋早期[36]。

1968 年 6 月，在信阳平桥西发掘古墓一座，此墓结构与黄季佗父墓相似，从其平面图看，主棺椁内随葬有连体玉虎 3 件，其中 1 件灰白色玉制作，片状，已残。仅见一虎张口屈身作伏卧状，背、眼、嘴各钻一孔，尾后尚残存另一虎的尾部和向上的虎之后足，可据以推知它和上述一虎的头向相反。另 2 件呈灰白色，其形象是一件玉璜，两端作兽首形，并各钻一孔。玉牌饰一件，正面雕蟠螭纹，背面无纹饰，只有四个钻孔。另有玛瑙珠 1。此墓出土青铜器与黄君孟墓所出的相似，故年代相近。铜壶铸有铭文:“番叔□龠自乍（作）宝壶其永用之。”[37]

此番的地望当在今河南固始境内。1978 年 3 月，在固始侯古堆 1 号墓出土编钟 9 枚[38]，其上有“鄱子成周”铭文，从字体看钟较铜壶为晚。

蔡国也是淮上姬姓诸侯国，公元前 102 年，“封叔度于蔡”(《史记·蔡世家》)。其早期都城上蔡故城城垣保存尚佳。上世纪 70 年代，毁去东墙南段。春秋时期，蔡国屡遭吴楚侵扰。公元前 531 年，楚灵王诱杀蔡灵侯，又令公子弃疾率师灭蔡。近年来，在故城附近发掘少量大墓，但多被盗空，残存玉器、青铜器颇少。楚平王恢复蔡国后，以灵侯之孙庐为君，是为平侯。他依附楚国，前528年，迁都新蔡。《汉书·地理志》:“新蔡县，蔡平侯徙此。”到了蔡昭侯时（前518—前491年），蔡与晋吴合作，参与吴国伐楚之战。楚昭王复国后，伐蔡，昭侯为了依靠吴国，于前493年迁到州来，即今安徽寿县境内[39]。1955年在寿县西门发现的蔡侯墓，出土青铜器多铸蔡侯𬯀（申）铭文，经裘锡圭同志考释，认定此字是申字即蔡昭侯申的名字。此墓出土青铜器486件，玉器51件，金器12件，在相当衾被的地方自首至足排列了21件玉器，计有大小玉璧各1，玉璜2，马蹄形饰8，长方形钻孔片饰3，小玉环2，绞丝环1，玉龙形饰2，合成一组玉佩。墓主中腰饰一行金质圆形薄片，这是死者的带饰。此墓还出土有许多长方形玉片、玉珠、水晶珠和1000粒绿松石珠[40]。此墓年代当为春秋晚期。

吴国的玉器 吴越两国正当秦、晋、齐、楚从互相对峙走向公开决裂之时，突起于东南，虽处蛮夷之地，然在春秋晚期极盛一时。吴国的都城姑苏，在今江苏苏州。1988年，吴县通安乡严山（位于苏州城西20千米处）在工人采石中发现窖藏玉器、彩石、石器402件，其中玉器204件。经初步鉴定，认为是软玉。除一件玉斧外，出土礼器54件，其中璧29件，较大的素面，较小的琢有阴勾云纹。玉环10件，有的两面雕琢蟠虺纹、鸟纹、羽状细画线。玉瑗3件，琮1件，璜11件，两端琢成夔龙首，龙身向后伸延。环有鸟纹、蟠虺纹和双阴线S纹，夹以细羽纹。装饰品149件，其中有虎形佩3件，鸟形佩2件。鹦鹉首拱形饰1，玉色淡绿，器身作拱瓦形，两端琢出对称的鹦鹉首，高肉冠，尖钩喙，头部各有直径0.4厘米的穿孔，似目。器身雕琢呈田字形，将其分为四区，内雕蟠虺纹和羽状画纹。此器表面有蜡质光泽，应系组玉佩中的一枚重要的玉件。另有兽形佩1，兽作伏卧状，头部琢出小口，两面饰平行线变形夔纹。玉冲牙（原定名玉龙）9件，玉色可分淡绿和白色两种。还有玉觿20件，弯钩形器、镯、筒形器、管形饰27件，管状珠3，圆珠1，器嘴形饰2，竹节形饰1件，长方形片状饰，箍形器，环形器，棒形器，长条形饰。彩石器165件，其中有玉珌2、觿1、玛瑙环1、管46件组成串饰。珠108粒、弯勾形饰、玉髓管、绿松石围棋子形饰。料器33粒。此墓出土的虎形饰，与淅川下寺墓一所出土玉虎形饰相似。玉璧、玉镯、玉觿与安徽寿县蔡侯墓所出土的近似。据此，严山窖藏玉器的年代约当春秋晚期。这批玉器质地精良，造型优美，故有人认为可能是吴国宫廷用器，当勾践灭吴时，被吴人埋入窖藏坑内[41]。

六合程桥东1千米的中学内，1964年7月发掘一座春秋墓，出土青铜鼎、缶各1，编钟9件，钟铭曰："隹王正月，初吉丁亥，攻吴仲终（朕）之外孙，坪之臧孙，择氒吉金，自作龢钟，子子孙孙，永保是从。"可以确证属于吴墓。墓内出玉饰一件，长方形，中央有缺口，出土在戟首右上方，长6.4厘米，宽1.6厘米，厚0.6厘米。铜剑3件，其中2件圆形剑首。茎作圆柱状，茎上有两周突棱，剑格刻镂饕餮纹，槽内镶嵌饰物。根据墓内出土遗物的形制，此墓应属春秋晚期[42]。在六合的另一座春秋晚期墓内，出土一批青铜兵器，铜剑3件，有窃曲纹剑格。另1件的剑首为圆盘状，内填绿松石[43]。此墓可能比上述的墓葬稍晚。

1987年春，发掘河南固始县侯固堆大墓。在它的陪葬坑内发现宋公䜌（宋景公）为其妹勾吴夫人所作的媵簠，还出土苏南一带习见于吴墓中出土的硬陶罐和原始瓷杯，证明墓主可能是吴国的贵族。此墓墓主系30岁女性，棺椁内随葬较多的玉器，其中有玉璧、玉璜、玉带钩、玉佩、玉人、玉双龙璜、玉环等数十件。这些器物和料珠一起共同组成组玉佩，惜已散乱，难以复原。这组玉佩佩于墓主人胸前。玉带钩颇小，长仅2.1厘米，当为悬佩组玉佩的襟钩。玉人（翁仲）高2.5米，系玉佩中的重要组成构件。玉佩中包含玉人的习俗，见于三门峡虢国墓2001，其次是曾侯乙墓和平山中山国墓以及洛阳金村战国大墓（插图二九、三〇）。此墓主人的土圹中有殉人17，殉人棺内，也曾发现少量玉器。陪葬坑中出土大量青铜器、肩舆三乘及车马器，还有编镈8、编钟9枚。钟铭虽被铲去，但仍可见有“鄱子成周”等字[44]，据《史记·吴太伯世家》云：“吴王阖庐11年（前504），吴王使太子夫差伐楚，取番。”楚之番邑，即今固始，此墓出土钟铭虽被铲去，亦可证明编钟是战利品。

宋国的都城在今河南商丘附近，城墙在今老南关一带可以见到遗迹。但遗址湮埋于地下，由于发掘难度较大，少有发现。

二、战国时期玉器的概况

洛阳的战国玉器 1957年，在洛阳小屯东北发掘积石积炭大墓一座，长10米，宽9.1米，深12.5米。此墓虽经 盗掘，但仍出土了一些重要玉器，其中圭、璧多残缺，散乱地堆积于椁室北端。此外还有玉环1、玉佩1、玉璜2、伏兽玉人2、兽形饰1、八角形饰等。另有一件石圭上有墨书“天子”二字。这墨书“天子”字迹的石圭的出土，虽然不能认定此墓就是天子的陵寝，但可以肯定墓主人一定是当时的显赫贵族[45]。

洛阳中州路第四期至第七期墓葬所出土的玉石器的数量较多，其中战国早期1316号墓主脸上有一组石片，用眉、眼、鼻、口等形状的石片排列成人的五官状（插图八）。在头骨下放1个圆角长方形的石璧，两耳的部位各放1件圆形石片，两颊排列6件兽形石片；在这些石片的两侧和下边排列10件长方形石片，下面再放两件兽形石片（插图八、九）。右胸上边也放玉髓环，中分两行，一行是玉璧，一行是玉髓环。最下并穿1件虬龙形石片。在各层之间杂以绿松石珠和水晶珠（插图一〇）。腹部有2件多边的有穿石片。脚下有2件兽形有穿石片。棺、盖两侧还放着石璜、石环、圆形和长方形石片多件。2717号墓出土的三套组玉佩，其中两组出于人骨架腹部附近，排列次序是上有玉璧，中间穿蓥玉、紫晶珠。最下系虬龙形玉器（插图一一）。还有一组出于棺和椁内之间，排列次序是上边1件玉璜，其下系长条形玉管和2枚料珠，外侧两行各系1件兽面形玉器（插图一二）。2717号墓出土玉韘，亦名扳指，古人射御时着于右手拇指上，用以控弦。战国中期，墓主人脸上的成组石片，一部分有镂空，与春秋墓中面幕上所缀的石片有显著的不同，例如1723和2209号墓的石片都属于这种式样。前者人骨架的额部有1件齿边形有孔和1件镂空石片，两耳附近各有1件有穿圆形石片，两颊有4件镂空石片。它们的下边两侧有7件或四边或五边形无穿石片，胸部有2件镂空兽形石片，腹部有2件齿边形和4件长条形石片（插图一三、一四）。后者有一组怪脸形石片，包括7件奇形怪状的石片，2件半月形石片（眼形），2件圆石片。腹部还有4件长条形石片和1件兽形石片（插图一五）。这种镂空石饰一直延续到战国晚期。到了战国晚期墓内，仅死者的头、胸或脚部和棺上放一二件石圭。例如1713和1911号墓就是其中的两例。

洛阳烧沟除了59号战国墓出土的玉璧外，在637号墓和651号墓内也有缀玉面幕。前者10件成一组（插图二六），有规律地排列在人的脸部。中间排列4件三角形的，两侧排列2件镂空兽形的，上面两侧又各有1件圆形的。除中间第二件三角形的与上述二件圆形的较小外，其余7件都是镂空的。后者一组共13件（插图一七），也排列作人脸状。中间并列菱形、三角形的各2片，较小，没有穿孔。中间最大的钝角三角形，钝角向上，穿孔作三角形。其他的与637号墓所出者相同[46]。

韩国的玉器 韩哀侯二年（前 375）灭郑，郑迁都新郑。近年来，在新郑故城西 10 千米的许岗附近发现韩君墓四座，早年被盗，迄今尚未发掘。解放后，在山西长治县（战国时的上党郡治）附近，先后发掘 50 余座土圹竖穴墓，椁室周围有积石积炭，且有两两相并列的，共计发现 6 墓有兵器，少装饰品；一墓无兵器，多装饰品，因而推测其为有意安排的夫妇异穴合葬墓。这种现象从前在豫北的辛村、辉县琉璃阁、邯郸百家村曾发现过。长治北城墙外的这片韩国重要墓地，墓葬分布密聚，有的墓坑相距不过 1 米，且有上下重叠的现象。首次发掘的墓葬以墓 12、墓 14 为最大，埋藏遗物亦多，而且有许多精美的铜器和玉器。墓 9 出土玉璧、玉璜各 1，玉长条形饰 1，扁平体，长条形两侧各凿有小缺口。小型玉器，似尖刀状。玉饰 40 余件，薄片状，置于墓主人头侧。墓 10 出土玉璧 1、玉饰 22 件，与墓 9 所出者同，并与带钩相杂间置。还有玛瑙环 5，圆柱玉饰 4，方形玉器 1。墓 11 出土玛瑙环 4，玉龙形饰 2，玛瑙觿 2。墓 12 出土玉璧 6，玉、骨、水晶环 12，方形玉器很多，玉簪 1，圭 1。墓 14 出土玉梳 1，玉圭 1，玉璜 20。墓 15 出土玛瑙环 2。此外绝大多数墓或多或少地出土有青铜礼器和兵器，陶器多被砸碎，还有少量的线纹铜器和错金银铜器[47]。1956 年，发掘这处墓地的 126 号墓，出土玉器有玉璧 3，玉璜 5，玉冲牙 10，玉琮 3，圆玉 1，玉蟄 1，玉佩饰 1，金镶玉饰 1，玉棒槌形饰 1，水晶珠 11，绿松石珠 2，琉璃珠 118 节，绿松石鸟 1，玉璋 2[48]。这处墓地的第三次发掘，共挖战国墓 19 座，除 47 号墓无随葬品外，共得文物 1267 件。随葬品最多的是墓 25，达 430 件。出土玉器有龙佩 12 件，玛瑙环 16 件，玉环 2 件，玉饰 6 件，玛瑙器 2 件，白玉器 2 件，玉璧 5 件，玉佩 2 件，玉柱 5 件，玉片饰 19 件，石璜 7 件，水晶环 2 件，水晶珠 2 件，玉长条齿边形饰 1 件，石片饰 1 件，角饰 3 件。另有骨管饰 9 件，骨串饰 32 件，石圭 30 件。上述玉器大都是墓25和墓53出土的。从墓25平面图上可以看到墓主人的上下身放置着大量的玉器[49]，不过，发掘者还没有把这些玉器有机地联系起来，揭示这些韩国的贵族所佩戴的是一副副的组玉佩。长治分水岭墓269、墓270是1972年发掘的,都是土圹竖穴木椁墓，另外在其西南有两个马坑。墓269出土玉璧1，玉佩2，玉觽3，玉玦2，玉璜1，玉片3，另有圭10。墓270出土玉璜3，玉环4，玉佩1，玉兽2，虎片2，玉柱饰2，玉觽3，玉簪1，玉管饰2，玉珠3，玉玦2，玉佩饰2，玉片2，玛瑙环4，玛瑙珠28，玛瑙管17，水晶管8，水晶珠1枚，另有绿松石168枚。孔雀石珠、珍珠1枚，琉璃管6枚[50]。这些墓葬都有重要的青铜器伴出，偶见线刻花纹铜器和金银错铜器共出。从某些青铜器的形制分析，上述墓葬最上限可达春秋晚期，下限为战国中期。

魏国的玉器 魏的早期都城，在今山西夏县西北禹王村。安邑故城的城址已经查明[51]。公元前361年迁都大梁（今河南开封市）。在魏国境内，近数十年来考古发掘古墓葬较多、规模比较大的有郑州附近的岗杜、二里岗，陕县后川、李家窑，辉县琉璃阁、固围村和褚丘等地的战国墓群。

琉璃阁墓105出土玉器37件。其中玉佩饰有两端带缺口的珩，尾端呈偏角的璜，以及素面方形和梯形的钻孔玉片，应是缀于织物上的饰物。此外，还有玉璜、玉菱形饰、玉珩。发掘报告认为此墓属战国中期。墓104出土有冲牙。墓243出土有玉髓环。

固围村位于辉县城东三千米，地近琉璃阁墓地。此处有三座大墓，但以2号墓的规模为最大，居于墓1和墓3之间。它们建筑于长宽各10米、离出地面2米多高的平台上，就是魏国王室的异穴合葬墓。其右有两座墓葬，合在一起形成回字形的陵园。这三座大墓都覆盖着瓦顶享堂建筑。墓地范围比墓室宽出一周。墓2的享堂七开间，包括砾石散水在内的地基25至26米见方。墓1与墓12的享堂都是五开间。这三座土圹墓南北两端都有较长的墓道，长达150米，深至15米以下。这些积石积炭墓与其他地方的这种墓不同，圹底铺有巨石，椁室两侧及邻近的两墓道处又以巨石砌墙，墙内充沙。棺外椁内填以木炭，然后以土夯实。墓1的壁面有白色微绿的粉饰，上口绘雉堞形。墓内遗物被洗窃，仅存零星的青铜器和陶器等很少的文物。

墓1的填土被两座祭祀坑所破坏。1号坑底部铺一层涂朱的绢帛，上面东侧放置玉环，蓝白色料珠，玉柄饰二件。2号坑也有朱色绢纹铺满坑底。在北壁夯土近底处挖一穴，深0.35米，内藏玉器、料珠等共105件。其中玉册是以青玉白斑半透明的简片编成的，片长约22.5厘米，宽1.2厘米，厚0.11厘米，50片编成一册。这种完整的战国玉册尚属首次发现。玉圭6件，用朱白色相间的绢包裹。还有大玉璜1（插图一八），玉璜2（上册第279页，图一九七），小龙佩1（上册第280页，图一九八），玉环43件，其中一件作绞丝纹，另一件琢有谷纹。此外还有玉长条形齿边饰、石圭50、琉璃珠56件。

固围村墓2出玉环（原定名为玉瑗）、鹦鹉形玉佩（上册第280页，图二〇一）和残玉璜各一件。

固围村墓5出土包金银玉带钩（插图一九）。墓6虽已被盗，东侧的祭祀坑中的俯身人骨架旁尚有1件孔雀形玉鸟（上册第281页，图二〇三）。墓的北壁盗洞的扰土中发现玉环等[52]。李学勤同志认为固围村墓1和墓2都出土有魏国的货币“梁”的圆跨布，无疑为魏惠王迁都以后所制。墓地的形制和出土物，均类似近年来河北平山县发掘的中山王墓，可推定为公元前300年左右的墓葬[53]。同时还认为从规模、年代看可能是魏惠王（卒于公元前319年）或魏襄王（卒于公元前296年）的陵墓。

赵固墓1的玉石器排列在棺中，少数为玛瑙质，多数为石质，真玉不多，大多分布在死者的头部。腰部置剑，附有玉制的标、璏、镡、珌。此外，还有玉璧、玉环、玉璜、龙形佩、冲牙。

褚邱墓2出土玉饰中玉佩22片，形状与琉璃阁的略同。还有玉珩，圆柱形玉饰，玉琮，玉璜两对。另有玉片59片，较小，有孔，可以缀于织物上[54]。

在魏国境内的三门峡后川东周墓群中已发掘的战国墓，出土文物尚未正式发表。从墓2040出土遗物看青铜器颇多，可以猜想玉器一定不会太少。这座墓的年代约当战国中期。

1953年至1954年，在战国时期的管城西北郊岗杜发掘一批战国墓和两汉墓，出土玉器颇少。从报道的47座墓的资料看，只有墓3出土玉琀1，长方形，两面磨光。此外出土的玉石片15片，出土情况不详。发掘管城东南郊二里岗战国墓地时，在212座墓内，发现玉器亦少。计有玉环2，碎玉玦13，出于11座墓内。除墓11出土2件外，其他的皆出1件。由于这些碎玉出于墓主人口中，实际是玉琀。这些玉琀几乎都是从完整的玉器上砸或锯下来的，故可以看出其原来形状有的是玉戈或玉玦，所以可以将其合成一器。还有玉柄形器。也有从玉璧或玉璜上锯或砸下一片，以充玉琀。还有玛瑙珠15枚，共出于8座墓中。玛瑙环14件，出于11座墓中，多放置于死者头骨两侧。彩色料珠18枚，分别出于五座墓中。这些小墓墓主是当时身份较低的居民，所以随葬玉器特少。

有一种非常特殊的现象是，在这批战国墓中，有59座墓共出476件铜璜（插图二〇）。质地多为黄铜，但也有以青铜为原料铸制的。出土时多已破碎，只有175件是完整的。璜作拱圆形，顶部铸一孔，或顶部铸齿状钮，钮部有穿，以供佩系。有的铜璜表面镀金[55]。这些铜璜经常出于死者头部、胸部、腰部、足端；有的和玛瑙环、骨环、骨珠、料珠、骨圈等装饰品放在一起，说明它们不可能是“桥形币”。这种现象证明铜璜是“组佩”中的一种构件。它是战国时期玉璜的代用品。这种以铜代玉的组玉佩是供给新兴的地主阶级和商贾阶层享用的。这种组佩在这个新的历史时期的应用愈来愈广泛的原因是，玉料在当时的市场上价值逐渐高昂[56]，获得美玉已日益艰难，代表新兴力量的人物日众，社会对“组佩”的需要日多；战国时代铜铸造技术的发展，尤其是壳型叠铸技术的发明，一次可以浇铸数十乃至百枚以上的铜璜，足以代替玉璜来满足社会的需求量。这些铜璜的器形与玉璜的器形相差无几，有两龙首的、有双勾云纹的，有三角雷纹的，有素面无纹的，有的表面鎏金，灿灿发光，似可发出清脆的声音，并不会影响人对它们的喜爱。湖北、陕西、山西、河北的某些战国墓乃至秦墓中也曾出土一定数量的铜璜。

赵国的玉器 赵原都晋阳，公元前 425 年迁都中牟（今河南省鹤壁市西），前 386 年迁都邯郸。当时的大城位于今邯郸市区，王城在大城西南。陵区在市西北丘陵区。王陵五处，分属邯郸和永年县，大体修筑在一个个小山包上。周窑村附近的一处陵台西北的那座墓曾作发掘，封土上有许多板瓦和筒瓦，表明原来可能像固围村那样建有享堂。墓室长 14.5 米，宽 21.5 米，东西两端都有墓道，通长 77 米。东墓道内有车马坑，西墓道内有殉葬坑（殉 2 人）。墓室内窃掠一空。陵区还有 1000 多座古墓。周窑 1 号墓是这些墓葬中规模最大的一座，椁中石木两重椁，在邯郸地区是首次发现[57]。

邯郸百家村战国墓的发掘是 1957 年至 1959 年进行的。首次清理 8 座，二次 41 座。这 49 座墓的形制全是土圹竖穴，口略大于墓底，有熟土二层台。其中 3 座建有土龛，随葬品置于龛内。墓 3 是座土圹木椁墓，墓主面部摆有 6 片方石片，胸部置玉环 1，胸腹间左侧置玛瑙环，右侧放有铜剑，剑上放玉璧 1。墓 57 也是座土圹木椁墓，墓主人头顶放置玉璧 1，雕花玉管 2，脚部置铜剑再下放置玉石片 2，两手间放置玉璜 2，脚端放置玉石片，还有玉圭形石器 2。另外还出土有水晶珠和石片。这些玉器大体都放置于棺内墓主遗体附近。

上述49座墓共出土玉石器701件，计玛瑙环9件，玉环3件，玉璧3件，玉管2件，表面刻谷纹，乳白色，不透明。也有长方形，中间穿孔，表面刻谷纹。玉璜3件，两端作兽头状，乳白色，拱背钻孔，器表琢谷纹、云纹。项饰1件，由水晶、紫晶、绿松石珠、料管组成。玛瑙环石饰401件，利用薄石片制成，有圆形、方形、半月形、长方形、梯形、长条形、拱形等，表面多有钻孔和对称的齿边。石圭240件。这里的战国墓有一个特点，随葬石圭比较普遍，少的2件，一般的20件左右，多者达40件[58]。

河北邢台南大汪西南岗也是一处战国墓地。墓葬形制与上述的相似。墓1的墓主人头部放置铜戈1，胸部放有玛瑙珠，再下放玉佩饰，右胫骨旁放置骨簪1，骨管1。这次发掘共得玛瑙环3，玉佩饰5，其中2件为长方形，上下两面琢窃曲纹。一件长方形饰双兽纹。另一件呈弯钩形，上有鳞纹。还有中间穿孔的圆柱体。从这些墓葬其他的随葬品的形制可以断定它们的年代属战国中晚期[59]。

中山国王墓及王族墓的玉器 中山是东周史上的一个小国，原称鲜虞，属当时北方少数民族白狄建立的国家。鲜虞系白狄别种。在春秋晚期，白狄族的小国被兼并，鲜虞改称中山。战国时期中山拥有今河北中部的部分土地，并且曾与燕、韩、赵、魏同时称王，在战国史上起过一定的作用。中山国的都城灵寿，1974年至1978年由河北的考古工作者在平山三汲东部发现。经勘察大体搞清楚了灵寿城址的范围和中山国王陵兆域。正式发掘者有30座墓葬，墓上建筑基址、车马坑2座，葬船坑1座，杀殉坑1座，出土文物19000件。灵寿城内西北发现3、4、5、6号四座大墓，除墓5外都有陪葬墓。目前墓6及其附近的陪葬墓已发掘完毕。发掘证明墓6是一座中山王墓。城址西2.5千米处，分布墓1与墓2。这是两座大墓。目前墓1发掘完毕，并且清理了墓3的建筑遗迹和两座陪葬墓。上述大墓以墓1为最大，有6座陪葬墓，除2号陪葬墓被盗外，其他墓葬皆有棺椁。8座陪葬墓中随葬有陶器、铜器和玉器。玉器中有佩、瑗、环、带钩、鼻塞、鍱，数量之多，雕琢之精，却是少见的。仅1号墓陪葬墓出土玉璜113件，2号陪葬墓出土玉璜形饰10件，还出土有银、玛瑙、琉璃、骨、石等首饰。6号陪葬墓出土玉器中只有几件坠、片饰等。

墓1的主室中二椁二棺，椁室中现存遗物多是墓主人身上和棺椁上的小件饰物，有金匕、金饰片、银带钩、银贝，各种泡饰、铜戈、铜剑、铜削、铜镜，…… 各种玉饰、玛瑙和大量的陶器、串珠、骨串珠等。“兆域图”铜板也是棺室内出土的重要遗物。

在墓1的东库内，出土许多错金铜器。还有大量的玉器、玛瑙器、水晶制品，其中玉器达350件以上。玉器中有带墨书文字的。发掘简报根据墓内出土青铜器大量的铭文和有关古文献，认为墓主人是中山王𰯼，埋葬时间约在公元前310年。

墓6位于灵寿城内西北，两次遭破坏，直径91米，上有高大封土。西、北面共有陪葬墓3座，南有外藏坑2座。目前发掘了主室和陪葬墓。陪葬墓虽被盗，但出土铜灯、玉佩、玉带钩、石圭、石璧、骨算筹及陶器，仍然相当重要。

墓6呈中字形，南北两墓道，长91米。墓室呈斗形，室内底部为椁室，随葬器物已被盗光。两侧各有一库室，随葬器物极其珍贵。例如，错银镶金嵌绿松石牺尊，颈部用金泡镶成项圈，头和身由银丝和绿松石镶错纹饰，口为流，盖为一天鹅，作回首状，神志安详，富有生气。从库室出土各种随葬器物的形制判断，墓6的年代属战国晚期[60]。

墓3已被发掘，长方形竖穴土圹墓，室内积石。曾经被盗，出土玉器仍多，制作亦较精巧。其中小玉人身着窄袖长袍，妇女梳牛角双髻，儿童梳圆髻，是研究中山国服饰史的绝好资料。两件大型黑褐色雕花石板，是由许多小石板拼接而成的。四角有钉孔，边饰涡纹，内由饕餮、虎和蟠虺纹组成半浮雕图案，构成一幅精美的雕琢画面。从此墓出土遗物进行分析，认为墓 3、墓 4、墓 5 等中型墓是中山国王的同族近属。

灵寿中山国墓葬群的发掘，证实它们早年历经盗掘和火烧，尽管如此，仍然出土了 3000 件玉器，数字惊人，其中有各种颜色的玉、水晶、玛瑙和贵重的彩石。硬度在摩氏硬度 3 度至 7 度间。玉的来源地有岫岩、南阳独山和新疆籽玉，玛瑙来自张家口附近的新河。另有一些石料取自墓地附近的太行山区。但有的难以确定其产地。

墓 1 出土几十件上有墨书文字的玉器。有的书写玉器名称，有的书写某人姓名，有的记叙一件事。例如“它玉珩”“它玉环”“它玉琥”[61]“桓子”“集子”等等。这是研究战国玉器定名、用途难得的实物资料。

墓 6 出土的饕餮纹方板，据说是嵌在棺椁上的饰物。这些墨玉或淡黄色的雕琢花纹的玉、石板，专门采用隐起的雕琢技法，使动物、龙、凤、蟠虺纹呈半浮雕的状态浮现于板面上，给人以怪诞离奇的感受，既神秘，又自然。这种雕琢的板画是中山国独创的一种石雕艺术，不见于春秋战国时代其他诸侯国艺术创作领域的作品中。若从此墓地出土的一些玉雕来看，中山虽系少数民族建立的国家，地狭民贫，但在艺术实践中，能够博采众长，兼收并蓄，另辟蹊径，独树一帜，创作了许多与这个百花齐放时代精神非常协调的艺术作品，这实在是难能可贵的。

燕国的玉器 燕是西周初的封国，其都城在今日北京附近。其实成王封燕前燕国已经存在，殷墟卜辞把它叫作“晏”。到了周初这里才是燕的封国。尽管古文献说燕的国都在蓟，但在北京外城西北只发现了一些战国瓦件和陶井圈，然而在今日蓟丘附近并未找到燕上都的遗址，亦不见战国遗址。北京西南琉璃河发现有古城和古墓群，出土过郾侯的铜器和漆器。燕昭王迁都易县的武阳，名曰下都。下都东西二城保存较好。两城之间，有运粮河把下都故城分为东西二城。西城亦称外城，建筑年代晚于内城。

东城西北角，有虚粮冢和九女台两大墓区，1964 年发掘九女台中的第 16 号墓。这座墓是目前已发掘的最大的燕国墓葬。在此之前，曾发掘北京昌平松园村两座长方形上圹竖穴墓[62]，其中墓一有壁龛，随葬品放置在龛内。墓 2 的随葬品放在棺椁的前头。两墓出土陶器相似，它们都出土有石璜、石圭，以墓 2 出土的为最多，整残共计 120 片，石质不佳。这种以石代玉制作明器的现象，说明北京附近缺乏玉资源。这座墓陶器器形、花纹与唐山贾各庄战国墓的陶器有相似之处，其年代当同为战国早期。

唐山贾各庄战国墓是 1952 年发掘的。西区 22 座墓出土的玉器颇少，只见到玉珠和玛瑙环 2，作乳白色，半透明。环的剖面作六棱形。此墓地所出土的青铜器与山西李峪村出土的铜器相似，所以它们的年代都初步定为战国初期[63]。

在燕下都发掘的墓 29，环绕木椁发现许多镂空石片，数量很多，皆成碎片。形状有游龙式的与团龙式的两种。前者复原 12 件，长 14.4 厘米；后者 32 件，长 6.7 厘米，有的一面有胶痕，可能是粘在椁壁上的饰物[64]。燕下都墓 16 的年代和墓 291 同样属战国早期。墓中随葬很多的漂亮的陶器。这些陶器都是仿铜器的作品，可分彩绘、刻画和排印装饰形式，制作得相当精致。石器共计 2598 件，计璜 12，半球形小石器 9，石贝 515 件，穿孔小石条 3。石饰均残，经粘对，5 件略成形。一件作方框形，其内透雕纹饰已残不可辨[65]。经过对比，大约与上述燕下都墓 29 所出的相同。这些石饰质地为滑石，非常松碎。颜色可分为洁白、乳白、灰白。从碎片观察，所雕花纹以透雕花纹为最多，其上往往有小圆孔，当为钉于他器上用。这样多的龙形片饰显然是玉的代用品，以其制作明器可以克服玉资源匮乏的烦恼，而且这种造价低廉的材料，省工省时，可达节约的目的。这种雕镂龙纹的石板装饰贴于椁壁上可能是燕国和中山王室、贵族独有的葬俗。

燕国的西北边塞怀来北辛堡，曾发掘两座战国墓葬，其中墓2随葬有石串饰1975枚，其中的21枚像绿松石制品，扁平形，中钻一孔，长2.6厘米，宽1.9厘米，厚0.4厘米。白石珠191枚，呈短圆柱状，长0.1厘米至0.4厘米，径0.2厘米至0.3厘米。另一串绿松石珠1762枚，出于棺底，小者如粟。还有一枚，呈柱状[66]。

鲁国的玉器 周初封伯禽于鲁，建都曲阜。鲁国的领域在泗河中上游和汶水流域。这里两周墓葬皆依墓主人的族属关系区别为甲组（周人封鲁前当地居民及其后裔的墓，基本不随葬玉器）和乙组（两周人的墓）。除西周者外，东周只有12座，绝大部分是大中型墓。其中大型墓7座（墓1、2、3、28、5、52、58），墓圹都达到了10米见方，各墓都在土圹中筑成规整的墓室。中型墓3座（墓4、43、47）。墓2系春秋晚期墓，随葬品包括玉器全部被盗走。墓3的年代属战国早期，出土玉马、玉带钩（插图二一）、镶绿松石银带钩和玉璧。此外，在椁的四周还放有许多骨石串珠。墓52亦属战国早期，木椁北面有残璧1，夔龙玉饰2，玉博具1组，其中玉方筹6、石方筹12、筷形牙筹和筷形银筹各1束。在墓主人身上从头至足放一层玉璧，身下垫一层玉璧，共计18枚，最大的径32.8厘米，孔径11.6厘米，最小的径13.1厘米，孔径6.2厘米。还有玉环13，玉扳指2，玉玦2，组玉佩1，金带饰1(组)，错石，獠牙形牙饰4，乐器1(已毁)，红玛瑙环1，牙雕云龙纹饰1，玉瓦纹管1。从此墓平面图上还可以看出，墓主遗骸东边尚有玉瓦形饰、拱形起脊饰、小玉片、玉夔龙形饰。看来这些玉饰和上述玛瑙环等共同组成一组玉佩悬挂于墓主人的胸腹间。墓58是属于战国中期的大墓，土圹长11.6米，宽10.7米，深2.75米。除随葬青铜器外，椁东放置玉管1，玉环1，红绿玛瑙环各1。椁南放玉夔龙2。椁北有绿松石珠1，玉四翼形牙器1组。椁盖上放石圭1，棺内墓主人身上身下各一层玉璧，共16枚，最大者径24.3厘米，孔径8.9

厘米，最小者径 12.1 厘米，孔径 4.1 厘米。另有玉环 4，玉夔龙 2，圆玉片 3，玉带钩 1，玉璜 3。棺底有组玉佩 1(包括玉璧、圆管形玉饰 4、玉方珠 3、玉长鼓形珠 2、玉夔龙 4)，还有料珠、玉环、玉片等小件。从此墓平面图看，玉器的数量和品种当不止如此，还有玉牌 2、玉璜 3、绿松石小串珠、鎏金嵌玉铜带钩（插图二二)、玉管、玉佩饰、玉器钮等等。这里面很明显有一幅“组玉佩”(插图二三)，非常漂亮美观[67]。

公元前 249 年，楚灭鲁，从曲阜乙组战国中晚期墓葬的随葬品中看不到楚文化的特征，这种现象很可能是楚虽灭鲁，而这些鲁国贵族及其后裔还拥有强大的政治势力或经济实力，因此还会出现像墓 58 那样埋藏丰厚的大墓。

关于田齐玉器问题 齐国临淄城南有田齐四王冢，冢土高大，迄今未曾正式发掘。在田齐辖区发掘的东周墓几乎不见玉器，所以齐国玉器为世上稀珍。考其原因，其一是齐地没有发现玉资源的矿藏；其二是公元前 284 年，燕将乐毅伐齐，六月之间，攻下齐都临淄等七十余城，取得空前胜利。在乐毅报燕王书中云：“臣……奉令击齐，大胜之，轻卒锐兵，长驱至国。齐王逃遁走莒，仅以身免，珠玉财宝，车甲珍器，尽收入燕。大吕陈于元英，故鼎反于历室，齐器设于宁台，蓟丘之植植于汶皇，五伯以来，功未有及先王者也。”[68]

据此可知，这是目前考古工作者未能发现田齐时期大批玉器的真实原因之所在。

越国的玉器 绍兴坡塘狮子山西坡，曾发现 6 件青铜器。1982 年春，浙江曾组织考古学者予以发掘。古墓已遭破坏，但可看出原系一座带壁龛的土圹墓。墓道南壁一龛，龛内放置重要的青铜器，铜质房屋（明器)1 座，铜洗、尊、插座等。还有叠压在一起的 11 件小璜，零星的绿松石、玛瑙珠等。在一件长漆盒内，藏有玉耳铜舟 1。此舟椭圆形，敛口，卷沿，腹微鼓，平底。两耳为玉质，呈圆形，断面呈方形，饰勾云纹，铆接于器口两侧，高6厘米，径11.2厘米至14.2厘米。龛下有土台，以北散布大量的玉器、水晶、玛瑙及松石的装饰品。形体较大的玉器多已残碎，分散于不同的部位，即便是较硬的玛瑙也断为两段。此墓共出玉器48件，其中有玉瑗、玉琥1，饰双勾云纹。玉龙形佩2，饰隐起的双勾云纹。玉璜2，玉月牙形小璜，玉长条形或梯形饰4，饰勾云纹。玉冲牙6，饰阴线勾云纹。玉小型冲牙2，头部饰勾云纹。小玉瑗5，饰谷纹。小玉环6，小玉蝉、小玉鸟、玉方形饰、玉长方形饰和玉兽面各1，这是将1.9厘米的玉管竖剖为3，取一分略加雕琢而成，似用于镶嵌。还有鎏金铜削的嵌玉环首残为两段。玛瑙管35件，玛瑙簪1，玛瑙珠61。另有琥珀小圆珠5枚，绿松石珠10160粒，紫晶珠13枚，剖面呈椭圆形或菱形。这些玛瑙、绿松石珠可能组成串饰或手镯。此墓出土带铭文的徐器2件，发掘者认为徐器先入吴，越灭吴时转徙入越，因此此墓入葬年代当在公元前473年越灭吴后不久，约当战国初期[69]。

楚国的玉器 在长沙东郊浏城桥，1973年发掘中型楚墓一座，出土了一批玉器，数量不多，但器种与纹饰都还典型。其中有玉琮1件，外方内圆，短射，边长5.4厘米，高5.2厘米。另有玉璧3件，一件琢有隐起的云纹，另一面饰谷纹，二件是素面的。还有玉环4件，其中一件作多角形。还有玉璜2件[70]。对于这座楚墓的年代争论较大。白狮子地楚墓[71]出土玉器2件，其一黑色，外径7.3厘米，内径0.2厘米，肉好相等，实际是玉环。另一为淡青色，外径3.9厘米，内径1.6厘米，亦是玉环。此墓年代属战国早期偏晚。1957年发掘河南信阳的刘庄楚墓，此墓1出土玉璧9件，玉璜10件，玉带钩1件，玉佩7件，玉双凤纹佩1件，玉长方管1，柱状管1，玉管3，玉长方形齿边管，玉双龙佩，错金嵌玉铁带钩2，错金带钩3件，这些玉器的原料多碧玉，浅黄色者少。玉带钩近咖啡色。璧、璜、龙佩的表面琢谷纹，制作较精。玉镂空双凤纹佩，扁平体，主纹是镂雕的连体双凤和牛首形兽面连结在一起，凤身蜷曲。凤首分向左右回旋，然后向上昂扬，并以尖喙与躯体连接。凤冠修长，向外斜伸，凤爪蜷曲，并与凤冠连接。牛首位于凤身下方，以嘴衔凤身。它的面部饰细密的网纹，双角自头顶分向左右，角尖向下弯曲。凤眼、爪、牛首的双目皆镂空，可供穿贯。这件玉雕代表了信阳楚墓玉器最高的琢玉水平，应是战国中期楚玉的杰作。1958年发掘的墓2，出土了3件彩绘木雕女俑。高约55厘米。头蓄黑髻，眉目皆为墨绘，褐红色长袍，两俑宽袖，衣着文衽，长衣有菱纹花边，腰系大带。其一正面腰间系两根绶带，红色，交叉于上腹，穿入一件圆形饰后，向下将绶带绾而成结，横系之；再下画以红色绞丝玉环，然后再分为二，各穿系 珠两行，每行56枚，其下再将绶带绾结，然后横系，再下垂系玉璜1。实际是每系一璜，共两璜并列。其下各再串3枚蠙珠，再横绾一结，绶带略长，下垂及足，各垂坠绞丝环（插图二四）。另一女俑，衣着与上述相似，绶带颜色亦同，唯仅一根，绶带系一珠，其下有绞丝环1，下坠玉璜1，璜下系小玉璧1。璜和璧上各有橙红色绶带，各绾一结，上者横置，下者任其飘逸（插图二五）。还有一俑，系舞蹈俑，衣着与上述略同，唯不同之处是此俑束袖。两手系另用木头雕成，然后与俑身合一。腰间系有大带，悬以小圆珠，珠下绞丝环1，红色。环下有小圆珠，绶带横置，下垂1件刻琢有三角纹的玉璜（插图二六）[72]。这些彩绘木俑身上所画的玉饰资料，最为难得，它第一次告诉人们战国中期贵族家奴或歌舞伎身上悬佩组玉佩的真情实况。尽管这些女俑所反映的不是社会地位很高的女性，但她们的这些装饰却可靠地显示了当时比较简单的组玉佩悬挂于妇女身上的情况。江陵武昌义地楚墓出土两件木俑皆衣短袖圆领或尖领长袍，其一似结领花，长袍正背皆分作四长方形呈对角交叉，从腋胸间画组玉佩两串，左右悬垂及胫部。最上可见绶带穿短管束而绾成结。下有3珠，再下1璜、短管、玉环、4珠、小环。下系1璜。再下有短管。最下将绶带结成花结。另一俑与其大同小异（插图二七）。这是楚人悬挂组玉佩的又一形式[73]。河南叶县墓1，出土了不少的楚木漆器，还有玉器14件，其中有玉璧2，碧玉，两面琢云纹，内外缘各琢出弦纹边，外径7.6厘米。玉璜8件，两面皆琢谷纹，顶部各钻一孔。玉条形饰1，白色，琢谷纹。玉珑形璜，表面雕琢极细的网纹、线纹、卷云纹。它是这里工艺水平最高的一件玉饰，碧绿色，半透明，镂空透雕，在不到10厘米×9厘米的面积上雕琢出四龙、四凤、二蛇蟠绕于一器，且以上述繁褥的纹饰组成画面。这件玲珑剔透的玉佩，玉润晶莹，造型奇美，是一件雕琢难度艰巨的作品[74]。

湖北江陵沙冢、天星观、望山楚墓和信阳楚墓的相对年代接近，出土玉器不多，制作工艺平平，器形有玉璧、玉佩和玉环。天星观楚墓被盗，仅有玉璧和玉俑6。玉璧白色的6件，灰色的10件，有3件饰勾云纹。玉俑雕琢粗糙，形象一般。

在上世纪80年代发掘的九里楚墓，虽已被盗，还出土了玉璧、玉璜、玉佩。后来发掘另一批墓葬出土有玉鱼、玉璧、玉珠、水晶珠和玛瑙环。公元前278年，秦拔郢都，楚顷襄王东迁于陈（今淮阳市）。淮阳平粮台第16号楚墓的发掘，共出土玉器35件。这座墓就是迁陈后直至公元前241年徙都寿春时这一段历史时期的墓葬。玉器中有25件出于棺内，排列有序。墓主人头枕玉璧1，足下有玉璧2，胸部置璧1。若从此墓平面图看，墓主人左肩附近置玉璜，再下有1龙形佩，其下是1件襟带钩，胸前置璧1，足下有玉璧。从墓16的平面图看，胸下有玉器，再下有玉条1，再下有玉璜，再下是方形玉佩。墓主右肩附近放有玉璜，其下是玉饰，再下是玉环，再下有玉管2，再下玉龙形璜，再下有玉龙形佩1，再下有玉条1。这些玉器的排列说明墓主人至少有一副并列的组玉佩，或者有两组单串的组玉佩。可惜在发掘时没有注意到这些玉器的内在有机联系，予以有计划地取出。这些玉璜表面阴线刻琢勾云纹，玉璜饰隐起的谷纹。玉方形佩饰双阴线勾云纹，玉佩表面饰单阴线轮廓线，表面雕大小两种勾云纹，有的则琢谷纹。“玉鼓形佩”，主体是一酱色谷纹小璧，左右各雕一鸟，璧下雕连尾双兽。因兽的连尾处有一钻孔，据此可知其用途不类佩饰。这里出土的鎏金嵌玉铜镜架是我国目前已知的最早镜架，顶端铸作兽头形，以绿松石小圆粒2枚作为兽眼，嵌于兽面上。此兽张口，衔着四山纹铜镜的下缘，构成一套战国晚期的鉴人用具，颇为难得[75]。

楚考烈王迁都寿春。这里曾是蔡的最后都城——下蔡，即今安徽寿县。这里是楚国灭亡前夕的政治、经济、文化中心。1979年，安徽的考古工作者在长丰县杨公清理了我国晚期的楚墓群，地距后期郢都寿春仅20千米。这9座墓都是土圹竖穴墓，墓道两壁都有摆列矛和漆盾的习俗。墓8出土的陶器组合基本是鼎、敦、壶，另加盒、钫、簠、罐、鉴等，是战国晚期常见的组合形式。因为墓主人生前所处的日子是战争频仍的年代，所以几乎每座墓内都有兵器随葬。虽然9座墓都被破坏，但仍出土了大量的玉器，这种现象在楚国境内或其他地区同时期的墓内是少见的。墓2的主人之遗骸上排列玉璧、璜、圭、管等50多件，其中玉璧占36件。墓2、8、9共出玉器79件，其主要器形有璧、璜、佩、管、环、圭、觿等[76]。这些玉器具有以下特点：一、玉璧的颜色大多是青玉，少数有白斑。以谷纹为其主要纹饰，但也有个别的像曲阜乙组战国墓出土的玉璧一样，将肉分为内外区，外区雕琢阴线双头蟠虺纹，内区琢谷纹。二、玉璜、玉佩、玉觿都在其原形的上下各雕琢、镂空各种姿态的凤鸟纹，或蜷曲的龙形，给这些器物本身增加了艺术魅力。三、创造了楚国的新形式的玉器，例如玉瓶形饰、玉条形饰等。从这种碎小的新器形来看，当时的玉人在战争中仍然利用难得的玉材，把它们制作成组玉佩中漂亮的构件，这种节约用料的精神是难能可贵的。

曾侯乙墓的玉器 曾侯乙墓的发掘是我国战国考古的空前发现。这座墓出土的铜器、漆木器和玉器，在东周考古学上占有极其重要的地位，为中国首次百花齐放时期曾国文明提供了许多鲜为人知的新知识。此墓出土的玉石器共528件，质地有玉、石、水晶、紫晶、料、玻璃、陶七种。玉色以青白、青黄、灰白、黄白、黄褐为主，少数深绿、浅绿或白色。通体抛光，一般的光泽较亮。器类可分玉石璧115件，玦20件，玉或水晶环8件，璜51件，琮2，方镯2，带钩2，佩25，16节挂饰1，玉剑1，双面人1，管7，还有长条玉器襟、觿、玉梳、刚卯、串饰、珠等。葬玉中的琀包括玉牛、羊、狗、鸡、鱼，口塞、玉握、玉片、残玉器、碎料、璞料等等[77]。因为每类玉器又可分为若干种形式，仅玉佩饰一类就可分13种形式。由于形式过多，本文不能枚举。兹将此墓公认的工艺水平最高的玉器简介一二：玉镂孔多节龙凤蛇纹佩，玉料呈白色。全器呈带状，由5块玉攻制而成。共26节，亦云16节。主体构件分五组，套扣成一件似长龙形的玉器（上册第274页，图一七七、一七六）。共有四个活环，外用金属隼头插接，因此可以拆开；八个活环系用镂空技法制作，不可拆卸。不过金属隼可自由拆卷。各节构件的主纹是龙、凤、蛇和兽面，其形象正面侧面兼备。也有集龙（蛇）、凤鸟于一体的现象。上述主纹表面再饰以蚕纹，杂以弦纹、绹索纹，所以纹饰繁缛。同时此器集割切、平雕、分雕、阴刻、剔地、透镂、碾磨、钻孔多种技艺于一体，工艺复杂，难度绝世。此外，那些仿生玉琀中的牛、羊、犬、猪、鸭、鱼等，器小如豆，玉人难以控握，又是立体圆雕，琢磨得惟妙惟肖，当时的工师若无对其加工的诀窍，亦难成器。总之，曾侯乙墓出土的玉器，所显示这个小国雕琢艺术惊人的成就，反映了战国时代玉人坚忍不拔的攻克难关的精神和灵活多样的工艺技巧。

秦国的玉器 战国时代的秦国大中型墓发掘得颇少。发掘的小型墓亦有限，1954年至1957年在西安半坡发掘战国墓112座，可分三区，其中除竖穴墓外，洞室墓所占比例颇大，显得墓葬年代晚至战国晚期，出土玉器稀少。墓53出石璧，墓60出石质角柱，墓115出石环，墓91出玉珠1，墓51出玉饰1。朝邑发掘676座战国墓，不见玉器出土。这种现象说明秦国在吞并六国前夕把财力集中投入征战的准备工作中去，不消耗在奢侈品的制作上。

三、春秋战国时代玉器的分类和用途

第一类：礼器 按照《周礼》所说的“五瑞”，璧、圭、琮、璋、璜，来衡量这段历史时期“礼玉”的状况，我们从出土玉器中就可以看到，圭、璋、琮还存在于贵族的礼制生活中。例如，侯马盟誓遗址出土有玉圭、玉璧和玉璋，温县西张计盟誓遗址只出土极少的玉珑，是参与歃血为盟者作为玉币和牺牲埋入坎内的。到了春秋晚期和战国时期列国范围内出土的玉琮非常稀少，而且射已变短或者完全消失了。湖南浏城桥墓1、吴县严山窖藏坑各出1件和山西长治分水岭墓53出土的是无射琮，湖北随县曾侯乙墓出土的是短射琮。汉儒将玉琥纳入瑞玉中变五瑞为六瑞。而清代学者孔广森早已怀疑琥不应作虎形，以为可能半琮为虎，以背上有龃龉刻者似伏虎，郭宝钧以为孔说似是[78]。我认为孔说不足为据。因为，湖北曾侯乙墓出土的一件玉半琮的形体约当琮的一半，琮的一端射为平沿，另一端不平。若将平沿朝下放置，不平沿的射上的透雕动物颇似两只互相角牴的虎。若将其倒置，这对虎与拐角处的小缺口及其两旁未穿透的孔连在一起，则成为一兽形，那对角牴的虎则成为它的两爪。这种半琮并非几何形，和几何形的五瑞并不类同。尽管这件从一上角向两下角将玉琮割切为二，然所制作成半琮，并在其上雕琢成两虎相牴，或将器形倒置，可以看出整个器形成为一兽，但这种器形和纹饰与其他礼玉的器形依然是不相同的。所以我们认为很难肯定半琮就是六瑞之一的玉琥。

礼器器形发生变化的原因是当时社会经济和政治制度发生变革，社会意识形态也随之发生变化。西周以来烦琐的礼仪发生巨变，礼器的形制不能一成不变。因此，孔子曾发出“觚不觚，觚哉，觚哉！”的惊叹。当时不仅仅是青铜器发生器形的变化，玉器的形制同样地发生变化。圭、璋、琮逐渐减少，直至战国晚期最终消失了。玉璜和玉琥彻底地退出了礼器的行列，变成贵族身上佩饰的部件了。

玉璧　最早的形式是扁平正圆形有孔的光素无纹的玉器。春秋战国时代绝大多数琢有谷纹或勾云纹。从战国早期起玉璧表面的纹饰发生变化，有的分成二或三区同心圆纹带，内外区琢成一首双身龙纹，中区保留着传统的谷纹。平山中山国和曾侯乙墓出土的，璧的两侧各雕一龙。自此玉璧外缘附琢有龙、虎、凤或透雕几组龙凤纹，或在好的部位雕镂虎等动物。直到武帝时期璧的外缘另雕双龙双凤纹饰，大大地改变了璧的原来形制，增添了璧的艺术性。蒲璧大概也是秦汉之际出现，不过，战国晚期已处于萌芽阶段。璧的用途大抵是贵族在朝觐、聘问、燕享、祭祀等礼仪场合手执的信物，但在贵族死后也有以璧随葬的。在汉代画像石墓或壁画墓中往往刻或画以璧环以装饰墓壁。小型的玉璧往往也被串入组玉佩中，作为饰物。像平山中山国王族墓所出土的玉椭圆形璧羡外缘两侧附雕二龙，应是璧的发展形式。总之，璧的用途得看其出土情况和具体的环境而定。战国时代因为礼制逐渐崩溃，社会上出现“僭越”现象，某些士大夫将尺寸颇大的玉璧随葬于自己的墓内，也有将玉璧、玉璜赏赐与贴身奴隶用于随葬的现象，这正是当时社会变革的缩影。

玉圭　礼器的一种。上端尖锐的长方形玉片。《荀子·大略》说“聘人以圭”，意思是圭用于贵族间的聘问。战国时期圭的数量已在减少，稀有。春秋晚期侯马盟誓遗址“玉币”中有少量的玉圭。辉县固围村墓1祭祀坑出土有玉圭，锐首抵平，基部一小孔，可能是平时将其贯线悬挂起来，用时取出，随葬时用绢锦包裹。缺玉的地方以石代替随葬。

玉璋　《说文解字·玉部》:“璋剡上为圭，半圭为璋。”《聘礼》曰:“以圭璋聘，重礼也。”注:“聘使行礼于君则用圭，于夫人则用璋。”（见《监本礼记》）据此可知璋是行礼之器。到了春秋晚期侯马秦村盟誓遗址曾有出土的璋是作为“玉币”与牺牲同埋于一个坎的。

玉琥　汉儒以虎形玉器名琥，凑成“六瑞”。又据四灵说，以白琥祭西方。其实，据夏鼐先生说，“这是后来拼凑上去的，东方已有圭占了位置，所以只有把青圭而不是青珑（龙纹或龙形的玉饰）用以祭东方。”[79]这种玉琥出土时多半是成双成对，实际上是佩饰的构件。

玉琮　这是一种内圆外方的粗管。始见于太湖流域的良渚文化，有长体琮和矮体琮两种形制。商周时形体变短。春秋战国时出土的琮颇稀少，战国晚期玉琮两端的射已消失，嗣后即将绝灭。据说琮是礼地的礼玉，但不可征信。有人说它是织机上的构件，有的人说它是车釭，有人说它是天文仪器，有人说它是交通天地的道具。众说纷纭，莫衷一是。

第二类：仪仗用器　玉戈、玉戚、玉钺、玉斧、玉矛等兵器，皆非实用杀伐用器，而是仪仗用器，用以显示王室和贵族威严的道具。

第三类：用具　玉笄（簪）、玉笄帽、玉梳、玉觿、金柄玉环首铜削、鎏金嵌玉铜镜架，都是春秋战国时代贵族的用具。它们的形制与商周时代有明显的变化。玉笄及玉笄帽不再是圆锥形的簪子，而且在器身和帽饰上雕琢纹饰。从绾发的方式看，黄君孟的妻子以木笄由下向上或由上而下斜着簪入发髻，这种绾发用笄的方法与后世不同。后世的簪发是从上而下簪入的。就玉梳而言，与商周时的亦有差异：殷墟妇好墓和宝鸡強国西周墓出土的玉梳梳齿短而稀疏，而淅川下寺和曾侯乙墓出土的梳体增长而梳齿增多，梳背雕琢纹饰，表明春秋战国时代玉梳耐用而美观。淮阳、肇庆出土的玉环首金柄铜削，是当时“书史器”的一种。信阳楚墓墓1将这种环首削藏于一个特制的木箱中，和遣册与许多竹片放于一室。汉画像石墓的授经图上，经师的腰带上往往佩有这种书刀，乃是削掉竹简上校正的错字的工具。玉觽作野猪牙状的弯曲，古人用以解结。除玉制者外，尚有骨、角、象牙制品。

第四类：兵器及其附属装饰 淅川楚墓出土的玉柄铁匕首，曾侯乙墓出土的镂雕玉柄铁匕首，都是锋利的短兵，装置华丽的玉柄受到墓主人的喜爱。这种玉兵经常佩戴于腰间，用于自卫。曾侯乙的玉具剑，是一件稀世之珍，此器由玉剑首、茎、格、璏、鞘、珌等玉件组成一体。上述玉件都有钻孔，并以金缕贯连。剑首与习见的不同，茎扁不平，雕镂呈小型玉佩状，两端琢成向下回卷的龙首。龙圆目张口，躯体作弧形蜷曲。两后足雕琢成一双相对的凤首、圆目、垂喙，高冠相互连接，表面琢有方格、绹索纹。双龙之下，雕琢相背而立的双凤，凤首向外，与龙体相连，其间琢镂长方形的孔眼与剑茎顶端的方孔对应，并以金属丝相连接。这件剑首两面雕出龙的细部，并装饰勾云纹，配以镂空。位于剑格的一面，作钩形，与格同属一节，采用同一块玉制成。剑格上镂二孔，与剑基下端的两孔对应，并以金属丝连贯其间。到了战国中后期，楚国冶铁业发达，吴楚竞相铸剑。其时风行长剑，所以《楚辞·九歌·东皇太一》云：“抚长剑兮玉珥，璆锵鸣兮琳琅。”《楚辞·涉江》亦云：“带长铗之陆离兮，冠切云之崔嵬。”说明战国时长剑风行，而玉具剑又是采用多种材料镶嵌而成的。这些漂亮的铁剑用玉襟钩悬挂于革带上，并用丝绳系缚于玉璏的两端，剑身可以上下左右移动。这玉璏后世俗称为“招文带”。

玉扳指 一名玉韘，又名玦，亦名玉玦。这是射手将右手拇指套入韘孔内，在发射时用以控弦的兵器。楚汉相争时，在鸿门宴会上，范增曾数次举玦向项羽示意，希望他命令项庄击杀刘邦[80]。范增所举的玦，当是其胸前所佩的韘。

第五类：装饰品 春秋战国时代的玉装饰品占全部出土玉器数量约70%以上。到了战国时期玉佩饰最为风行，成为时代的潮流。这些玉佩饰佩戴于贵族的身上。由于器种复杂，五光十色，所以悦目美观。例如鸡血色石珠、玉马蹄形串饰、绿松石片、玛瑙珠、管、玉人、玉髓环、蚀花石髓、水晶环、玉环、龙形佩、玉双龙璧、玉长条齿边形饰、玉蚕、玉虎、玉鱼、玉双系拱形起脊饰、玉鹦鹉首拱形起脊饰、玉双系拱形饰、玉四节佩、玉透雕双龙佩、玉镂空双鸟佩、玉透雕四凤佩、玉透雕龙凤佩、玉多节透雕佩等等；还有玉镯、玉方镯等，几乎都是贵族男女的饰物。它们有单一佩戴的，有串连成串饰佩戴的，有组成组佩佩戴的。有戴于耳际的玦，有戴于颈项间的项链，有佩戴于胸腹间的玉组佩，有戴在手臂上的镯、钏。这些玉器大大地突破了西周"礼制玉"的形象，满足了社会上对玉饰的需要，充实了新兴贵族和豪商的生活需要。

第六类：葬玉 《荀子·礼论》云："丧礼者，以生者饰死者也，大象其生以送其死也。故事死如生，事亡如存，始终一也。始卒，沐浴鬠体饭唅，象生执也。"因此，当时的贵族墓葬随葬许多玉器。它们有两种来源：其一是死者生前曾佩戴的玉器。这些东西玉质较精，制作亦佳，比较珍贵，我们并不把它们当作葬玉看待。其二是死者的亲属专门为死者制造的明器，或者是其亲友送来的赗襚之物。一般地说，这些玉器的质地不佳，粗制滥造，偶有以石代玉的现象。属于这类玉器才是真正的葬玉。葬玉大概可以分为如下几类：

瞑目 《仪礼·士丧礼》云："瞑目用缁。"注："瞑目覆面者也。”又云，“商祝掩填设瞑目。”所谓瞑目，就是河南三门峡上村岭虢国墓地墓2001的墓主人面部覆盖的缀有玉（石）片的绢帛面幕（插图二八）。郭沫若先生认为：“从考古发掘所见战国时代有于人面上饰以玉片或石片的风习，其布局恰似一个黄字。……在洛阳中州路（西工段）共发掘东周墓260座，脸上贴有玉片或石片者即有34例，可见其风尚之普遍。”（《师克盨铭考释》）。从目前考古发掘情况看，这种覆盖于墓主人面部的瞑目所缝缀的人面形石片，以三门峡2001墓为最早。它的排列情况见插图二八。这是西周晚期的一套瞑目。此外三门峡虢国墓地、山西侯马上马村晋国墓地13号墓、山西长子牛家坡7号春秋墓、山东曲阜鲁国故城乙组战国墓都继承了西周这种葬俗，墓主的面颜覆盖着瞑目，其上缝缀着人面形的玉石片。此外，河南省光山县黄君孟夫妇墓出土了一些带有钻孔的长方形玉片，洛阳中州路东周墓中的墓主人也有长方形齿边钻孔玉片，这些玉片可能是后来玉衣的萌芽状态的形式。洛阳中州路墓467的墓主人面上覆盖着8件圆形石片。到了战国早期的墓1316墓主的面上有1组带穿石片用像眉、目、口、鼻的形象组成五官形，两脚各踏1件兽形石片。（插图九）。战国中期墓2209的墓主人脸上有一组奇形怪状的石片（插图一五），战国晚期墓1723的墓主脸上有一组像人的五官的镂孔玉片（插图一三），墓主两手各握一件镂空兽形石片（插图一四）。这种现象说明，瞑目的形状随着时间的推移而发生形制的变化。到了战国晚期，洛阳烧沟战国墓637和墓651中各出一组瞑目上的石片不类五官形（插图一六、一七），大概都是变例。洛阳中州路1号墓墓主人颈部的齿边石片（插图一），辉县赵固墓1墓主人头部出土的薄玉片32片，淅川下寺墓1出土的6件玉牌，也属滥觞期玉衣的形式。从西周晚期缀玉的面幕出现到西汉早期刘疵墓所出土的玉头罩、手套、脚套（鞋子）直到满城汉墓和南越王墓中玉衣的形成，最终达到了玉衣的完美形式。大约经历一千年的时间，分别出现了金缕、银缕、铜缕和丝缕玉衣，直到黄初三年（222）魏文帝下诏禁止使用玉衣，这个制度才被废止。不过，这种风习后来又反映在生人面部的装饰上。郭沫若先生说："六朝时还留存在生人脸上，但不是贴玉片或石片，而是贴纸片。《木兰诗》：'当窗理云鬓，对镜贴花黄。'又徐陵《奉和咏舞诗》：'低鬟间绮席，举袖拂花黄。'所谓'花黄'，就是面饰，…… 这可证明不仅玉佩称黄，面饰亦称黄。"（《师克盨铭考释》）我认为生人面部的"花黄"在唐朝的年轻妇女的面部依然存在。他们的双颊和前额贴（或画）着五光十色的动物（鸟类）形象和花纹图案，为她们的青春时代增添了艳丽的风彩。新疆出土的绢画仕女图、弈棋图、泥头木身女俑，额上和脸上的彩色花纹以及唐代章怀太子李重润石椁墓门上线刻女官前额上的花纹，应该就是"花黄"的真实形象吧。敦煌莫高窟第61窟于阗公主壁画是相当于宋代的作品，其中头戴步摇，面施脂粉，画眉开颜，点唇晕额，贴花黄、画花子这种装饰，在唐宋之际的妇女中是相当典型的，可见这种风俗迟至北宋时期依然存在。

玉琀 亦名握，或握手。《仪礼·士丧礼》云："握手用于玄纁里长尺二寸，广五寸，牢中旁寸，著组系。"《释名·释丧制》："握，以物著尸手中，使握也。"这就是说，握手的表层是玄纁（红黑）色的织物，里长一尺二寸，广五寸，包裹东西，握于死尸的手中，并用组带系结起来。我认为《仪礼·士丧礼》有关文献，应系西周丧制，陕西宝鸡強国墓地西周墓和三门峡虢国墓地墓2001、侯马上马村晋墓13号墓的墓主人手中的握，以及洛阳中州路春秋墓的墓主人两手各握长方形石片或玉片，中州路墓2411和墓1316、墓1402、墓1723、墓220骨架左右手附近出土夔形石片或多边形有穿、或兽形、或长条形石片，应统称为琀（握）。曾侯乙墓出土圆柱形琢有阴线纹的握，是死者入殓时，用织物和组带将握玉的手捆扎起来的琀。湖北江陵马砖墓1，墓主的双手各握1枚卷成长条的绢团，亦即是“握”，可能是因江汉地区盛产丝绸，而缺少玉和美石，故以绢代替玉石为握。此墓墓主人的瞑目也是丝物制作的，其上不见玉石片，说明楚国制作瞑目和设理随葬与中原有所不同。上述资料使我们可以看到中原、晋南和江汉地区东周丧葬制度设琚的真实情况。若联系西汉前期的南越王墓墓主两手握玉琚，汉中山王刘胜两手握璜，说明东周和西汉前期的玉琚没有固定的形制。

踏玉 关于春秋战国时代死者入殓时足端放置玉器的现象，屡见不鲜，这也是承袭西周的葬俗风习。三门峡上村岭墓2001的墓主人脚趾间都夹有碎玉，山西长子牛家坡7号墓墓主人脚端出土青玉齿边平行四边形勾云纹玉片，山西侯马上马村13号墓墓主人双手握玉琚、双脚放置4片玉片，洛阳中州路墓1316墓主足下放置兽形有孔石片（插图九），河南淮阳平粮台墓16的死者足端各置1枚玉璧，到西汉初年的刘疵墓演化为玉片制作的鞋子，最后形成玉衣的组成部件。虽然目前我们还难以对照古文献给这种东西定名，但我们可以肯定它们是东周葬玉的组成部分。

玉琀 从新石器时代墓葬中的死者口中即发现玉琀，其形状有碎玉、贝、鸡心形玉琀[81]。商周亦用贝和玉蝉或其他形状的玉器填塞于死者的口中，到了春秋战国时期多用玉蝉，曾侯乙的玉琀用仿生的牛、羊、猪、犬、鸭、鱼和碎玉。这些巧小逼真的动物圆雕，含于死者口内，可能具有拥有财富的象征含义。到了汉代多用玉蝉，如定县（今定州市）北庄汉墓。它们所以取形于蝉，可能是蝉这种昆虫的生活史的循环，象征变形和复活，而放在舌上的舌形玉器，易于使人联想到蝉形。这些含在口中的玉蝉，据瞿中溶和罗振玉的意思，都应该是没有孔的。考古发掘证明，确是这样情况[82]。死者入殓时，将其口中实之以琀的习俗源远流长。不过，随着社会的发展，琀的质地不断发生变化。金属铸币发明以后，又在死者口中实之以钱。

玉塞 春秋战国时代某些墓葬出土了一些雕有花纹的或素面的圆柱形玉器。它的一端细，另一端较粗，大体上是鼻塞或充耳。还有稍粗一些的，可能是肛门塞或阴道塞。如果连同面幕上眼形的玉片和口塞一起计算，那就是九窍塞。这九窍即阳窍七（眼、耳、口、鼻），阴窍二（前、后），用玉器塞住、以防死后腐液渗出的风习也由此发生。其实用玉防腐的愿望是不可能实现的。

玉册 河南辉县固围村墓1祭祀坑出土一册玉册，由50枚青玉简编辑成册。玉简长22.5厘米，宽约1.2厘米，厚0.11厘米，半透明。发掘者将其依次取出，重新编组，宽约62厘米。简面平整，无字，亦无朱墨痕迹，可能是年代久远，颜色剥落，或原本无字，仅具形式而已。若按常规这种玉册上应当书写对死者歌功颂德的文章，或者书写随葬器物的名称和数量的遗册。

这里附带说明一下雕花石版与镂空玉龙。前者见于平山中山国墓葬，将墨玉或褐黄色的石版雕琢半浮雕龙、凤、蛇、兽等种种花纹。有的长方版的花纹是镂雕的。纹饰怪诞离奇，非常美观。这些小块的石版，可以拼凑大型画面，据说这是中山国王墓石椁上贴粘石版装饰浮雕。本书里收入的双兽饕餮纹长方版、透雕双兽双龙纹长方版、玉蟠虺纹长方版、玉怪兽蟠龙纹长方版，最大的也不过是21厘米×5.4厘米。这是我国最早的石版画，也是一种创造性艺术作品。燕下都战国墓的镂雕的龙形石片，背面涂有黏性物质，据说这些龙体卷曲的镂空饰物，原来是贴于棺的外壁的装饰。可惜它们是滑石作原料镂雕的，硬度不大，易断裂，出土时完整的颇少。

四、关于春秋战国时代玉饰的悬佩问题

春秋战国时代厚葬成风，《荀子·正论》说："乱今厚葬，…… 虽珠玉满体，文绣充棺，黄金充椁，加之以丹矸，重之以曾青，犀象以为树，琅玕、龙兹、华觐以为实 ……"

从近数十年考古发掘东周墓葬所见真实情况，与文献相差无几。不过，这些新发现对于探讨当时贵族玉饰的悬佩问题，已有比较充分的实物证据可供参考。

首先是上村岭虢国墓地墓2001出土的3组佩饰，其中1组围绕在墓主颈部的鸡血石珠、玉马蹄形片饰和玉椭圆形玉饰，这应是一组项链；另1组是挂在死者胸间的串饰，由鸡血石珠和管状石饰组成，这是一串组佩。还有一套较长的组佩悬佩于墓主的腹膝间。这种悬佩方式是继承了三门峡上村岭虢国墓地墓2001悬佩方式。因为墓2001共出6组串饰，除一组尚未澄清其组合情况外，其项饰和组玉佩的悬佩和墓1820是相似的。从战国早期到西汉早期玉佩饰的悬佩都是如此。大体皆以玉人为组佩的主要部件，结合璜、佩和冲牙组成一套。迄今为止，尚未发现组玉佩的构件是完全一致的。这种现象足以证明它的组合，尚无定制。不过，项饰和组玉佩是分三段佩戴是没有问题的。我们所见属于第一种佩戴方式的除上村岭墓1820外，尚有墓1619、墓1634、墓1662、墓1780、淅川下寺墓1、叶县旧县墓1、平山中山国墓所出土的玛瑙管珠项饰、玛瑙串饰。

第二种是山东临淄郎家庄墓1出土的以水晶环为挈领，玉髓环为尾饰，中间贯穿水晶、紫晶管及少量玉珠组成的串饰。洛阳中州路墓1316出土的玉髓环2、玉环1、石虬龙1、绿松石5和紫晶珠3枚组成组佩（插图一〇）。山东曲阜鲁国故城乙组墓58出土的由茶褐色玉环、玉鼓形管、扁圆形球、玉夔龙形饰共11件组成的组玉佩（插图二三）。上述组玉佩出土于墓主人的胸部，而且这些都是墓主生前实用过的。至于悬挂在墓主人胸部的明器，曾见于洛阳中州路2717号墓。所出土的3组玉佩质量不佳，磨砺不精，或玉环并不成对，或玉兽也不成双，甚至有的是未有完工的半成品（插图一一、一二）。

第三种是从墓主人的颈部将玉串饰悬垂至膝下。上村岭墓2001的墓主有一组颇长的玉佩由颈部悬挂直至膝下，由许多鸡血色石珠与7件玉璜交替串连，最上面以一小型玉璜为挈领，下面6璜皆仰着串连。这是一组非常精致的西周晚期的组玉佩。从春秋战国墓葬出土的遗迹遗物看，社会地位越高的贵族所佩戴的组玉佩的串饰越多，质量愈精，社会地位较低的贵族与之相反。不过，有一种特殊的现象是高级贵族身边的家奴往往也佩戴较简单的玉佩，例如临淄朗家庄春秋晚期墓1，其殉人坑1、10、13都出土有水晶串饰，河南固始侯古堆墓1的殉人坑中也随葬有玉饰，信阳楚墓墓2和江陵武昌义地楚墓出土彩绘木俑衣服上所绘的由玉环、玉璜、蠙珠组成组玉佩，就可以看到社会身份低下的人们所佩戴简单玉佩的真实情况（插图二四至二七）。

传出土于洛阳金村战国大墓的玉雕舞女佩饰（插图二九、三〇），是我国一副最杰出的组玉佩，也是当时金银细工和玉雕工艺相协作的艺术精华。它的上部用3只小玉管排列呈T形，下方的玉管之下悬垂一对玉雕舞伎。舞伎的发额作半月形，两鬓卷曲，长裾窄袖，斜裙绕襟，翩跹起舞。左右和下方各有1枚玉管，与上述玉管用金链连接起来，组成一副五边形的组玉佩。它的下面系着一件身躯蜷曲的双龙玉佩。椭圆形的龙身两侧各伸出一后爪，爪下各悬一件虬龙形的玉饰。从上述的组玉佩的形象可以看出，春秋战国时代的社会制度的大变革，组玉佩在“玉德”观念的指导下，随着原材料质地的多样化，其组合形式逐渐向由简到繁的方向发展，花样翻新，作为其中主要构件的玉人，蜕变成具有浓厚生活气息的人物，再也不像西周春秋时期玉人（翁仲）那种面目呆板、毫无表情的形象。这种精巧的组玉佩的出现，对于西周以来的礼制玉是一个很大的冲击，同时对西汉前期组玉佩的结构具有颇大的启迪作用。只要我们一览《南越王墓玉器》刊载的11套组玉佩图版，就可以深刻地感觉到它们的艺术风格深受战国时期中原地区玉作的影响。无怪南越王墓《丝缕玉衣和组玉佩》

文章的作者黄展岳同志说："包括南越王墓在内的西汉组玉佩，其装饰成分虽然日趋浓烈，但作为基本要素的璧、环、璜并没有改变，有相当一部分西汉佩玉的器形，与中原出土的战国同类器很相似，甚至难以区别，考古发现的西汉组玉佩，在人体中的位置与战国墓所见也基本一致。这些情况似乎又说明，战国、西汉组玉佩的佩戴方法应该是基本相同的。"[83]这种组玉佩的佩戴，在汉以后的历代皇室贵族中延续的时间颇长，唐章怀太子李重润石椁石门上的女官线刻画像，其左右腰间用大带悬系着由珠、管、璜等贯串的组玉佩（插图三），可见唐时佩戴方法从胸间移向腰下，而玉璜并非横贯，而是侧系的[84]。韩愈《奉和库部卢曹长元日朝回》诗云："金炉香动螭头暗，玉佩声来雉尾高。"就是描写唐朝春节时库部卢曹长家中头戴雉尾冠饰的盛妆女子走来时身佩玉佩葱珩作响的音貌。

郭沫若先生在《师克盨铭考释》中对"赤芾五黄"一词作了精辟的考证。他说："市，一般作芾，亦作绂或韍韨，古之蔽膝，今之围腰。古人以为命服。《诗·小雅·采芑》云：'服其命服，朱芾斯皇，有玱葱珩。'又《曹风·候人》云：'三百赤芾。'毛传云：'一命缊芾黝珩，再命赤芾黝珩，三命赤芾葱珩。'…… 自汉以来，均以珩若衡为佩玉，珩乃后起字，衡乃假借字。珩若衡在金文则作黄，间有亢字代替者。…… 佩玉在金文中作'黄'者如此之多，我因而悟得古金文乃至甲骨文中之黄所从之黄字，为珩之初文，乃玉佩之形象。"郭老在《释黄》及《释亢黄》中曾阐明此字的本义。郭宝钧先生根据地下发掘材料和民间现存的玉牌，在《古玉新诠》中肯定郭老的说法，认为郭释黄为古玉佩之象形实具创见；曾提出了修正图，显示了佩玉的正例和变例的形象。我认为若以近 40 余年的田野考古所取得的丰富资料，核对郭宝钧先生所绘复原图的正例与洛阳中州路战国时代墓葬所出土的玉佩饰甚为相似，也与信阳楚墓墓 2 出土的漆绘木俑腹下所绘成的组玉佩有相似之处，而变例图上的玉佩饰形象却在各地东周墓中未得到证实。

佩玉在金文中作“黄”，这“黄”字又系珩之初文，乃是玉佩的形象。而我们在考古发掘东周墓中所见的佩玉，有许多都是双双对对地出土，这种现象屡见不鲜。王先谦：《释衣服》云：“佩，倍也。言其非一物，有倍贰也。”（毕沅《毛诗》：女曰鸡鸣，传云：杂佩者珩，璜、琚、瑀、冲牙之类。郑注：《周礼·玉府》引《诗传》曰：佩上有葱珩，下有双璜。冲牙蠙珠以内其间。）有容刀（毕沅曰：“《芄兰》诗云：容兮遂兮，垂带悸兮。郑笺：容，容刀也。遂，瑞也。言惠众佩容刀与瑞及垂绅带三尺，则悸然行止有节度。），有悦巾，有觿[85]。本册所收玉珩、玉璜、玉龙形佩、玉冲牙和玉觿等等，几乎都是成双成对地出土，而且，它们几乎都是组玉佩的部件，垂系于蔽膝之前，贵族佩戴起来，有节制地走路。若在行动之时，也会发出清脆悦耳的声音，以便显示士大夫阶层的“美德”。姜亮夫先生说：“佩，在古代有三种制度，表示佩的三种作用：佩德，佩容，佩芳。另外，还有一个‘佩用’。屈子在作品中，常以此表示自己的美德。佩玉，这在我国古代是很重视的，一个人佩上了玉器，走起路来就有规矩了。玉表示高贵的品德。…… 玉在我国历史上表示高贵。‘佩玉’表用。在古人心目中，玉表示品质和道德修养的东西。”[86]

五、春秋战国时代玉器的艺术特征

大体可以归纳为以下几点：

质材美 近40年来，在全国发掘出土的春秋战国时代的玉器，约数千件。虽然都是软玉，但就其质地而言，有许多应属上乘玉料。其中有新疆的羊脂玉，半透明，洁白，细致而有光泽。这种和田籽玉有如凝脂，使人爱不释手。某些碧玉碧绿得像深海的蓝色。也有青白色的玉器，青中泛白，质地异常柔和。某些墨玉版雕，漆黑光亮，可以鉴人。极少数的黄玉，色调接近鹅黄色，虽然不完全像蒸栗，但也十分可爱。除了玉材以外，还有彩石，五光十色，引人注目。红色、鸡血石色、橘红色的玛瑙制品，质地细润，制成蠙珠与无色水晶、绿松石和石髓珠管串连一起，更显示色彩斑斓的艳丽颜色，给人以美的感受。

形象美 有了上述色彩富丽的质材，还不能构成完美的艺术作品。经过玉人精心的加工，通过他们巧妙的形象思维，并运用他们丰富的艺术实践经验，对玉料进行精雕细琢，加工成各种艺术造型，这种作品充分地显示质材与艺术形象的和谐统一，从而成为珍贵的玉雕作品。曾侯乙墓出土的白玉透雕多节佩、中山国墓1出土的三龙环形饰、虢国太子墓出土的玉项链、故宫博物院藏俏色凤鸟形佩堪称杰出的工艺品。这些玉雕具有春秋战国的时代精神，一反殷周以来“礼制玉”的呆板造型。洛阳小屯战国墓出土的小儿骑兽圆雕，给人以升腾的感觉。曾侯乙墓出土的肖生形象的玉琀，许多小型家禽、家畜造型逼真。鲁国故城战国墓乙组墓3出土玉马竖耳昂首，四足健劲有力，造型趋向写实。传为洛阳金村出土的项链上的舞伎，身材苗条，舒展长袖的姿态，非常美丽生动。战国时代玉器造型的艺术手法，为后世中国玉雕的艺术风格开拓了广阔的前景。

复合材料作品美 随着礼制的崩溃，东周列国境内青铜礼器制造业日趋衰落。金银细工、丝织、漆器、琉璃制品逐渐兴起。琢玉业和金银细工结合起来，将金、银、铜、铁、绿松石、琉璃多种材料相继使用，创造了错金银镶嵌术新工艺。这些作品受到贵族热烈的欢迎。我们在这里列举数例，就可瞥见这些多种材料与综合工艺结合创作的新产品的艺术成就是多么惊人。河南辉县固围村墓5出土的大玉璜，全长20.2厘米，最宽处3.8厘米，由白色微绿的美玉七块和两个活动的鎏金铜兽头组合而成。整体造型呈弧面状，中央一块长方形玉石，上面雕琢一匹回首蜷卧的马，两侧两块玉石表面琢有谷纹，再向外侧的两块玉雕作兽首形。玉雕中空，以铜片贯连。铜片末端作成鎏金小兽头，各衔椭圆形玉片（插图一八）。这件艺术品用料和谐，琢工精细，造型设计独具匠心。固围村墓5出土的琵琶形带钩（插图一九），表面浮雕兽头，两侧蟠绕夔龙，到钩的一端合成兽头，口中衔着鸭头形的白玉钩。另一端两只鹦鹉，脊背中央镶嵌玦形白玉3块，玦面琢有谷纹。位于两端的玉玦中心嵌有色调复杂的料珠。这件玲珑剔透的工艺品堪称战国时期镶嵌工艺的上乘之作。

大约从春秋中叶起，楚国的工师已将玉材料用于铁器的装饰，下寺墓出土的玉柄铁匕首，反映了楚国制作短兵的进步性质。到了战国时期，曾侯乙墓出土的更漂亮的玉柄铁匕首，玉柄为镂雕成的，花纹更加精细。信阳楚墓墓1出土的错金嵌玉铁带钩，更是此前从未见过的新作。这些镶玉错金银的带钩证明楚国在实用工艺上已突破传统的制作方法，把金银细工和玉石镶嵌与铁质实用器物结合起来。曾侯乙墓、鲁国故城战国墓乙组墓3和传为洛阳金村大墓出土的玉带钩，可能是受到玉料的限制，利用小块的玉料分节雕琢，然后将这些部件进行组装，合成一件颇长的玉带钩，两端雕琢龙头或兽头，器表雕勾云纹组成的兽面（插图二一）。金村和曾侯乙墓的带钩掏挖成空心，都贯以铁芯，增加带钩的实用性和牢固性，使带钩既美观又实用。曲阜鲁国故城乙组58号墓出土1件鎏金带钩，长11厘米，钩端作管形，全器如带翅的飞兽，通体鎏金。钩身中部嵌玉鸟和绿松石圆泡一。玉鸟的下边有鎏金的鸟翅，它与带钩前端的兽头合成一体。带钩的背面有圆纽。此器整个器形彩色富丽，工艺难度很大，堪称战国玉器佳作（插图二二）。

人为赋予的品德美 由于西周“礼制玉”的确定，王室和贵族对玉器尤为重视。玉的特殊功能已经形成。玉在贵族社会生活中已成为不可缺少的东西。管理玉器有专官，制作玉器有专人。《礼记·玉藻》云：“古之君子必佩玉，…… 君子无故，玉不去身，君子于玉比德焉。”《礼记·曲礼下》云：“凡家造，祭器为先，牲赋为次，养器为后，无田禄者，不设祭器。有田禄者，先为祭服。君子虽贫，不粥祭器……” 又：“君无故玉不去身，大夫无故不彻县……”〔正义〕曰：“君，诸侯也。玉，谓佩也。君子与玉比德，故恒佩玉明身，恒有德也。且以玉为容饰，无故则有容饰，故佩玉也。大夫无故不彻县者，彻亦去也。”[87]上述祭器就是指青铜礼器和玉器，不能在市上出售。不仅如此，即使在士大夫出境时，也不得携带出境。这样做的原因是：春秋以来，玉被人格化为“德”。其时，经过儒家的渲染，说玉有七德。《荀子·法行》：“孔子曰：‘…… 夫玉者，君子比德焉。温润而泽，仁也。栗而理，知也。坚刚而不屈，义也。廉而不刿，行也。折而不挠，勇也。瑕适并见，情也。扣之，其声清扬而远闻，其止辍然，辞也。故虽有珉之雕雕，不若玉之章章’。《诗》曰：‘言念君子，温其如玉’，此之谓也。”《管子·水地篇》认为玉有九德。除去《荀子·法行》所举者外，增加“鲜而不垢，洁也。茂华光泽，通而不相陵”的内容。若用通俗的语言来说，那就是：玉之所以重要，是因为它具备多种品德。温润而有光泽，是它的“仁”。清澈而有纹理，是它的“智”，也就是智慧。坚硬而不萎缩，是它的“义”。清正而不伤人，是它的“品节”。鲜明而不垢污，是它的“纯洁”。受挫而不屈挠，是它的“勇”。缺点与优点都表现出来，是它的诚实。华美与光泽相互渗透，而不互相侵犯，是它的宽容。敲起来，其声音远闻，纯而不乱，是它的有条理。所以君主是把玉看得很贵重，收藏它作为宝贝，制造它为符瑞，玉的九种品德都表现出来了[88]。实际是儒家把玉的美德与君子的美德相提并论，说是“古之君子必佩玉”，如此，君子的美德和玉的美德是等同的。这其中贯穿着儒家意识形态中的礼、义、忠、信等学说中的哲理。不管这些说法是否可信，由于君子有资格佩玉，玉佩增添了贵族在仪表上的显赫威严的风貌，而君子所佩玉又显现这些宝玉美的品德和艺术价值。两者互为表里，相得益彰，所以古人认为“君子”和美玉具有同等的美德。

春秋战国时代是个百花齐放、百家争鸣、学术和艺术繁荣的时期，新兴的地主阶级和商人把中国制玉手工业推向第三次发展的高潮期，此时许多绝世之作纷纷出现，使玉器的雕琢迈上新的顶峰。如今，这些艺术品面向当今世界，它们是中国文艺复兴时期的伟大艺术之花。中国古代琢玉手工业的匠师运用他们深邃的智慧和灵巧的双手，把一块一块坚硬的美玉雕琢成令人爱不释手的艺术品，迄今仍然放射着璀璨的光辉，激励着当代的中国人的爱国精神，为振兴中华、开拓未来而奋勇前进。

注释

① 麦英豪:《汉玉大观—象岗南越王墓出土玉器概述》，载广州西汉南越王墓博物馆等编著《南越王墓出土玉器》，1991。

② 中国科学院考古研究所编《洛阳中州路（西工段）》，科学出版社，1959。

③《新郑彝器概述》，载《新郑彝器》。

④ 开封地区文管会、新郑县文管会、郑州大学历史系考古专业:《河南新郑县唐户两周墓葬发掘简报》，载《文物资料丛刊》2，文物出版社，1978，第45—55页。

⑤ 王克林:《山西侯马上马村东周墓葬》，《考古》1963年第5期。

⑥ 同上。

⑦ 张颔:《庚儿鼎解》，《考古》1963年第5期。

⑧ 河南省文物研究所三门峡市文物工作队:《虢国墓地再次出土大量珍贵文物》，《中国文物报》1991年11月6日，第1版;《三门峡上村岭虢国墓地M2001发掘简报》，《华夏考古》1992年第3期。

⑨ 山西省考古研究所:《山西长子县东周墓》,《考古学报》1984 年第 4 期。

⑩ 山西省文物工作委员会:《侯马盟书》,文物出版社,1976。

⑪ 陈梦家:《沁阳载书》,《考古》1966 年第 5 期。

⑫ 河南省文物研究所:《河南温县东周盟誓遗址一号坎发掘简报》,《文物》1983 年第 3 期。

⑬ 山东省博物馆:《临淄郎家庄一号东周殉人墓》,《考古学报》1977 年第 1 期。

⑭ 吴文祺、张其海:《莒南大店春秋时期莒国殉人墓》,《考古学报》1978 年第 3 期。

⑮ 罗勋章:《山东沂水刘家店子春秋墓发掘简报》,《文物》1984 年第 9 期。

⑯ 中国社会科学院考古研究所编《殷墟妇好墓》,文物出版社,1980。

⑰ 同上。

⑱夏鼐:《所谓玉璇玑不会是天文仪器》,《考古学报》1984 年第 4 期。

⑲ 罗勋章:《山东沂水刘家店子春秋墓发掘简报》,《文物》1984 年第 9 期。

⑳《史记·李斯列传》。

㉑ 刘军社:《陕西陇县边家庄五号春秋墓发掘简报》,《文物》1988 年第 11 期。

㉒ 吴镇烽、尚志儒:《陕西户县宋村春秋秦墓发掘简报》,《文物》1975 年第 10 期。

㉓ 李学勤:《秦国文物的新认识》,载《新出土青铜器研究》,文物出版社,1990。

㉔ 陕西省雍城考古工作队:《陕西凤翔八旗屯秦国墓葬发掘简报》,载《文物资料丛刊》第三辑,文物出版社,1980,第 67 页。

㉕ 赵学谦、刘随盛:《陕西宝鸡福林堡东周墓葬发掘

记》,《考古》1963年第10期。

㉖ 赵丛苍:《记凤翔出土的春秋秦国玉器》,《文物》1986年第9期。

㉗ 陕西省雍城考古队:《凤翔马家庄一号建筑群遗址发掘简报》,《文物》1985年第4期。

㉘ 韩伟、董明檀:《陕西凤翔春秋秦国凌阴遗址发掘简报》,《文物》1978年第3期。

㉙《秦公大墓陵园出土的一批文物》,《光明日报》1986年5月4日;《秦公一号大墓主椁室清理完毕》,《光明日报》1986年8月6日;《秦公一号大墓揭椁以来又出土文物二百件》,《光明日报》1986年5月24日;《雍城秦公一号大墓—凤翔秦都遗址之一》,《中国文物世界》1986年9月号。

㉚ 河南省文物研究所、河南省丹江库区考古发掘队、淅川县博物馆:《淅川下寺春秋楚墓》,文物出版社,1991。

㉛求实:《河南淅川和尚岭楚墓年代刍议》,《中国文物报》1992年10月19日,第3版。

㉜ 郑杰祥:《河南新野发现的曾国铜器》,《文物》1973年第5期。

㉝ 李学勤:《论淮汉间的春秋青铜器》,《文物》1960年第1期。

㉞ 卢连成、胡智生:《宝鸡強国墓地》下册,文物出版社,1988。

㉟ 欧潭生:《春秋早期黄君孟夫妇墓发掘报告》,《考古》1984年第4期。

㊱ 欧潭生:《河南光山春秋黄季佗父墓发掘简报》,《考古》1989年第1期。

㊲ 欧潭生:《河南信阳县浉河港出土西周早期铜器群》,《考古》1989年第1期。

㊳ 固始侯古堆一号墓发掘组:《河南固始侯古堆一号墓发掘简报》,《文物》1981年第1期。

㊴ 陈梦家:《寿县蔡侯墓铜器》,《考古学报》1956年第2期。

㊵ 安徽省文物管理委员会、安徽省博物馆:《寿县蔡侯墓出土遗物》, 科学出版社, 1956。

㊶ 姚勤德:《江苏吴县春秋吴国玉器窖藏》,《文物》1988年第11期。

㊷ 江苏省文物管理委员会、南京博物院:《江苏六合程桥东周墓》,《考古》1965年第3期。

㊸ 吴山菁:《江苏六合县和仁东周墓》,《考古》1977年第5期。

㊹ 固始侯古堆一号墓发掘组:《河南固始侯古堆一号墓发掘简报》,《文物》1981年第1期。

㊺ 考古研究所洛阳发掘队:《洛阳西郊一号战国墓发掘记》,《考古》1959年第12期。

㊻王仲殊:《洛阳烧沟附近的战国墓葬》,《考古学报》1954年第12期。

㊼ 畅文齐:《山西长治市分水岭古墓的清理》,《考古学报》1957年第1期。

㊽ 边成修:《山西长治分水岭126号墓发掘简报》,《文物》1972年第4期。

㊾ 边成修、叶学明、沈振中:《山西长治分水岭战国墓第二次发掘》,《考古》1974年第3期。

㊿ 边成修、李奉山:《长治分水岭269、270号东周墓》,《考古学报》1974年第4期。

51 陶正刚、叶学明:《古魏城和禹王古城调查简报》,《文物》1962年第4期。

52 中国科学院考古研究所编《辉县发掘报告》, 科学出版社, 1956。

53 李学勤:《东周与秦的文明》, 文物出版社, 1984。

54 中国科学院考古研究所编《辉县发掘报告》, 科学出版社, 1956。

⑮ 中国科学院考古研究所编《郑州二里岗》，科学出版社，1959，第70页。

⑯ 郭宝钧：《古玉新诠》，《历史语言研究所集刊》第20本下册。

⑰ 罗平：《河北邯郸赵王陵》，《考古》1982年第6期。

⑱ 孙德海：《河北邯郸百家村战国墓》，《考古》1962年第12期。

⑲ 河北省文化局文物工作队：《河北邢台南大汪村战国墓简报》，《考古》1959年第7期。

⑳ 张守中、郑名桢、刘来成：《河北省平山县战国时期中山国墓葬发掘简报》，《文物》1979年第1期。

㉑ 李学勤：《东周和秦的文明》，文物出版社，1984，第279页。

㉒ 苏天钧：《北京昌平区松园村战国墓葬发掘记略》，《文物》1959年第9期。

㉓ 安志敏：《河北省唐山市贾各庄发掘报告》，《考古学报》第6册。

㉔ 陈惠：《1964—1965年燕下都墓葬发掘报告》，《考古》1965年第11期。

㉕ 孙德海：《河北易县燕下都第十六号墓发掘》，《考古学报》1965年第2期。

㉖ 刘来成：《河北怀来北辛堡战国墓》，《考古》1966年第5期。

㉗ 山东省文物考古研究所等编《曲阜鲁国故城》，齐鲁书社，1982。

㉘ 臧励和：《战国策选注》，商务印书馆，万有文库本，第265页。

㉙ 牟永抗：《绍兴306号战国墓发掘简报》，《文物》1984年第1期。

㉚ 湖南省博物馆：《长沙浏城桥一号墓》，《考古学报》1972年第1期。对此墓年代有人认为属春秋晚期，有人认

为属战国早期，有人认为属战国中期。

㉛ 欧潭生、詹汉清、刘开国:《固始白狮子地一号和二号墓清理简报》,《中原文物》1981 年第 4 期。

⑫《信阳楚墓》，文物出版社 1986 年第 1 版。

⑬ 王传富、杨明洪:《湖北江陵武昌义地楚墓》,《文物》1989 年第 3 期。

⑭ 姜涛:《河南省叶县旧县 1 号墓的清理》,《华夏考古》1988 年第 3 期。

⑮ 曹桂岑、张玉石:《河南淮阳平粮台十六号楚墓发掘简报》,《文物》1984 年第 10 期。

⑯ 安徽省文物工作队:《安徽长丰杨公发掘九座战国墓》，载《考古学集刊》第二集，中国社会科学出版社，1982。

⑰ 湖北省博物馆编《曾侯乙墓》，文物出版社，1989。

⑱ 郭宝钧:《古玉新诠》，载《历史语言研究所集刊》第 20 卷下册。

⑲ 夏鼐:《汉代的玉器》,《考古》1983 年 2 期。

⑳《史记》第一册，中华书局标点本，第 312 页。

㉑ 上海市文物保管委员会:《崧泽 — 新石器时代遗址发掘报告》，文物出版社，1987。

㉒ 夏鼐:《汉代的玉器》,《考古》1983 年第 2 期。

㉓ 黄展岳:《丝缕玉衣与组玉佩》，载《南越王墓出土玉器》，广州博物馆，1991。

㉔《唐章怀太子墓发掘简报》,《文物》1972 年第 7 期。

㉕ 王先谦:《释名疏证补》，上海古籍出版社，1984，第 25 页。

㉖ 姜亮夫:《楚辞今译讲录》，北京大学出版社，1981，第 25 页。

㉗《十三经注疏》，中华书局，第 1258—1259 页。

㉘《礼记·聘义》说玉有十德。《说苑》说玉有六美。《说文解字》说玉有五德。其实只是玉德的繁简不同，含义基本一致。关于玉德，杨伯达先生论述颇详，请参看杨伯达:《中国古代玉器面面观》，载《故宫博物院刊》1989 年第 1 期。

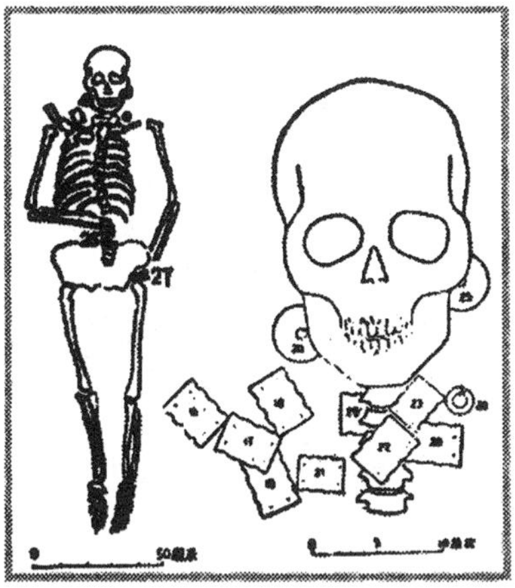

插图一 河南洛阳中州路1号墓右24、柱状石玦。20、25片状石玦，其余长方形石片。左26、27长方形石片（琀）

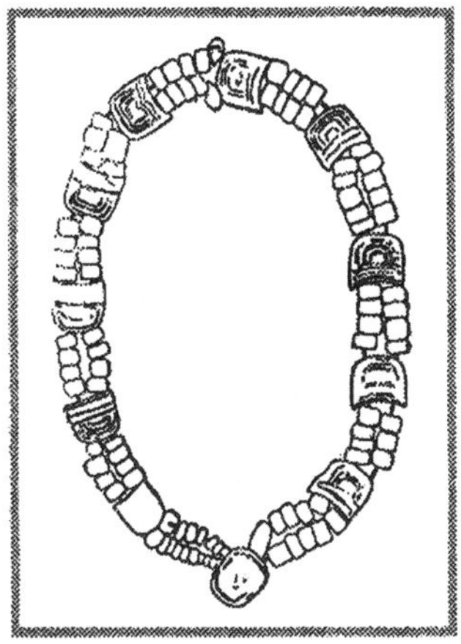

插图二 三门峡上村岭1820号墓颈部串饰

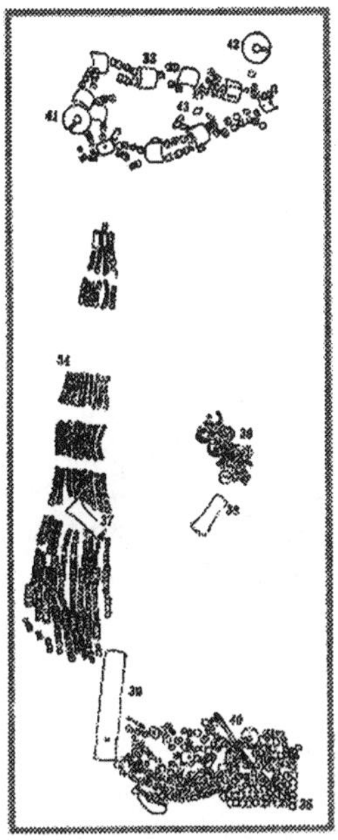

插图三 河南上村岭1820号墓棺内和棺盖器物（33颈部串饰，34腹部串饰，37、38琀，39、40石戈，41、42玦，43砚）

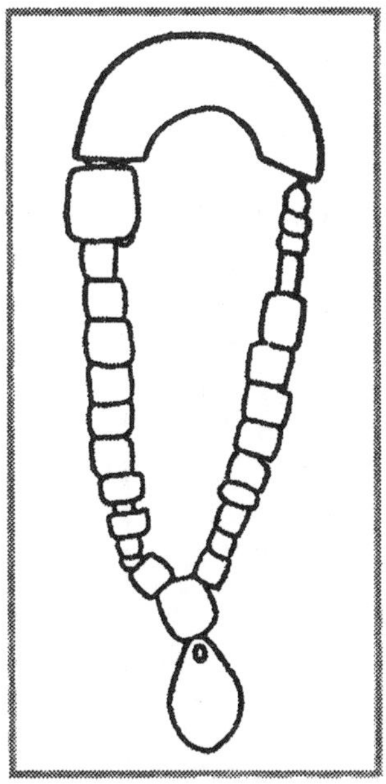

插图四 河南三门峡上村岭1619号墓成组佩饰（M1619，3、4）

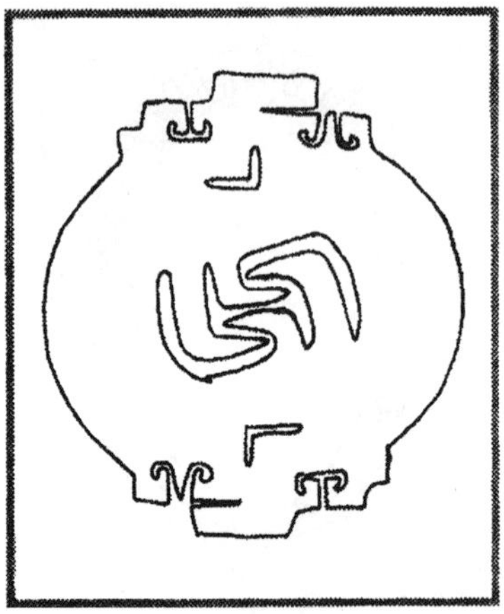

插图五 陕西凤翔秦公1号大墓出土透雕玉饰线图

插图六 河南淅川下寺1号墓玉牌

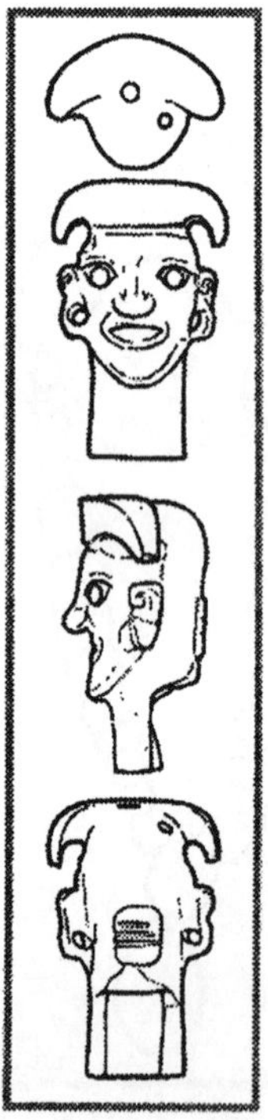

插图七 河南光山黄君孟夫妇墓出土的玉人头圆雕

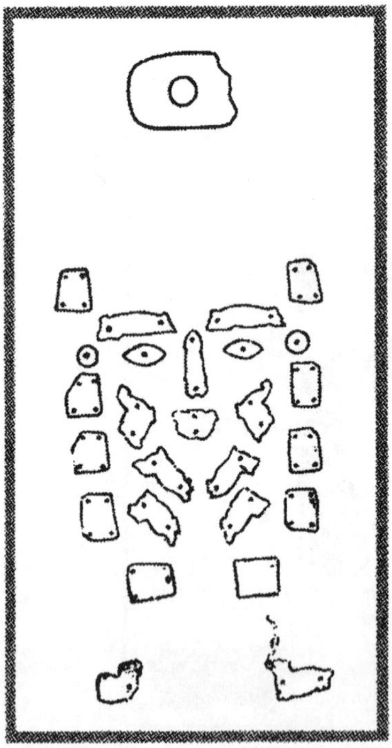

插图八 河南洛阳中州路1316号墓人架面部石片

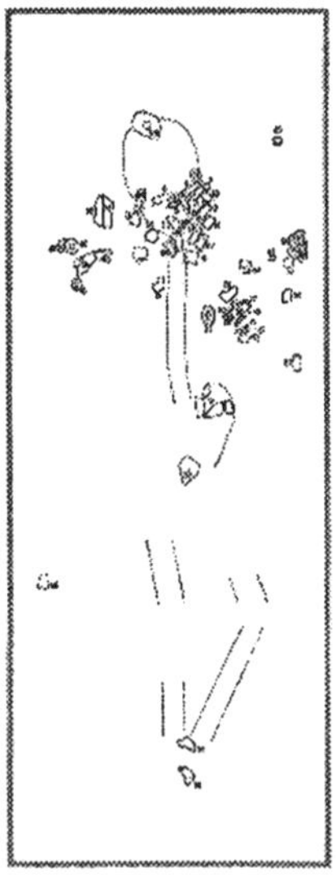

插图九 河南洛阳中州路第 1316 号墓玉石器分布图 (38—55 出棺盖上，其余出棺内) 21、27 玉髓环，22、23 水晶珠，24、25、28、29、30、58 绿松石珠，其余均为石片

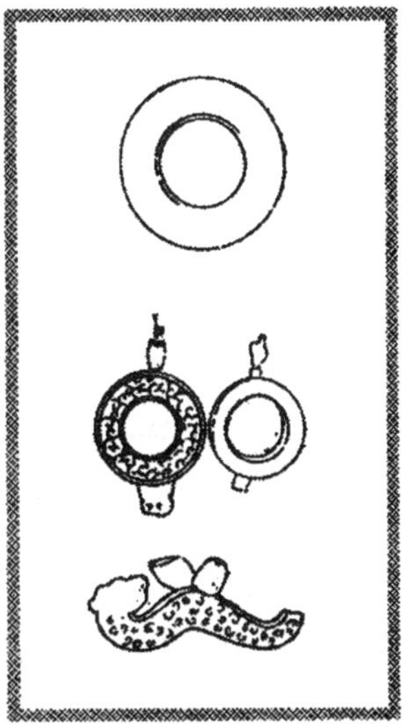

插图一〇 洛阳中州路 1316 号墓人架胸部的佩玉

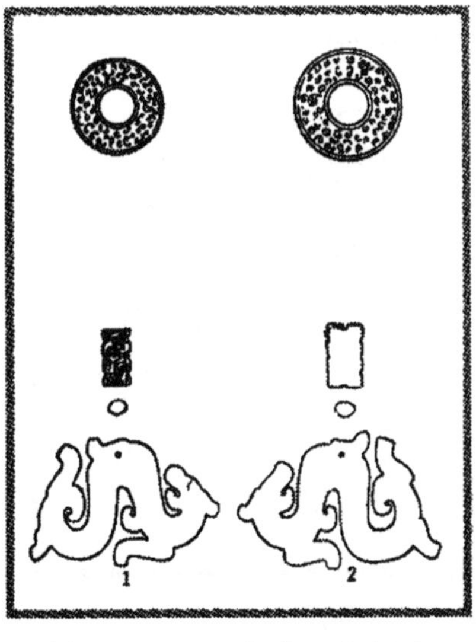

插图一一 河南洛阳中州路 2717 号墓两组佩玉

插图一二 河南洛阳中州路 2717 号墓佩玉

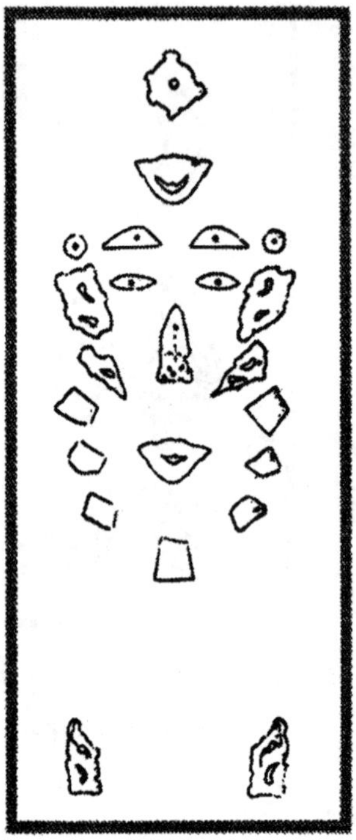

插图一三 河南洛阳中州路
1723 号墓人骨架脸部石片

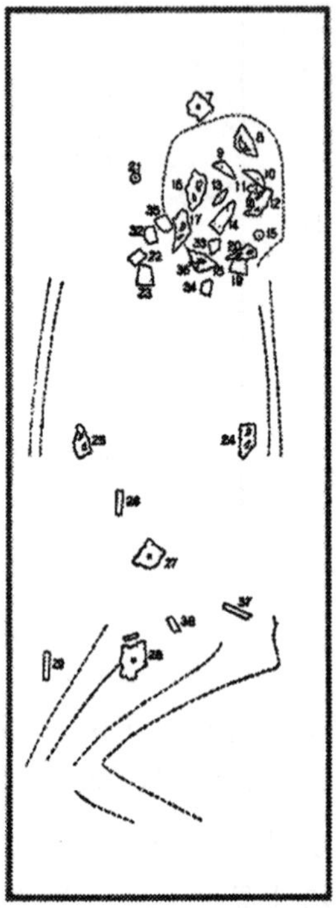

插图一四 河南洛阳中州路
第 1723 号墓石片分布图

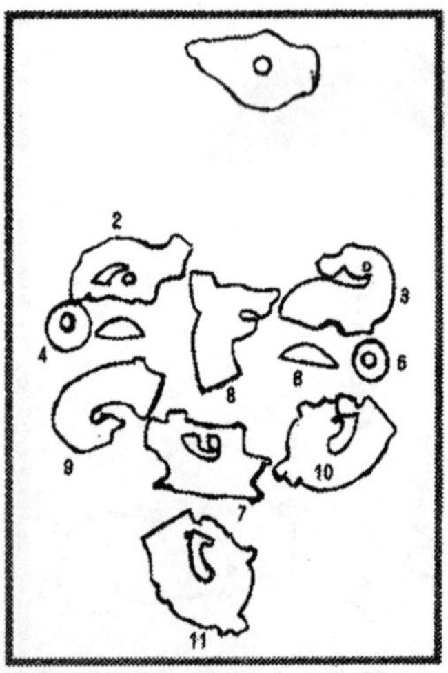

插图一五 河南洛阳中州路
2209 号墓出土瞑目上的石片

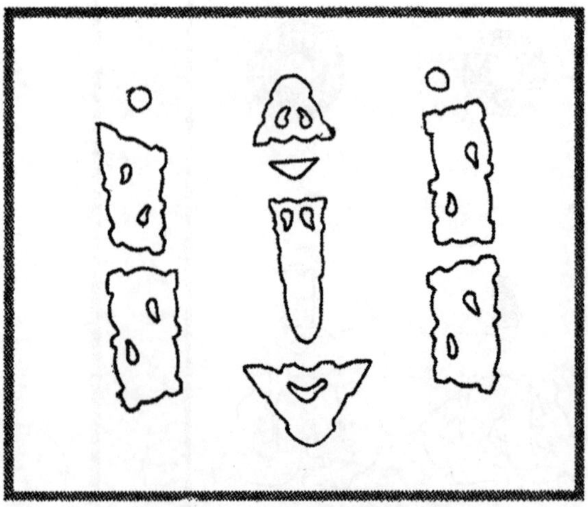

插图一六 河南洛阳烧沟
637 号墓人骨架脸部玉片

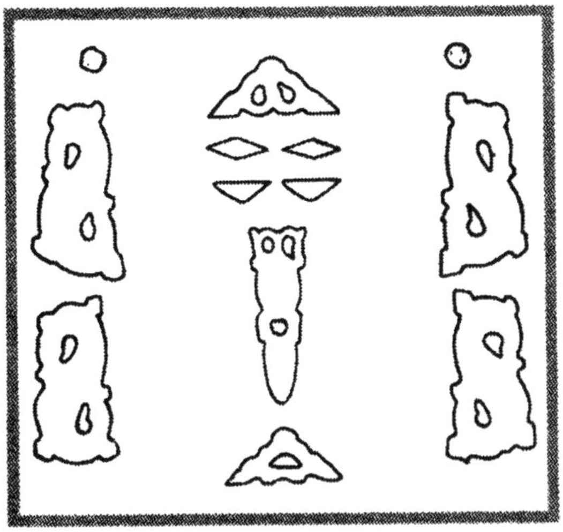

插图一七 河南洛阳烧沟
651号墓人架脸部玉片

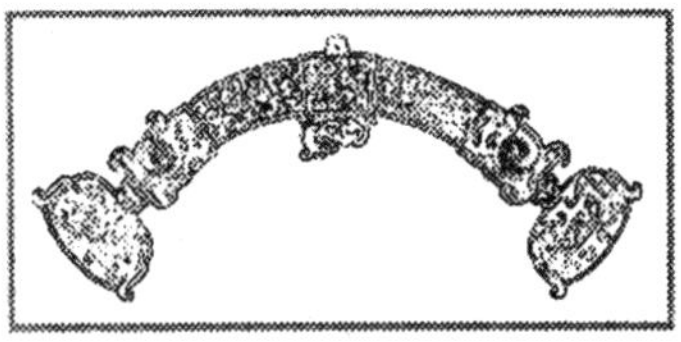

插图一八 河南辉县固围村
1号墓大玉璜

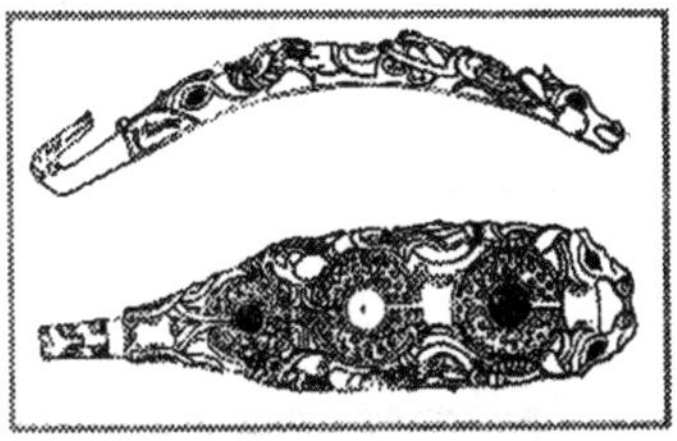

插图一九 河南辉县固围村
5号墓出土包金银玉带钩

插图二〇 河南郑州二里岗战国墓出土的铜璜

一、Ⅰ式（M265：2），二、Ⅰ式（M265：2），三、Ⅰ式（M45：6），四、Ⅰ式（M45：6），五、Ⅱ式（M414：11），六、Ⅲ式（M272：6），七、Ⅳ式（M150：7），八、Ⅳ式（M7：4），九、Ⅳ式（M182：1），一〇、Ⅳ式（M182：1），一一、Ⅴ式（M386：1），一二、Ⅴ式（M395：1），一三、Ⅴ式（M386：1），一四、Ⅴ式（M63：4），一五、Ⅴ式（M200：10），一六、Ⅵ式（M197：2），一七、Ⅵ式（M150：7），一八、Ⅵ式（M156：7），一九、Ⅵ式（M11：1）

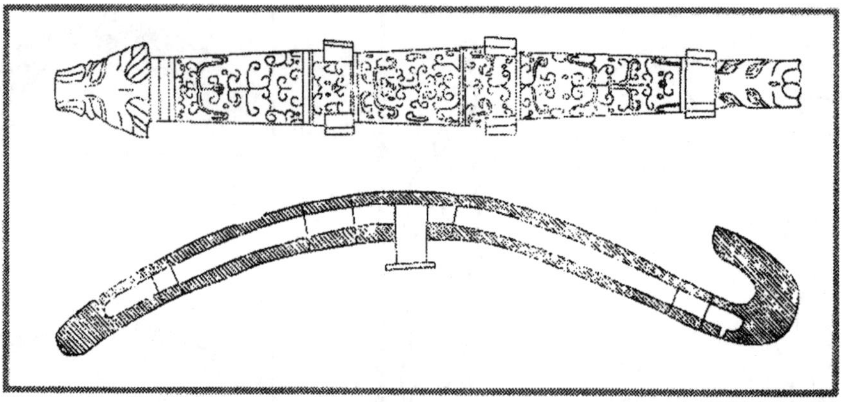

插图二一　山东曲阜鲁国故城乙组 3 号墓玉带钩

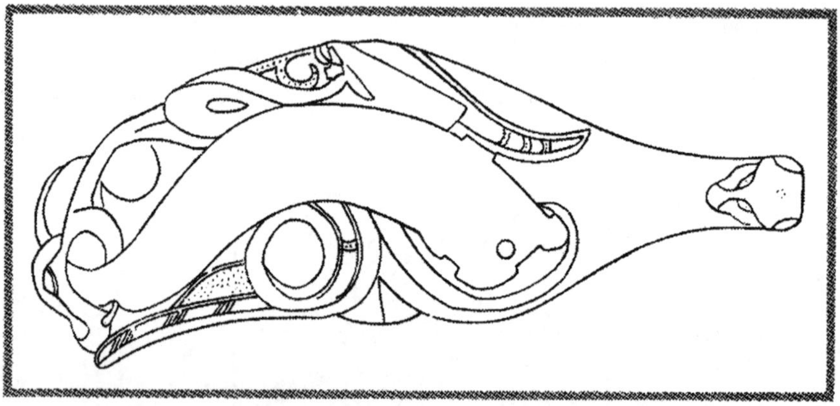

插图二二　山东曲阜鲁国故城 58 号墓出土的鎏金嵌玉铜带钩

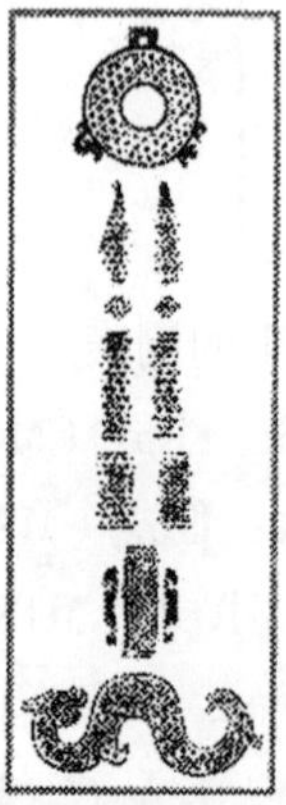

插图二三　山东鲁国故城乙组 58 号墓出土组玉佩拓片

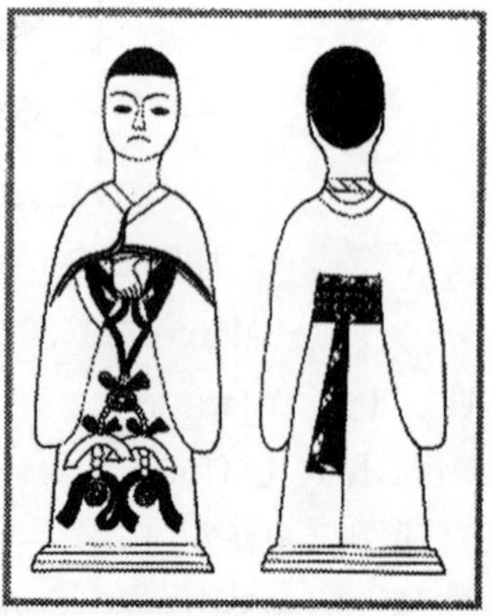

插图二四　河南信阳楚墓 2 号墓出土的彩绘漆木女俑

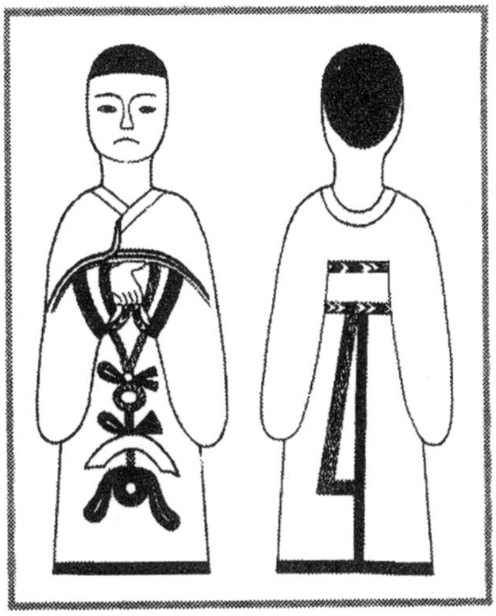

插图二五 河南信阳楚墓墓2出土的彩绘漆木女俑

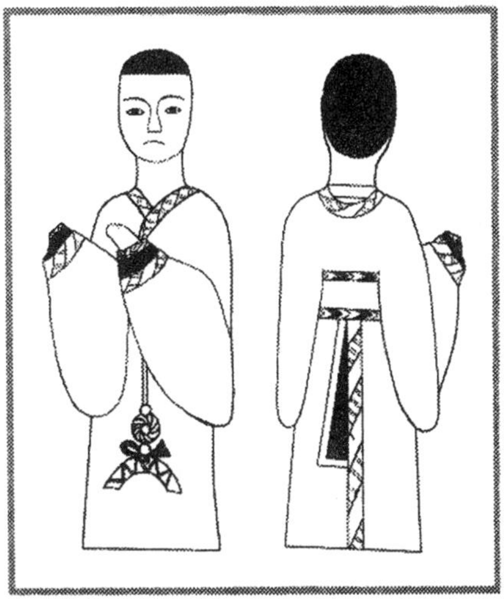

插图二六 河南信阳楚墓墓2出土的彩绘漆木女俑

插图二七 湖北江陵武昌义地楚墓出土的彩绘漆木俑

插图二八 河南三门峡2001号墓墓主人面部瞑目上的玉片

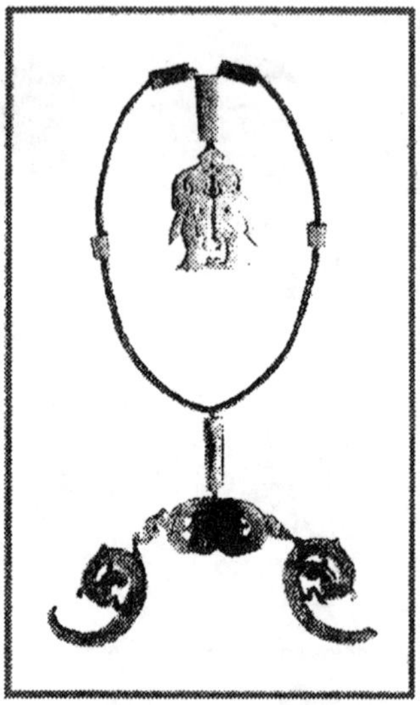

插图二九 河南洛阳金村战国墓出土的组玉佩

插图三〇 河南洛阳金村战国墓出土组玉佩上的玉舞伎

图三一 陕西乾县唐代章怀太子墓石椁石门线刻女官的服饰

秦汉—南北朝玉器述要

卢兆荫

中国的玉器有着十分悠久的历史。在原始社会时期，人们使用石器作为主要的生产工具或武器，几乎同时也就发现并使用了玉器。随着人类社会的发展，玉器的制作、使用及其功能也不断地发展和演变，绵延不断，高潮迭起。至迟从原始社会后期开始，我们的祖先便赋予玉以特定的性质和特殊的社会功能。玉器也从此和意识形态、宗教信仰、社会道德和政治思想等结下了不解之缘，成为中华民族重要的、具有神秘色彩的艺术瑰宝，同时也是世界艺术宝库中的一支奇葩。

原始社会时期，距今5000至6000年的红山文化和距今4000至5000年的良渚文化所出的玉器，不仅品种、数量多，雕琢工艺精湛，而且还有不少与图腾崇拜和原始宗教信仰有关的精美玉器。例如红山文化的玉龙、兽形玦，良渚文化的玉琮、玉钺、玉璧等，都是我国史前玉器的杰出代表。以红山文化和良渚文化玉器为代表的我国新石器时代晚期的玉器，是中国玉器发展史上的第一个高峰。

新石器时代晚期以后，经过一千多年的发展，到了殷商时期中国玉器进入了第二个高峰期。殷墟出土的玉器，种类相当齐全，制作工艺也达到了相当成熟的阶段。有了专门制作玉石器的手工业作坊，所用的玉材已多为新疆和田一带所产的美玉。器形上出现了大型的容器，以及圆雕的人像、禽兽等，还有巧夺天工的俏色玉器。特别是为奴隶社会等级制度服务的玉礼器和仪仗用玉，得到了空前的发展。例如，殷王室成员妇好的墓中，属于礼器和仪仗的玉器共达229件之多。

殷商以后，玉器继续向前发展，到了战国时期出现了第三个高峰。春秋战国时期，在政治上主张“德治”和“仁政”的儒家，为了加强伦理道德教育，将玉也道德化、人格化了，赋予玉许多美德，主张“君子比德于玉”“君子无故，玉不去身”，因而佩玉在战国时期得到了很大的发展，成为玉器中的主流。湖北随县曾侯乙墓所出的一件长带形玉佩，代表了战国时期琢玉工艺的最高水平，也是我国古代佩玉中不可多得的珍品。

中国玉器发展到西汉时期，进入了第四个高峰期。秦始皇统一六国，建立了中国历史上第一个中央集权的封建国家，政治上的统一，给社会经济的发展创造了十分有利的条件。汉代是中国历史上的黄金时代，同时也是中国玉器史上的繁荣发展时期。汉承秦制，经过西汉初期六七十年的休养生息，到了武帝时期，“京师之钱累巨万，贯朽而不可校。太仓之粟陈陈相因，充溢露积于外，至腐败不可食。”[①]社会财富的大量积累，给玉器制造业的迅速发展创造了良好的物质基础。同时由于社会经济的繁荣，王公贵族“争于奢侈”，也促进了玉器制造业的兴旺发达。除京师长安外，较大的诸侯王国可能也有制作玉器的手工业作坊。例如梁国“珠玉宝器多于京师”。河南永城僖山梁王墓虽经多次盗掘，仍然出土许多精美的玉器。其他汉代诸侯王墓也往往出土大量的玉器。

汉代玉器繁荣发达的另一主要原因是，玉料的来源问题得到了较好的解决。出产于新疆和阗（今和田）一带的美玉，是中国古代玉器的典型材料。和田玉的大量使用，是玉器发达的重要标志之一。在先秦文献中，已有昆山产玉的记载。考古发掘出土的殷商玉器中，也有不少属于新疆所产的美玉。卜辞中虽有“取玉”“正（征）玉”的记载，但是和田玉究竟如何从新疆来到殷都，是直接运来的，还是间接辗转运来的，目前尚不清楚。关于和田产玉的记载，始见于汉代文献。《史记·大宛列传》和《汉书·西域传》都明确记载，于阗国（在今和田一带）“多玉石”。《史记·大宛列传》还载：“而汉使（按即张骞）穷河源，河源出于阗，其山多玉石，采来，天子案古图书，名河所出山曰昆仑云。”[②]公元前2世纪后半叶汉武帝派博望侯张骞通西域，从此质地优良的新疆和田玉源源不断地输入内地。和田玉的大量输入，加速了汉代玉器的发展。河北满城汉墓出土的玉器，部分经过鉴定，其矿物化学成分和物理性质均与和田玉完全相同，故其产地可能就是新疆和田[③]。此外，陕西蓝田在当时可能也是玉的重要产地之一。《汉书·地理志》记载：“蓝田，山出美玉。”《汉书·外戚传》载，汉成帝赵皇后之妹赵昭仪很受宠幸，所居的昭阳舍（或称昭阳殿），“白玉阶，壁带往往为黄金釭，函蓝田璧。”可见蓝田玉是很受汉皇室珍爱的。在汉代文学作品中，也有关于蓝田玉的记载，例如班固《西都赋》有“蓝田美玉”句，张衡《西京赋》也有“蓝田珍玉”句。蓝田玉为汉人所重，是显而易见的。蓝田玉是否产自陕西蓝田，自明代宋应星著《天工开物》提出疑问后，学界意见不一。有的学者认为陕西兴平茂陵附近出土的大型玉铺首（中册第367页，图一四六）和故宫博物院所藏的一件汉代玉佩，从玉质和色泽考察，同蓝田玉相似[④]。

中国的玉器，从春秋战国以后和儒家思想产生了密切的联系。儒家及先秦诸子赋予玉以美德，最多者达十一德。《礼记·聘义》记载，儒家学派的创始者孔子回答弟子子贡关于“君子贵玉”的问题时说，玉具有仁、知（智）、义、礼、乐、忠、信、天、地、德、道等十一德。《管子·水地》载，玉有九德，即仁、知（智）、义、行、洁、勇、精、容、辞。《荀子·法行》同样引孔子答子贡的话，但内容略有不同，认为玉有仁、知（智）、义、行、勇、情、辞等七德。到了汉代，儒家“贵玉”的思想得到传承和发展，玉德的内容进一步精练，去虚存实，突出了玉德的基本内涵[⑤]。例如，《说苑·杂言》云：“玉有六美”，“望之温润者，君子比德焉。近之栗理者，君子比智焉。声近徐而闻远者，君子比义焉。折而不挠、阙而不荏者，君子比勇焉。廉而不刿者，君子比仁焉。有瑕必见之于外者，君子比情焉。”《说文解字·玉部》则曰：“玉，石之美有五德者。润泽以温，仁之方也。䚡理自外，可以知中，义之方也。其声舒扬，专以远闻，智之方也。不挠而折，勇之方也。锐廉而不忮，絜之方也。”《说苑》所说的“六美”和《说文解字》所说的“五德”，在内容上基本相同，应是汉人在先秦玉德思想的基础上，进一步总结归纳出来的，集中代表了汉人贵玉的观念。《说文解字》的“五德”，概括了玉的质地、透明度、敲击时发出的声音以及坚韧不挠等物理性能。其中最重要的一条是“润泽以温，仁之方也”，它说明玉的主要质感是“温润”，“仁”是儒家思想道德的基础，所以用“仁”来代表玉的本质。

古人辨玉，首德而次符。“德”是指玉的质地或质量，“符”是指玉的颜色。辨别玉的真伪，主要根据玉的质量，而不是玉的颜色。从先秦到汉代，贵德不贵符的思想，似乎也有变化和发展。先秦的玉德，以儒家的道德信条附会玉的质地时，毫不涉及玉的外观美，所谓“虽有珉之雕雕，不若玉之章章”(《荀子·法行》)，意即珉的昭昭文采，不如玉之明显素质。汉人的玉德思想则有所不同。《说苑》云“玉有六美”，不云“六德”，而称为“六美”，说明西汉时期人们已认识到玉的“德”与“美”是统一的，不可分割的。《说文解字》云：“玉，石之美有五德者。”这说明到了东汉时期，玉之“美”进一步被认识。“玉”所以区别于“石”者，有两个必要的条件，第一个条件是“美”，第二个条件是“有五德”。这就将玉的外观美提高到与玉德并重的地步，也就是说“首德次符”的传统观念，到汉代已有明显的发展，既重“德”又重“符”。东汉王逸《正部论》云：“或问玉符，曰：赤如鸡冠，黄如蒸栗，白如脂肪，黑如淳漆，此玉之符也。”⑥魏文帝曹丕为太子时，得钟繇玉玦，在《与钟大理书》中也说:“窃见玉书，称美玉如截肪，黑譬纯漆，赤拟鸡冠，黄侔蒸栗。”[⑦]王逸和曹丕描述玉或美玉有赤、黄、白、黑四色，即所谓玉符，对玉的颜色美给予很高的评价。可见到了东汉时期，至少已是“德”“符”并重，甚至重“符”更甚于重“德”。

一、秦代的玉器

战国时期秦昭王(嬴则)得知赵国“得楚和氏璧”，便派人给赵惠文王(赵何)送去书信，伪称“愿以十五城请易璧”。赵国派使者蔺相如带璧去换城。蔺相如识破秦的骗局，机智而勇敢地把玉璧送回了赵国，这就是“完璧归赵”典故的由来[⑧]。这个典故一方面说明秦王以强凌弱，另一方面也说明秦国有重视玉器的传统。

秦始皇在统一全国之前，就收藏“昆山之玉”、和氏璧等宝物[⑨]。昆山之玉应即和田玉。《史记·秦始皇本纪》载:“(九年)长信侯毐作乱而觉，矫王御玺及太后玺以发县卒及卫卒、官骑、戎翟君公、舍人，将欲攻蕲年宫为乱。”《集解》引卫宏曰:“秦以前，民皆以金玉为印，龙虎纽，唯其所好。秦以来，天子独以印称玺，又独以玉，群臣莫敢用。”可见秦始皇九年已有玉玺，秦以玉为玺，且定为天子所独用，说明秦国的统治者对玉是十分重视的。

玉器在秦代，属于“器饰宝藏”之物，多为皇室贵族所占有。秦末战乱，豪杰纷起，朝廷的财富，包括玉器在内，先落入起义的豪杰之手，以后有的又转入巨富之家。《史记·货殖列传》载:“秦之败也，豪杰皆争金玉，而任氏独窖仓粟。楚汉相距荥阳也，民不得耕种，米石至万，而豪杰金玉尽归任氏。任氏以此起富。”秦皇室贵族的玉器，在秦朝覆亡之后，便分散落入各起义军首领或富豪之手。

从秦王室一贯重视玉的情况分析，当时秦都咸阳收藏的玉器为数一定很多。《西京杂记》(卷上)记载，汉高祖刘邦“初入咸阳宫，周行库府，金玉珍宝不可称言。其尤惊异者，有青玉五枝灯，高七尺五寸，作蟠螭以口衔灯”。可见秦宫中所操的金器、玉器等珍宝，其数量是很大的。在考古工作中，曾发现铜质、铁质和陶质的汉代多枝灯，而青玉多枝灯尚未发现，或已失传。

公元前206年，项羽与刘邦宴于鸿门，刘邦离席后，托张良送给项羽“白璧一双”，送给范增“玉斗一双”。张良所送的玉璧和玉斗，应属秦代玉器，也可能就是刘邦攻入咸阳后从秦的朝廷府库中取走的。《史记》和《汉书》记载，刘邦入咸阳后，“封秦重宝财物府库”“财物无所取”等，未必完全符合历史事实。

考古发掘出土的秦代玉器，数量不算很多，主要出于陕西、湖南、河南、河北等省的秦墓，其中以陕西所出的数量最多。

秦代玉器的种类，主要有圭、璋、璧、璜、觿、环、瑗、玦、玉杯、带钩、剑首、剑璏以及玉虎、玉鸟、玉鱼、玉蝉等。

圭、璋、璧、璜、觿等属于礼仪用玉，一般为素面，或只有简单的纹饰。例如，1971年西安北郊联志村秦代窖藏出土的圭、璋、璧、璜、觿、玉人、玉虎等玉器，其中圭、璋、璧、觿都是素面玉器；3件玉璜，除一件雕饰兽首（中册第323页，图一一）外，其他两件也是素面的。玉人为扁平片状，有男女之分，只刻出男女头部的形象（中册第322页，图八、九），男玉人的发型与临潼秦俑的发型相类似。玉虎亦为片状，以阴线勾勒头部及四肢（中册第323页，图一〇）。该窖藏可能和祭祀有关。1975年山东烟台芝罘岛阳主庙遗址出土两组玉器，每组都为圭1件，璧1件，觿两件，两组玉器大小略有不同。其中圭和觿都无纹饰，璧为谷纹上加刻涡纹，并有涂朱痕迹[10]。《史记·封禅书》记载，秦始皇曾东游海上，“行礼祠名山大川及八神”，“八神”中“五日阳主，祠之罘”，“皆各用一牢具祠，而巫祝所损益，圭币杂异焉。”这批成组的玉器，可能是秦始皇登芝罘祭祀时所瘗埋的。

璧是秦墓中出土较多的玉器。春秋战国时代玉璧的制作有了很大的发展，尤其是战国时期，玉璧在造型、纹饰及雕琢工艺上都达到了新的水平。成书于战国时期的《周礼》记载，玉璧是所谓“六瑞”和“六器”的组成部分，在玉礼器中占有重要的地位[11]。秦统一全国后，集聚六国财富，玉璧的数量一定也不少。湖南长沙左家塘秦墓出土的1件谷纹（或称卧蚕纹）璧（中册第319页，图一），璧的侧边刻铭文“四百十七”4字[12]。璧上所刻的铭文应是器物编号，说明当时玉璧的数量是相当多的。

环、瑗、玦、璜等是佩挂在身上的玉饰。秦人继承战国的传统，也流行佩玉的习俗。考古工作中尚未发现秦代的成组玉佩，但环、玦和璜无疑是当时常用的佩玉。环和玦有玉的，也有玛瑙的。《史记·项羽本纪》记载，在“鸿门宴”上，“范增数目项王，举所佩玉玦以示之者三，项王默然不应。”范增举玉玦示意项羽下决心杀掉刘邦，而项羽不答应。可见范增所佩玉饰中即有玉玦，而且玉玦可以谐音表示“决定”或“决断”。

玉杯和玉带钩属于日常用玉。西安西郊秦阿房宫遗址出土的玉杯，杯腹饰谷纹，并以阴线加刻勾连云纹，杯口和下腹部刻饰柿蒂纹、云纹花纹带（中册第321页，图七）。该杯雕琢工艺精湛，纹饰纤细华丽，应属宫廷或高级贵族用玉。秦墓出土的玉带钩，在构造上可分为两类。一类是用整玉碾琢而成的带钩，一般钩作禽兽首状，这是传统形式的玉带钩。陕西凤翔八旗屯西沟道秦墓所出的一件，钩作兽首形[13]。另一类钩体由多节玉块组成，首尾作龙、兽形。例如河南泌阳秦墓出土的玉带钩，由十节白玉组成，当中以金属扁柱贯穿成器，首尾均作龙头形，钩身饰勾连雷纹，雕琢细腻，造型生动[14]。这类由数节玉块组合而成的玉带钩，在洛阳金村战国墓和曲阜鲁国故城战国墓中都曾发现。鲁城乙组第3号墓所出的一件玉带钩[15]，其结构、器形和纹饰都和泌阳秦墓带钩相类似。这类带钩的结构较为复杂，钩身分节制成，雕琢较为方便，又比较牢固，其制作工艺比前一类带钩前进了一步。

我国古代以玉作为剑饰，至少可以上溯到西周晚期。三门峡虢国墓地 2001 号墓出土的铜柄铁剑，铜柄镶以美玉及绿松石[16]。秦代的玉剑饰，目前所见有玉剑首和玉剑璏。长沙左家塘秦墓所出的玉剑首，表面纹饰分为内外两区，内区为勾连云纹，外区为卧蚕纹（中册第 319 页，图二）。同墓所出的玉剑璏亦饰勾连谷纹（中册第 319 页，图三）。从剑璏上粘附的铁锈考察，这两件玉器应为铁剑上的玉剑饰。秦代用玉作为剑首和剑璏，开汉代流行的玉具剑之先河。

现存的秦代玉器，不仅数量不多，而且工艺水平较高的作品也寥寥无几。秦玉的发展水平远不如汉玉。究其原因，似可归纳为如下三方面：

首先，在东周时期，秦国地处西陲，是文化比较落后的国家。从陕西出土的战国时期秦式玉器考察，其制作工艺水平似不如关东六国，尤其不如齐鲁及中原地区，这说明秦国在玉器制作方面缺乏优良的传统。

第二，秦代国祚短促。从秦始皇统一全国到秦王子婴投降刘邦，前后仅 15 年。在这短暂的时间内，玉器手工业正处于发展的过程，因而还未能创造出新的艺术风格。所以秦代的玉器与战国时期的玉器在造型和纹饰上都难以区别。

第三，目前所见的秦代玉器，主要出土于中小型秦墓中，秦始皇陵及皇室贵族的墓葬尚未发掘或发现。现有的秦代玉器，除上述阿房宫遗址所出的青玉高足杯等个别器物外，其他多数恐非宫廷玉器，不能代表秦代玉器的最高水平。对秦玉作出全面深入的评价，还有待于今后考古工作的进一步发展。

二、西汉的玉器

汉代是我国玉器发展史上的第四个高峰期。经过秦末战乱之后，西汉初年民生凋敝，经济贫困，“自天子不能具醇驷，而将相或乘牛车。”汉文帝“治霸陵皆以瓦器，不得以金银铜锡为饰”，也在一定程度上反映了当时的经济尚未十分富裕。“文景之治”以后，到了汉武帝时期，社会经济才有了很大的发展。在意识形态方面，西汉早期重黄老刑名之学，崇尚“清净无为”，采取与民休息的政策。西汉中期，随着经济的发展和中央统治力量的加强，汉武帝罢黜百家，独尊儒术，儒家“君子贵玉”的思想得到了继承和发扬。同时儒家还提倡孝道等伦理道德，从而流行厚葬的习俗。根据以上社会经济和思想意识发展演变的情况分析，西汉早期的玉器手工业不可能有很大的发展和创新。至于玉器手工业的蓬勃发展，新的器类和器形的陆续出现，在玉器制作工艺上逐渐形成新的艺术风格，则肇始于西汉中期。考古工作中发掘出土的实物资料，也证实了这个发展过程。

从发掘出土的汉代玉器考察，西汉早期的玉器主要是承袭战国以来的传统。例如广州西汉南越王赵眜墓虽然葬于汉武帝前期，但墓中所出的玉器，有不少在造型和纹饰上带有战国玉器的风格，其中有些可能还是战国时期遗留下来的旧玉。西汉中期以后，情况有所变化。在玉器的种类上，有些先秦时期的玉器在汉代逐渐消失了，例如礼仪用玉（所谓“瑞玉”）相对减少了，成组的玉佩饰在佩玉种类上趋于简化。与此同时，也出现了一些新的器类。例如，用于丧葬的玉器（简称“葬玉”）显著增多，皇帝和高级贵族死后穿用的玉衣是两汉特有的葬玉。玉制的日用品和装饰品有较大的发展，特别是剑上的玉饰，令人注目，出现了剑首、剑格、剑璏、剑珌皆用玉制成的“玉具剑”。佩玉中也出现新的器形，如璏形佩和“翘袖折腰”的玉舞人等。在雕琢工艺方面，西汉时期透雕、圆雕、高浮雕的玉器比先秦增多；同时还出现不少镶玉的铜器，这些铜器多数鎏金，形成金玉辉映，具有光彩夺目的效果[17]。在造型、纹饰的风格上，西汉时期也有较大的变化[18]。一些象生类玉器，富有现实感和生命力，使形神巧妙地结合在一起，艺术水平大大超过先秦的玉器。总之，西汉的玉器在中国玉器发展史上占有十分重要的地位，它起着承前启后的作用。

传世的汉代玉器，虽然数量不少，但未必都可靠。20世纪50年代以来，在考古工作中发掘出土的西汉玉器，种类和数量都很多，其科学价值和艺术价值都大大超过了传世品。本文主要介绍考古发掘出土的玉器。

西汉玉器主要出于诸侯王及其亲属的墓中。例如，河北满城陵山1、2号墓（中山靖王刘胜及其妻窦绾墓）[19]，定县（今定州市，下同）40号墓(中山怀王刘修墓)[20]，北京大葆台1、2号墓（广阳王夫妇墓）[21]，山东巨野红土山汉墓（昌邑哀王刘髆墓）[22]，曲阜九龙山鲁王墓[23]，江苏徐州楚王墓[24]，扬州“妾莫书”墓[25]，河南永城梁王墓[26]，湖南咸家湖曹娱墓[27]，以及广东广州南越王赵昧墓[28]等。南越王墓所出的玉器数量最多，共244件（套），包括礼仪用玉、丧葬用玉、装饰用玉和日常生活用玉等类。其中如丝缕玉衣，大量的玉璧和玉剑饰，可复原的成组玉佩以及玉制的容器等，特别引人注目[29]。满城中山王刘胜夫妇墓也出了不少精美的玉器，保存完整的“金缕玉衣”和具备四种玉饰的“玉具剑”，是考古工作中第一次发现的珍贵文物。至于各地中小型的西汉墓葬，有的也出土一些玉器，但数量不多，精美的玉器更少。

还有一些西汉玉器，出于陕西咸阳北原西汉帝陵附近的窖藏中。例如，上述汉武帝茂陵附近出土的青玉铺首[30]，昭帝平陵和上官皇后陵之间所出的玉璧和玉圭[31]，元帝渭陵附近出土的玉熊、玉鹰、玉辟邪、玉俑头、玉仙人奔马等[32]。

西汉的玉器，不仅数量多，而且形式多样，种类颇多，按其社会功能和用途的不同，可以分为礼仪用玉、丧葬用玉、日常用玉、装饰用玉和玉艺术品等五大类。

(一) 礼仪用玉

从文献记载和考古资料考察，西汉用于礼仪的玉器和先秦时期有所不同。根据《周礼》记载，先秦的玉礼器主要有璧、琮、圭、璋、琥、璜等六种[33]。到了西汉时期，在这六种玉礼器中只有圭和璧两种继续用于礼仪，其余四种，有的已不再制作，有的虽然继续存在，但其社会功能已经变化，不再是礼仪用玉了。

根据汉代文献记载，在西汉时期天子祀上帝宗庙用圭[34]，祭天神太（泰）一用璧[35]，祭黄河、汉水等大川及诸祠用璧、圭[36]，黄河决口，则投入白马、玉璧“以礼水神”[37]。可见璧和圭在当时仍属礼仪用玉。汉宣帝时，还曾“以方士言，为随侯（珠）、剑宝、玉宝璧、周康宝鼎立四祠于未央宫中”[38]，将“玉宝璧”作为神明奉祀。

在考古工作中，也曾发现与祭祀有关的玉器窖藏。上述昭帝平陵和上官皇后陵之间的玉器窖藏，出土东西向排列的成组玉器，每组玉器的中间为一玉璧，璧的周围环绕着七或八个玉圭，圭首均朝向玉璧。这些成组瘗埋、排列有序的璧和圭，应与汉代帝陵的祭祀仪式有关系[39]。这些璧和圭体积很小，应是专为祭祀而制作的明器。

玉璧在西汉墓葬中出土很多。例如，广州南越王赵眜墓出土 71 件，满城中山靖王刘胜及其妻窦绾墓共出土 69 件（包括镶嵌在窦绾漆棺上的 26 件），巨野昌邑王刘髆墓出土 28 件，长沙咸家湖曹嫘墓出土 12 件等。西汉的玉璧是在战国玉璧的基础上发展起来的。战国时期各种形式的玉璧，西汉几乎都继承下来，因而西汉早期的玉璧和战国玉璧有时难以区别。西汉中期以后，玉璧在造型风格上有了新的变化和发展，在雕琢的工艺水平上也超过了战国时期，进入了中国玉璧发展史上的鼎盛时期。

西汉玉璧的纹饰，除了传统的蒲纹、谷纹或涡纹外，还流行分为内外两区的纹饰，一般内区为蒲纹或涡纹，外区为龙纹或凤鸟纹，但也有例外，如南越王墓所出的一件，内区为蒲纹，外区则为勾连涡纹[40]。此外还有少数较大型的玉璧，璧面纹饰分为内、中、外三区。南越王墓出土5件刻有三区纹饰的玉璧，外区为合首双身龙纹，中区为蒲格涡纹，内区为合首双身龙纹或凤鸟纹（中册第330、331页，图三三、三四、三五）。这种有三区纹饰的玉璧，在曲阜鲁城战国墓中曾出土4件，纹饰风格基本相同，所不同者只是内、外区都是双身合首的龙纹图案[41]。这种玉璧在西汉中期以后尚未发现。西汉玉璧的社会功能比以前多样化了，除用于礼仪和丧葬外，还用于装饰和佩挂等。用于装饰或佩挂的玉璧多有透雕附饰。

玉圭在西汉时期虽为礼仪用玉，但在墓葬中出土不多。满城刘胜墓出土大型玉圭2件，小型玉圭1件，均为素面，大型玉圭在近底部有一小孔（中册第350页，图九〇、九一）。

璜在汉代已作为佩戴的玉饰，即佩玉的组成部分，不属礼仪用玉，而成为装饰品了。所谓琥，可能是后来根据四灵说拼凑上去的。璋和琮在西汉时期可能已不再制作，即使偶有出土，也应是先秦时期遗留下来的旧玉，不属于当时的礼仪用玉[42]。例如满城刘胜墓出土的一件玉琮，琮的外方部分已被磨圆，并加了一个盖子，而被改作为九窍塞之一的生殖器罩盒了[43]。江苏涟水西汉墓所出的一件玉琮[44]，在琮上加有鎏金的银盖，琮下加有由四只展翅银鹰托着的鎏金银底座，显然已成为一件精美的工艺品了（中册第386页，图二〇七）。由此可见，在汉人眼中，玉琮已非礼仪用玉，而是可以任意将它改制成为其他用途的玉器。上述两件玉琮显然都是前代遗留下来的古玉。

此外，在少数西汉墓葬中还出土玉制的武器。永城僖山梁王墓出土玉戈、玉钺各1件，玉戈饰勾连云纹（中册第381页，图一九〇），玉钺的銎部刻饰卷云纹（中册第382页，图一九一）。曲阜九龙山鲁王墓所出的一件玉戈[45]，一面刻满纹饰，援的前部减地浮雕龙纹，中部雕琢突起的涡纹，后部饰阴线花纹及浮雕夔龙纹（中册第373页，图一六二）。这些玉戈和玉钺，显然不是实用的武器，可能是作为仪仗用的，也应属于礼仪用玉。

（二）丧葬用玉

汉人继承并发展了先秦儒家“贵玉”的思想，皇室贵族生前佩玉，死后也以大量的玉器随葬。同时汉人迷信玉能保护尸体不朽。汉武帝时学黄老之术的杨王孙曾说：“口含玉石，欲化不得，郁为枯腊，千载之后，棺椁朽腐，乃得归土，就其真宅。”[46]意思是说，口中含玉能使尸体千年不朽。由于以上原因，用于丧葬的玉器在汉玉中占有重要的地位。西汉时期的葬玉主要有玉衣、玉九窍塞、玉琀、玉握和玉面饰等。

玉衣是汉代皇帝和高级贵族死时穿用的殓服。它的前身是东周时期的“缀玉面幂”和“缀玉衣服”。从西汉前期的社会经济情况分析，玉衣可能出现于文景时期，而从武帝时开始盛行。玉衣的形制有一个由不完备到完备的过程。属于西汉前期的山东临沂刘疵墓，出土由玉片和金缕编缀而成的玉头罩、玉手套和玉鞋共五个部分[47]。这种缺少上衣和裤子的玉衣，可能是尚未发展到完备阶段的玉衣，属于早期玉衣的形式。满城中山靖王刘胜夫妇墓所出的两套金缕玉衣，是考古工作中首次发现的形制完备的玉衣。这两套玉衣的外观和人体形状相同，可以分为头部、上衣、裤筒、手套和鞋五大部分。刘胜的玉衣，由2498片玉片组成，玉片之间用金丝加以编缀。头部的脸盖上刻制出眼、鼻和嘴，上衣前片制成鼓起的腹部，后片的下端作出人体臀部形状，裤筒也制成腿部的样子，完全是裸露的人体形象（中册第348页，图八七）。其妻窦绾的玉衣，结构稍有不同，即上衣的前后片没有按人体形状制作，而是做成一般衣服的样子，玉片之间不是以金丝编缀，而是以织物、丝带粘贴编联而成，至于其他部分则与刘胜玉衣相同，也是用金丝编缀（中册第356页，图一一〇）。南越王墓出土的玉衣，其形制与刘胜夫妇的玉衣基本相同，由头套、面罩、上衣身、左右袖筒、双手套、左右裤筒和双鞋组成，外形也和人体相同。但在具体制作上却有差异，头套、面罩、手套和鞋的玉片都有小孔，用丝缕加以编缀，里面再以丝绢衬贴加固，上衣身、袖筒和裤筒的玉片都未穿孔，而是用丝带、麻布等编连粘贴而成（中册第327页，图二五）。

发掘出土的西汉玉衣，多数用金缕编缀而成，也有使用银缕、铜缕的，使用丝缕的目前只有南越王墓所出的玉衣一例。在文献方面，《汉书》中只见“玉衣”“玉柙”，未见关于金缕、银缕、铜缕之分的记载。根据卫宏《汉旧仪》记载，不仅皇帝的“玉襦”“玉柙”（按即“玉衣”）缝以黄金缕，而且王侯的“玉匣”（按即玉衣）也是“缀以黄金缕为之”[48]。由此可见，在初行玉衣的西汉时期，用于缝缀玉衣玉片的可能主要是金丝，皇帝和王侯皆可使用金缕玉衣，王侯的玉衣也有使用银缕或铜缕的，甚至还有使用丝缕的。编缀玉片使用何种质料的缕线，在西汉时期似乎尚未形成严格的等级制度[49]。

玉九窍塞包括眼盖、耳瑱、鼻塞各2件，口塞、肛门塞、生殖器罩或阴户盖各1件。完备的九窍塞出于使用玉衣作为殓服的墓中，应属西汉高级贵族丧葬习俗的用玉。刘胜的九窍塞，眼盖作圆角长方形，周边有三小孔，偏中部有一小孔。耳瑱略作八角锥台形，鼻塞为圆锥体形。口塞主体略呈新月形，外侧有覆斗形凸起，内侧有三角形凸起。肛门塞作锥台形。生殖器罩盒作圆筒形，系用玉琮改制而成，上端加盖封闭[50]。玉九窍塞的器形一般较简单，表面经过抛光，而平素无纹饰。葛洪《抱朴子》说：“金玉在九窍则死人为之不朽。”玉九窍塞显然是汉人迷信玉能保护尸体不朽思想的产物。

玉琀是死者含在口中的玉制品。《周礼·天官·玉府》载：“大丧，共含玉。”西汉时期的玉琀，多数作蝉形。以玉蝉作为含玉起源很早。洛阳中州路属于西周时期的墓中，死者的玉琀即作蝉形[51]。西汉玉蝉的形象，有简单的，也有较为复杂的。南昌老福山木椁墓所出的玉蝉，仅略具蝉的外形，而未刻出细部（中册第374页，图一六六），该墓属西汉中期或稍晚[52]。西汉后期的玉蝉，形象比较逼真。江苏盱眙东阳汉墓所出的玉蝉，蝉体宽扁，双目突出，用阴线刻出头部、双翅及腹部[53]（中册第389页，图二一八）。西汉的玉琀，除作蝉形外，还有雕琢成其他形状的。例如，徐州奎山汉墓所出的玉琀作龙形[54]，徐州子房山汉墓出土的玉琀为透雕的变形玉龙[55]，临沂银雀山汉墓所出的玉琀为带柄的圆形玉器[56]。这三座墓都属西汉早期，当时可能尚未普遍流行蝉形玉琀。

另外，墓中出土的玉蝉未必都是口琀。作为口琀的玉蝉，一般没有穿孔，有孔的玉蝉，可能是作为佩饰用的。例如满城窦绾墓所出的一件玉蝉，从口部至尾部有一竖穿的小孔，出土于死者的胸部，应是墓主生前所佩串饰中的佩玉[57]。当然，作为佩饰的玉蝉，有时也可能被改用作为口含。

玉握，或称握玉，是指死者手中所握的玉器。西汉时用作握玉的有几种不同的玉器。一种是璜形玉器，如中山王刘胜和其妻窦绾的握玉，是分别用夔龙蒲纹璧和凤鸟蒲纹璧改制而成的璜形玉器[58]。另一种是玉觿，如南越王赵眜的握玉为两件器形略有差异的龙形玉觿（中册第341页，图六四、六五）。然而，最常见的握玉还是玉猪。徐州奎山汉墓所出的两件握玉，雕琢十分简单，仅在外形上略作猪形，应属玉猪的雏形。西汉中期以后，流行以玉猪作为握玉的习俗。巨野红土山汉墓所出的玉猪，作卧伏状，琢磨光滑，以阴线刻出细部，线条简练（中册第358页，图一一八）。

玉面饰出于西汉早期墓中。徐州子房山汉墓所出的玉面饰，按脸部五官形象雕琢，由22块有孔玉片组成，原应钉缀在织物上，是用于覆盖死者脸部的面幂。这种缀玉的面幕在洛阳中州路战国墓中即有发现[59]，西汉早期死者覆以缀玉面幂，应是战国时期丧葬习俗的遗风。

此外，葬以玉衣的高级贵族，其胸、背往往铺垫许多玉璧。南越王墓玉衣的上面、里面和底下共铺垫玉璧19块。中山王刘胜的前胸和后背共放置玉璧18块，王后窦绾的前胸和后背共铺垫玉璧15块。《周礼·春官·典瑞》载："疏璧琮以敛尸。"郑注："璧在背，琮在腹。"《汉书·霍光传》载："光薨，……赐璧珠玑玉衣。"西汉死者胸背铺垫玉璧，应是先秦以璧、琮敛尸的遗制。玉璧和玉衣同属于葬玉。还有窦绾墓的漆棺，内壁镶满玉版，外壁镶嵌26块玉璧，这种内外镶玉的漆棺在考古工作中虽然是第一次发现，但也说明玉在西汉丧葬习俗中占有重要的地位。

（三）日常用玉

这类玉器，包括玉容器以及各式各样的玉制日常生活用品。

西汉的玉容器，虽然数量不多，但很重要。发掘出土的玉容器主要有高足杯、角形杯、盒、镶玉盖杯和镶玉卮等。

玉高足杯的杯身作圆筒形，杯把下有圆形杯座。早期的高足杯刻有细致的纹饰，晚期的高足杯为素面。广西贵县罗泊湾1号汉墓所出的一件，杯身较长，雕饰勾连谷纹，上下有勾连云纹带[60]（中册第325页，图一九）。南越王墓所出的高足杯，结构最为精巧复杂。全器由玉杯、杯托和承盘三部分组成，杯身和杯足为分别雕成，饰勾连谷纹和花瓣纹，杯托为花瓣形玉片，承盘为铜质（中册第328页，图二七）。此杯的器形和纹饰，和上述西安阿房宫遗址出土的高足杯相类似，二者应有一定的渊源关系。咸阳马泉汉墓所出的高足杯，属西汉晚期，器形与上述两件基本相同，但平素无纹饰[61]。

玉角形杯、玉盒、镶玉盖杯和镶玉卮，都为南越王墓所出。玉角形杯虽有传世品[62]，但在考古发掘中尚属第一次发现，杯体作犀角形，杯身浮雕卷缠的夔龙纹，近底部为圆雕，细部以阴线刻饰，造型奇特，纹样生动流畅，是汉玉中的珍品（中册第 328 页，图二六）。玉盒为圆形，盒身和盒盖子母口，盖钮有活环，盖面饰花瓣纹、勾连涡纹、勾连雷纹等纹样，盖里线刻对称的双凤纹。盒身外表亦刻饰勾连涡纹等纹样，圜底下附小圈足。通体打磨光亮，纹饰雕琢精细，是一件十分难得的汉代玉容器（中册第 329 页，图二八）。镶玉盖杯和镶玉卮都是镶玉鎏金的铜器。盖杯的器身类似玉高足杯，镶嵌长方形、花瓣形玉片；杯盖隆起，当中镶圆形玉片（中册第 348 页，图八五）。镶玉卮为圆筒形，器身镶嵌九块雕饰勾连谷纹的长方形玉片，并附玉鋬，器底镶圆形玉片，器盖饰三个弯月形玉饰（中册第 348 页，图八六）。这两件镶玉鎏金的铜器，金玉结合，既牢固又美观，是汉代镶玉工艺中的杰作。

玉制的日常生活用品有玉带钩、玉枕、玉杖首、玉印章等。

西汉的玉带钩和秦代的情况一样，在构造上也可分为两类，一类是由整块玉料雕琢而成，另一类是由多节玉块组成，当中贯穿铁条而成器。前一类的玉带钩，钩部常作龙首、兽首或鸭首形（中册第 343、364 页，图六八、一三六、一三七），有的钩背还有浮雕的龙、兽装饰（中册第 352、387 页，图九九右、二一〇）。南越王墓出土的 1 件，钩首雕作虎头，钩尾雕成龙首，龙虎双体并列，共攫一环，造型奇巧，是汉代玉带钩中难得的佳作（中册第 343 页，图六九）。后一类的玉带钩较少见，南越王墓出土一件，由八节组成，当中以铁条贯穿，雕作龙虎合体的形象，钩部作龙首形，另一端为虎头形（中册第 343 页，图七〇）。这类带钩的结构，和上述泌阳秦墓所出带钩相同，可能源于战国时期。

玉枕有用长方形玉版镶拼而成的[63]，也有在铜框上镶嵌玉版制成的[64]。满城汉墓所出的镶玉鎏金铜枕，是铜枕中最为精美者。刘胜的镶玉铜枕，两端为镶玉鎏金的龙首，枕面及两侧镶嵌透雕云纹、怪兽纹玉片，装饰十分华丽（中册第 355 页，图一〇七）。窦绾的镶玉铜枕，外表亦鎏金，并镶嵌玉片，从所镶玉片的形状和纹饰观察，显系用玉璧改制而成的[65]。

玉杖首只在贵县罗泊湾 2 号汉墓出土 1 件，作龙头形，颈部刻出鳞片，龙身作扭索状[66]。传世的玉杖首有作鸠形者。《风俗通义》载，汉高祖“作鸠杖以赐老者”。

西汉继承秦制，以玉为玺。咸阳渭河北塬狼家沟出土的玉玺，玉质晶莹，螭虎纽，篆刻“皇后之玺”四字[67]（中册第 323 页，图一二、一三）。卫宏《汉旧仪》记载：“皇帝六玺，皆白玉，螭虎纽。文曰皇帝行玺，皇帝之玺，皇帝信玺，天子行玺，天子之玺，天子信玺，凡六玺。”“皇后玉玺文与帝同。皇后玉玺，金螭虎纽。”[68]此玉玺的印文和印与上述记载相符，又出在汉高祖长陵和吕后陵附近，可能是吕后生前所用的玉玺。从出土及传世的玺印资料考察，西汉皇帝、皇后用玉玺，诸侯王也可使用玉质的玺印。中山王刘胜墓出土的两方玉印，亦为螭虎纽，但未刻印文（中册第 353 页，图一〇〇、一〇一）。

墓中所出的一些小印，也为玉质。

（四）装饰用玉

西汉的玉制装饰品，不仅品类繁多，而且造型和纹饰也多种多样，是汉玉中数量最多的一类。装饰用玉按其用途可以分为人身上的装饰品和器物上的装饰品两大类。

人身上的玉制装饰品，主要是佩玉。古人随身佩玉，不仅是为了美观，更重要的是表示自己的身份和地位。佩挂由多种玉饰组成的组玉佩，在战国时期已很流行，成为当时社会的风尚。属于西汉前期的南越王墓，出土组玉佩 11 套，不仅数量最多，而且佩玉中有不少优美的玉饰[69]。墓主南越王的组玉佩由 32 件多种质料的饰品组成（中册第 332 页，图三九），其中以玉饰品为主，计有双凤卧蚕纹璧 1 件（中册第 333 页，图四二），透雕龙凤饰璧 1 件（中册第

333页，图四三)，犀形璜1件（中册第333页，图四四)，双龙蒲纹璜1件（中册第333页，图四五)，玉珠5颗，玉人4件，壶形玉佩1件，兽首形玉饰1件，玉套环1件，此外还有金珠、玻璃珠、煤精珠等。这组佩玉是已发现的组玉佩中组成最为复杂、华丽者。其余10套属于四位夫人及其他殉葬人。四位夫人中地位最高的右夫人，有组玉佩两套。一套（A组组玉佩）由连体双龙佩（中册第334页，图四七)、玉环、三凤饰璧（中册第334页，图四八)、玉璜等组成（中册第334页，图四六)。另一套（B组组玉佩）由透雕三龙纹环（中册第335页，图四九)、透雕龙螭纹环（中册第335页，图五〇)、玉舞人（中册第336页，图五二)、玉璜、玉管组成（中册第335页，图五一)。南越王墓所出组玉佩中的一些玉器，如墓主组玉佩中的犀形璜、双龙蒲纹璜和A组组玉佩中的连体双龙佩等，与洛阳金村古墓所出的同类玉器颇为相似[70]，具有较明显的战国风格。南越王墓组玉佩的数量之多，组合形式之复杂，显然是继承战国遗风的结果。

西汉中期以后，组玉佩似已不甚流行，其组合形式也比较简单。属于西汉中期的中山王刘胜墓似无成组的玉佩，而是以玛瑙串珠替代了组玉佩。

窦绾墓的组玉佩，由玉舞人、玉蝉、瓶形玉饰、花蕊形玉饰和联珠形玉饰以及玛瑙珠、水晶珠等组成，在玉饰的器类上和南越王墓有较大的差异[71]。

上述南越王右夫人和中山王后窦绾的组玉佩中都有玉舞人。以玉舞人作为佩玉的习俗，可能渊源于战国时期。洛阳金村东周墓所出的佩玉中就有双人连体玉舞人和单身玉舞人[72]。西汉的玉舞人，除河南永城保安山汉墓所出的一件为连体舞人（中册第376页，图一七三）外，其余都为单体舞人。玉舞人多数出于诸侯王亲属的墓中，从西汉中期到后期，其形象基本上是从较为呆板发展到比较生动优美。一般都着长袖衣，一袖高扬至头上，另一袖下垂或横置腰际，长裙曳地，细腰束带，作“翘袖折腰”之舞姿。每个玉舞人都有一至二个小孔，用于穿系佩挂，以作为成组佩玉的一部分。北京大葆台2号汉墓和扬州“妾莫书”墓所出的玉舞人，均透雕作翘袖折腰的舞女形象，细部以阴线刻饰，舞姿婀娜优美，是较为典型的汉代玉舞人（中册第375、385页，图一七〇、二〇二）。从现有资料看，玉舞人多出于女性墓葬中，应是汉代贵族妇女所喜爱的佩玉。汉代是我国历史上音乐舞蹈繁荣发达的时期，中央朝廷设有主管音乐的官署——乐府，皇帝的后妃多能歌善舞。例如，汉高祖的宠姬戚夫人，“善为翘袖折腰之舞，歌出塞人塞望归之曲”（《西京杂记》卷上）；武帝宠爱的李夫人，“妙丽善舞”（《汉书·外戚传上》）；成帝的赵皇后，“学歌舞，号曰飞燕”（《汉书·外戚传下》）等。玉舞人的造型具有“长袖”和“细腰”两个明显的特点，是汉代妇女翩翩起舞的真实写照。

佩玉中另有一种由先秦的玉韘演变而来的玉饰，可称为韘形佩，亦称为鸡心佩或心形玉佩。韘，又名抉或射决，是古代射箭时戴在右拇指上勾弦用的。《诗经·卫风·芄兰》载：“芄兰之叶，童子佩韘。”从考古资料考察，可能从战国以后，实用的玉韘逐渐演变为装饰用的佩玉，即韘形佩。韘形佩的主体为椭圆形，中有一圆孔，上端呈三角形尖状，正面微鼓，背面略凹，一般两侧有透雕的附饰，纹饰多数不对称，也有少数韘形佩只在一侧有附饰。南越王墓出土的一件韘形佩，形状较特殊，器形修长，透雕的图案化变形鸟纹不在佩的两侧，而在佩的上方（中册第340页，图六一）。大葆台1号汉墓所出的一件玉璧，璧中透雕韘形佩的纹饰，可以说是璧和韘形佩的巧妙结合，创造出一种新的艺术形象（中册第374页，图一六七）。韘形佩在西汉墓葬中是较常见的一种佩饰，男女都可佩戴，和组玉佩似无组合关系，是单独佩戴的一种玉饰。

还有一种佩玉，作弯曲尖爪形，一般称为觿，或称牙。

《诗经·卫风·芄兰》载："芄兰之支，童子佩觿。"觿是古代用于解结的锥子。西汉的玉觿，为扁平片状，一端刻兽头、龙头或凤鸟纹饰，显然不是实用物，而是装饰用玉。铜山小龟山汉墓所出的玉觿，以阴线刻饰兽头形和卷云纹（中册第364页，图一三五）。另一件作龙首形，觿身饰勾连云纹，背脊上有透雕的螭虎、凤鸟纹饰，雕镂精细，是玉觿中罕见的珍品（中册第364页，图一三四）。大葆台2号汉墓出土的一件玉觿，透雕回首凤鸟纹，细部以阴线刻饰，形象优美生动（中册第375页，图一六九）。玉觿都有穿孔，既可作为组玉佩的组成部分（中册第338页，图五五），又可单独佩挂，也是汉墓中常见的佩玉之一。

西汉中期以后的墓葬中，还出土一种韘形佩和玉觿两种器形相结合的佩饰。例如，定县40号汉墓所出的韘形佩，其一侧透雕附饰的上端延长呈尖状，类似玉觿的尖端部分，当为玦觿结合的初步形式（中册第362页，图一二八）。永城僖山汉墓所出的一件韘形佩，器形瘦长，韘的形象已相对减弱，而觿的形象则进一步增强（中册第378页，图一八〇）。扬州"妾莫书"墓出土的韘形佩，也是韘觿结合的形式，韘在画面中进一步缩小，而透雕的龙纹和卷云纹得到合理的夸张，造型别致，纹饰流畅，工艺精湛（中册第384页，图二〇〇）。

佩玉中工艺制作水平最高的还是透雕的玉环。南越王墓所出的透雕玉环，除上述右夫人B组组玉佩中的三龙纹环和龙螭纹环外，还有一件龙凤纹重环。该环雕出内外两环，透雕游龙凤鸟纹，游龙居内环中，内外环之间有一凤鸟，整个画面布局匀称，疏密适宜，纹饰生动优美，是一件工艺水平很高的佩玉（中册第338页，图五八）。长沙咸家湖曹𡠆墓所出的一件玉环，透雕龙凤纹，刻工精细，也是难得的艺术品。

西汉中晚期墓葬中，还出土数量不等的玉贝。玉贝形如海贝，中部有锯齿状浅槽，上下各有一小孔，应当也是用作佩戴的玉饰（中册第366、373、380、385页，图一四五、一五九、一八九、二〇三）。

此外，属于人身上的玉饰还有束发用的玉笄。刘胜墓出土的玉笄，首部透雕凤鸟、卷云纹[73]（中册第352页，图九八），既是实用物，又是装饰品。

西汉时期装饰在器物上的玉饰，以玉剑饰最为重要，出土的数量也最多。在剑和剑鞘上装有玉制剑具的剑，称为“玉具剑”，战国时期可能已有此名称[74]。在考古工作中已发现战国时期剑和剑鞘上的四种玉饰，但还不是同时装在一把剑上。四种玉饰齐备的玉具剑出于西汉时期，《史记》和《汉书》中都有关于“玉具剑”（或“玉具宝剑”）的记载[75]。何谓“玉具剑”，《汉书·匈奴传下》颜师古注引孟康曰：“摽首镡卫尽用玉为之也。”关于四种玉剑饰（或“剑具”）的定名问题，学者意见不一。一般称剑茎顶端的玉饰为剑首。剑茎和剑身之间的玉饰为剑格，又称剑镡或剑珥。剑鞘上用于穿带佩挂的剑鼻称剑璏。剑鞘下端的玉饰称剑珌，又可称剑摽[76]。西汉时期典型的玉具剑，剑首、剑格、剑璏、剑珌的纹饰题材和雕刻技法往往是一致的。刘胜墓出土的一把铁剑，是考古工作中首次发现的玉具剑，四件玉具的纹饰主题皆为高浮雕的螭虎纹。玉剑首为圆形，中央的圆形突起阴刻卷云纹，周围浮雕两只身躯修长的螭虎（中册第354页，图一〇二）。玉剑格一面为剔地隐起卷云纹，另一面浮雕螭虎穿游于云中。玉剑璏浮雕一只雄健修长的螭虎（中册第354页，图一〇四）。玉剑珌略呈梯形，两面浮雕五只矫健活泼的螭虎翻腾嬉戏于云海中(中册第354页，图一〇三)。巨野红土山汉墓所出的一把铁剑，也是四种玉饰齐备的玉具剑，玉具纹饰的主题也是螭虎纹，使用浮雕和透雕相结合的技法（中册第359页，图一一九、一二〇、一二一）。南越王墓出土的5把玉具剑，剑首、剑格、剑璏、剑珌四种玉具齐备的只有两把。其中一把剑首的内区为勾连云纹，外区饰卧蚕纹（中册第 344 页，图七四）。剑格和剑珌都饰兽面、卷云纹（中册第 345 页，图七五）。而剑璏则是浮雕熊、虎和螭虎相戏的形象（中册第 345 页，图七六）。另一把的 4 件玉具，都光素无纹饰。除了装在剑上的玉饰外，该墓还出土一批尚未安装的玉剑饰。这批玉剑饰原放置在漆盒内，共 43 件，其中剑首 10 件，剑格 16 件，剑璏 9 件，剑珌 9 件，可以装配 8 把四种玉饰齐全的玉具剑，还有剩余。从这些玉剑饰看，剑首的纹饰变化不大，除一件为浮雕螭虎、神兽纹（中册第 346 页，图七九）外，其他剑首的纹饰都分为内外两区，内区除一件为五瓣纹外，其余都为勾连云纹，外区是突起的涡纹或勾连涡纹。剑格的纹饰和雕琢技法变化较多，有减地隐起的兽面纹、勾连云纹，有浅浮雕、高浮雕的螭虎纹，还有透雕的凤鸟纹（中册第 346、347 页，图八〇、八三）。剑璏的纹饰，除一件阴刻、一件浮雕螭虎纹外，其余皆为涡纹或勾连涡纹。剑珌的纹饰和雕琢技法和剑格相类似，有高浮雕的螭虎纹和减地隐起的兽面纹、勾连云纹，还有一件随形开光、中间饰突起的卧蚕纹（中册第 346、347 页，图八一、八二、八四）。上述玉具剑皆为铁剑，铜剑的玉具一般只有剑璏和剑珌，如满城刘胜墓的两把铜剑和巨野红土山汉墓的一把铜剑，情况都是如此。这说明在西汉时期，铁剑比铜剑更为珍贵。

除玉制剑饰外，西汉后期出现水晶的剑饰。河北邢台北陈村刘迁墓出土的铁剑，其剑首、剑璏和剑珌皆用水晶制成，剑首平面似柳叶形，剑璏形同玉璏，剑珌近似梯形，皆为素面[77]（中册第 387 页，图二〇八、二一一、二〇九）。西汉后期还发现用于佩刀的玛瑙璏、玉璏，例如江苏盱眙东阳汉墓所出的铁刀，鞘上附玛瑙璏，长沙五一路 7 号汉墓发现与铁刀共出的玉璏[79]，饰兽面及勾连云纹（中册第 390 页，图二二三），其形制和纹饰与长沙杨家山 304 号汉墓所出的玉剑璏（中册第 388 页，图二一二）基本相同。可见当时的玉璏既可用于佩剑，也可用于佩刀。

此外，上文所述镶玉铜枕、镶玉盖杯、镶玉卮等，也都是以玉装饰器物的杰作。

(五) 玉艺术品

西汉圆雕的玉艺术品，虽然数量不多，但反映了汉代玉器工艺的高度发展水平。汉元帝渭陵附近出土的玉鹰（中册第369页，图一五〇）、玉熊（中册第369页，图一五一）、玉辟邪（中册第368页，图一四八）、玉仙人奔马等，全由和田玉制成，雕琢精细，形象优美，应属西汉宫廷艺术品。其中玉仙人奔马，作仙人骑在奔腾前进的飞马上，设计精巧，造型生动逼真，是汉玉中十分难得的艺术瑰宝（中册第368页，图一四七）。还有巨野红土山汉墓出土的玉马（中册第358页，图一一六），广州汉墓所出的玉猴[80]，西安北郊汉墓所出的玉燕[81]，也都属小型的艺术品。

圆雕的人物像，主要有南越王墓的玉舞人和满城刘胜墓的玉人王公像。玉舞人头梳螺髻，身穿长袖衣，广袖轻舒，折腰曲膝而舞，姿态婀娜优美，似为且歌且舞的越女形象（中册第342页，图六六）。玉人王公束发戴冠，凭几而坐，底部阴刻铭文“维古玉人王公延十九年”十个字（中册第350页，图九二）。从铭文内容考察，这件雕作王公形象的玉人，既是艺术品，又是厌胜辟邪之物。

此外，外缘有透雕附饰的玉璧，可能也是装饰用的艺术品。例如满城刘胜墓所出的一件谷纹璧，外缘有透雕的双龙卷云纹附饰，纹样优美，造型生动，雕琢精细，是汉代玉璧中难得的珍品（中册第349页，图八八）。

三、东汉的玉器

东汉的玉器，基本上继承西汉玉器的风格，但在种类和数量上都比西汉减少，和西汉相同的器类在造型和纹饰方面也有发展和变化。同时，东汉时期也出现一些新的器类。礼仪用玉进一步简化；葬玉继续存在，有的葬玉（如玉衣）还规定了明确的等级制度。玉佩的组成也比较简单，而出现了带吉祥语铭文的装饰性玉璧以及辟邪用玉。东汉的玉器可分为如下六类。

（一）礼仪用玉

根据文献记载，东汉的礼仪用玉有玉圭和玉璧。皇帝祭祀天地时执圭、璧[82]，朝贺时用璧。《后汉书·礼仪志》记载："每岁首正月，为大朝受贺。其仪：夜漏未尽七刻，钟鸣，受贺。及贽，公、侯璧。"又《后汉书·百官志》载："(大夫）掌奉王使至京都，奉璧贺正月，…… 列土、特进、朝侯贺正月执璧云。"可见汉代诸侯王、列侯每年元旦朝贺都执玉璧。按规定，诸侯王所执的璧是由少府发给的。章帝建初七年，东平王刘苍正月朔旦入贺，当时少府卿阴就贵骄，少府主簿竟不发给刘苍玉璧，因而刘苍的部属朱晖只好从主簿手中骗取玉璧交给了刘苍[83]。纳聘皇后也用璧。《后汉书·皇后纪下》记载，桓帝纳梁皇后，"悉依孝惠皇帝纳后故事，聘黄金二万斤，纳采雁璧乘马束帛，一如旧典。"《集解》引惠栋曰《汉杂事》云："以黄金二万斤、马十二匹、元（玄）纁谷璧，以章典礼。"《周礼·冬官考工记》载："谷圭七寸，天子以聘女。"汉帝纳皇后，不用谷圭，而改用谷璧。

考古发掘出土的东汉礼仪用玉，主要是玉璧，多数出土于诸侯王墓葬中。河北定县北庄中山简王刘焉墓，出土玉璧23件，其中有的为素面；有的雕琢蒲纹、谷纹或涡纹（中册第397页，图二四一）；有的纹饰分为内外两区，内区为涡纹或蒲纹，外区为兽面纹或鸟纹（中册第397页，图二三九、二四〇）。还有1件谷纹璧，上端有透雕的蟠螭纹附饰，作双螭曲身相斗的姿态（中册第397页，图二四二）。在涡纹璧中，有1件外缘侧面刻有铭文"百九十五"四个字，应是该璧的编号，说明当时中山国玉璧的数量是相当可观的[84]。

（二）丧葬用玉

东汉承袭西汉的丧葬制度，皇帝、诸侯王等高级贵族，也以玉衣作为殓服。《续汉书·礼仪志》记载，皇帝死后使用金缕玉衣，诸侯王、始封列侯、贵人、公主使用银缕玉衣，大贵人、长公主使用铜缕玉衣[85]。在考古工作中，尚未发掘东汉皇帝的陵墓，因而也未发现金缕玉衣。在已发掘的诸侯王墓葬中，除中山简王刘焉用鎏金铜缕玉衣外，其余如中山穆王刘畅[86]、陈顷王刘崇[87]、彭城王[88]、下邳王[89]等，皆用银缕玉衣。刘焉的玉衣使用鎏金铜缕，可能是皇帝特赐的[90]。亳县（今亳州市）董园村1号墓所出的银缕玉衣[91]，可能属于始封的列侯。至于铜缕玉衣，可能属于嗣位的列侯或诸侯王、列侯的妻子。从上述情况可以看出，东汉时期玉衣分为金缕、银缕、铜缕三个等级的制度已经确立，出土资料与文献记载基本相符[92]。

东汉墓葬由于多数被盗掘，未发现完整的玉九窍塞，但从出土的眼盖、鼻塞、耳塞、肛门塞等考察，其器形与西汉基本相同。玉琀都作蝉形，一般呈扁平状，双眼外凸，用阴线刻出头部、腹背及双翅，造型简朴，而形象逼真（中册第399页，图二四六）。玉握都作猪形，多数作卧伏状，细部以阴线刻出，线条简单，一般头部、尾部有穿孔（中册第398页，图二四五）。亳县董园村1号墓出土4件玉猪，其中一件作站立状，较为特殊[93]。

（三）日用玉器

东汉的玉制日用品主要有玉枕、玉案、玉印、玉带钩和玉砚滴等。

玉枕有用长方形玉片拼成的，也有用整块玉料雕琢而成的。定县中山王刘焉墓所出的玉枕，用整块青玉雕成，枕面及两侧浅刻阴线变形云纹，重达13.8公斤，是玉枕中罕见者（中册第398页，图二四三）。玉案出在河北蠡县汉墓中，略作长方形，下有四矮足[94]。玉印出土不多，山东梁山柏木山东汉墓出土的两方玉印，上有小兽纽及穿系佩戴的小孔[95]。江苏邗江甘泉2号汉墓所出的玛瑙印，印纽雕作虎形[96]。玉带钩都由整块玉料雕琢而成。定县中山王刘焉墓所出的一件，器形细长，钩首作龙头形，钩尾为虎头形，钩身线刻卷云纹、四叶纹等，刻工精细，纹饰简洁流畅（中册第398页，图二四四）。洛阳东关汉墓出土的一件，钩首作龙头形，钩身琵琶形，上有两组突起[97]（中册第406页，图二六九）。山东嘉祥范式墓所出一件，钩首雕成鸭头状[98]。玉砚滴出于邗江甘泉老虎墩汉墓，作飞熊跪坐状，上有圆形小银盖，雕琢精细，造型奇特，既是实用器，又是优美的工艺品[99]（中册第401页，图二五一、二五二）。

（四）装饰用玉

东汉用于装饰的玉器，可以分为人身上的佩玉和剑上的玉饰两大类。

佩玉的种类和数量都比西汉少，主要有环、璜、觽、扇形佩和玉舞人等。玉环的造型较多样化，除平素的玉环外，还有不同纹饰的透雕玉环。定县中山王刘畅墓所出的两件玉环，透雕盘龙纹饰（中册第403页，图二五九）。甘泉老虎墩汉墓出土的玉环，运用透雕、浮雕和浅刻的技法，雕琢成环绕的蟠螭纹（中册第400页，图二四九）。南京邓府山3号墓所出的一件玉环，则通体透雕作龙凤相依的形象[100]。玉璜和玉觽发现不多。淮阳陈王刘崇墓和定县中山王刘畅墓都出土玉璜、玉觽各两件。刘崇墓所出的玉璜，一件透雕一螭一凤，另一件透雕双龙卷云纹。玉觽透雕螭纹及卷云纹。刘畅墓所出的玉璜，透雕双龙相戏纹，以阴线刻饰细部，造型优美，线条流畅柔和，在东汉玉璜中属上乘作品（中册第403页，图二六一）。玉觽透雕双龙纹（中册第403页，图二六〇）。扇形佩略呈椭圆形，中有圆角长方形或椭圆形孔，周围为透雕纹饰。刘畅墓出土的一件，主体部分一端圆弧，另一端呈三角形尖状，似一横置的韘形佩，中部有圆角长方形孔，主体周围透雕独角怪兽及流云纹，纹饰优美生动，玲珑剔透，是东汉玉器中的佳品（中册第403页，图二五八）。陕西华阴东汉司徒刘崎墓所出一件，器形基本相同，透雕螭虎等动物纹饰，刻工亦颇精巧[101]。湖南零陵汉墓出土的一件，器形稍有差异，全器及穿孔略作椭圆形，透雕蟠螭纹，发掘者称为“羡璧”[102]。东汉的扇形佩应是从西汉的韘形佩演变而来的，韘的主体部分尚有痕迹可寻，只是由竖置改为横置，当中的圆孔演变为圆角长方形或椭圆形，原来韘形佩两侧的附饰发展成为环绕全器的透雕纹饰，形象比韘形佩更加优美。东汉的玉舞人，只出在诸侯王墓中，以陈王刘崇墓所出的一件最为精美，舞人长袖折腰，舞姿翩翩。中山王刘畅墓出土两件，形象与西汉玉舞人基本相同（中册第404页，图二六二）。

此外，一些带吉祥语铭文的小型玉璧，可能也是用于佩挂的玉饰。例如，甘泉老虎墩汉墓所出的“宜子孙”玉璧，透雕对称的螭虎纹，上方附饰透雕凤纹，有铭文“宜子孙”三字，小巧玲珑，应属佩玉（中册第400页，图二四八）。

东汉继承西汉的习俗，也使用装有玉饰的玉具剑。《后汉书》中亦有关于“玉具剑”和“玉具刀剑”的记载[103]。东汉玉剑饰的造型和纹饰基本上继承西汉的风格，但出土的数量不多，也未见四种玉饰齐备的玉具剑，有些剑饰则用玛瑙制成。

玉剑首的纹饰分为内外两区，内区为卷云纹，外区为突起的卧蚕纹（中册第401页，图二五四）。玉剑格的纹饰，有的为卷云纹，如刘畅墓所出的剑格。有的为高浮雕的蟠螭纹，如老虎墩汉墓出土的剑格（中册第401页，图二五三）。玉剑璏的纹饰，多数为兽面卷云纹。洛阳烧沟汉墓所出的一件，璏的一端为兽面纹，其余部分满布卷云纹[104]。老虎墩汉墓出土的玛瑙璏，其纹饰则为浮雕的蟠螭云气纹（中册第402页，图二五五）。玉剑珌出土不多，刘畅墓出土一件，其纹饰为卷云纹。湖南零陵汉墓所出的一件玛瑙珌，造型特殊，略作菱形，饰以高浮雕的螭纹，并使用了俏色技法（中册第399页，图二四七）。

（五）玉艺术品

东汉的玉制艺术品，以中山王刘畅墓所出的玉座屏最为杰出。玉座屏由四块玉片组成，两侧支架为连璧形，璧内透雕龙纹。上下层玉屏片透雕“东王公”“西王母”以及人物、鸟兽和神化动物等形象，是一件罕见的汉代玉制艺术品（中册第 402 页，图二五七）。徐州土山汉墓出土的一件绿松石饰，雕琢成大鸽喂小鸽的形状，刻工细致，形象逼真，十分生动可爱，是难得的汉代微雕作品[105]（中册第 407 页，图二七一）。还有一些外缘有透雕附饰的玉璧，也应属优美的工艺品。中山王刘焉墓所出的一件谷纹璧，上端的附饰为透雕双螭卷云纹（中册第 397 页，图二四二）。中山王刘畅墓出土的一件卧蚕纹璧，上方和两侧各有一组透雕附饰，上方附饰为螭龙衔环，两侧各有一龙（中册第 402 页，图二五六）。在这类玉璧中，有的有透雕吉祥语铭文。除上述甘泉老虎墩汉墓所出的“宜子孙”玉璧外，山东青州也出土一件类似的玉璧，但器形较大。该璧的内区为谷纹或卧蚕纹，外区为蟠螭纹，上方透雕双螭纹附饰中有铭文“宜子孙”三字（中册第 405 页，图二六五）。故宫博物院藏品中，有“长乐”“益寿”铭文的这类玉璧（中册第 406 页，图二六八、二六七）。东汉带有透雕附饰的玉璧，应是从西汉发展来的。透雕附饰从西汉到东汉似有从高到低的演变趋势，附饰中有吉祥语铭文者，应是东汉流行的玉璧。

（六）辟邪用玉

东汉的辟邪用玉，主要是玉刚卯和玉严卯。除见于著录的传世品外，发掘出土的刚卯、严卯为数不多。安徽亳县凤凰台汉墓出土玉刚卯、严卯各 1 件，刚卯四面刻铭文 34 字，严卯刻铭文 32 字（中册第 408 页，图二七四），铭文内容与《后汉书·舆服志》所载基本相同[106]。从铭文内容可以看出，刚卯、严卯是用于驱疫逐鬼的辟邪用玉。刚卯和严卯，在《后汉书》中称为“双印”。刚卯可能在西汉后期即已有之，王莽为了“革汉而立新”，曾下令禁用[107]。东汉时期继续流行。此外，还有一些圆雕的辟邪等动物形玉饰，可能也起辟邪的作用。

四、魏晋南北朝的玉器

三国两晋南北朝是中国历史上处于分裂动乱的时期。政治上的分裂和动乱，使社会经济出现了停滞状态，从而直接制约了与礼仪、丧葬等有直接关系的玉器制造业的进一步发展。发掘出土的魏晋南北朝玉器，有些器物的造型和纹饰仍然具有汉代的遗风，但从总体上看，和汉玉有较明显的差异，其数量和质量也都远逊于汉玉。这一时期也出现了一些新的器形，具有明显的时代风格。

礼仪用玉进一步减少，只有零星的发现。南京幕府山1号六朝墓所出的素面玉琮[108]（中册第409页，图二七八），应是墓主生前收藏的旧玉，死后用于随葬。玉璧也只在个别墓中发现。南京光华门外石门坎乡六朝墓出土一件玉璧，虽然通体抛光，但无任何纹饰[109]，应是汉代玉璧的简化形式。玉璧在十六国时期，也有用于装饰殿堂者。例如后赵的皇帝石虎，迁都邺城（今河北省临漳县西南）后，在太武殿悬大绶于梁柱，缀玉璧于绶[110]。汉代画象石中所刻以组带编联的玉璧，多为谷纹璧的形象[111]。编缀在绶带上的玉璧，可能也是谷纹璧。此外，湖南安乡西晋刘弘（字和季）墓出土一件镂雕玉钺[112]，因未发表详细资料，其器形和上述永城僖山梁王墓所出的玉钺是否相同不得而知，但亦属作为仪仗用的礼仪用玉，当无疑义。

丧葬用玉也大为简化。汉代皇帝和高级贵族死时穿用的玉衣，已不再制作和使用。曹操临终的《遗令》曰：“天下尚未安定，未得遵古也。……殓以时服，无藏金玉珍宝。”[113]魏文帝曹丕遵循曹操的《遗令》，于黄初三年作《终制》，明文规定禁止使用“珠襦玉匣”[114]。禁止的理由，表面上说是为了避免陵墓被人盗掘，“至乃烧取玉匣金缕，骸骨并尽”，而实际上可能是由于长年战乱，生产受到很大的破坏，制作“金缕玉衣”已成为难以承受的经济负担。两汉皇室贵族葬以玉衣的制度，从此被废除了。同时，在考古工作中，迄今也未发现魏晋及其以后的玉衣。随着玉衣的消失，魏晋以后也未发现完备的玉九窍塞。

玉琀和玉握在魏晋南北朝墓葬中仍有发现。玉琀均作扁平蝉形。南京石门坎乡六朝墓和中央门外郭家山东晋墓出土的玉蝉[115]（中册第410、414页，图二八二、二九二），雕琢简朴，两眼突出，和东汉玉蝉区别不大。南京新民门外象山7号东晋墓所出的玉蝉，头部圆弧，两眼不甚凸出，形状稍有差别[116]。玉握皆为猪形。郭家山东晋墓所出的玉猪，猪身长条形，猪头较长，作卧伏状（中册第414页，图二九一）。

日用的玉器有玉杯、玉樽、玉盏、玉带钩、玉带具和玉印等。洛阳涧西魏正始八年墓所出的玉杯（中册第409页，图二七九），其器形虽和上述贵县罗泊湾1号汉墓出土的玉杯基本相同，但通体平素无纹饰[117]。上述安乡西晋刘弘墓所出的玉器中，还有玉杯和玉樽。玉杯的形制不详。玉樽为圆筒形，两侧有铺首衔环，底部有三个熊形足。器身饰三道凹弦纹带，将外壁纹饰分为上下两段。上段浮雕二龙翻腾于云雾之中，云端有二仙人；下段亦浮雕双龙，云气中还有羽人。玉樽高11.8厘米，口径8厘米，樽内残留墨迹，可能是作为笔洗用的。此器的造型和纹饰具有汉代遗风，是玉器中难得的珍品。玉盏发现于辽宁北票十六国北燕冯素弗墓中[118]，盏似浅碗，口沿饰弦纹一周（中册第414页，图二九四）。玉盏是这时期新出现的器类。

玉带钩的器形一般不大，钩首多作龙头形（中册第412、417页，图二八七、三〇四）。南京象山7号东晋墓所出的玉带钩，正面浮雕凤鸟纹，雕琢较为精致。上海博物馆收藏的透雕龙纹鲜卑头（中册第418页，图三〇五），从所刻铭文考察，当为南朝宋文帝御用的玉带具。其中龙身中部有一周围突起的圆槽，其他部位还有许多小圆槽，这些圆槽中原来应有宝石之类的镶嵌物，惜已脱落。经学者研究，此带具当是带扣对面的饰牌，其前端稍残，以后经过加工修琢[119]。玉印出土不多，有桥纽、龟纽和螭虎纽之分（中册第413页，图二九〇）。螭虎的形象已远不如西汉刘胜玉印上的矫健有力。

装饰用玉可分为玉佩和玉剑饰两类。玉佩主要有珩、璜、环、螭纹佩和龙凤纹佩等。东汉末年，由于长年战乱，周秦以来的佩玉制度曾一度废弛。《三国志·魏书·王粲传》载："时旧仪废弛，兴造制度，粲恒典之。"注引挚虞《决疑要注》曰："汉末丧乱，绝无玉佩。魏侍中王粲识旧佩，始复作之。今之玉佩，受法于粲也。"由此可见，魏晋以后的玉佩和以前的玉佩当有所不同。玉珩是魏晋南北朝时期流行的玉佩，多数作云头形，上部弧鼓，下部平直，少数近似梯形。云头形玉珩上部正中有一小孔，下部有两个或三个小孔，用于系挂佩饰。和珩相配的是璜，珩在上，璜在下。太原南郊王郭村北齐娄睿墓出土玉珩1件，玉璜12件[120]，珩和璜的周缘都以金镶边，显得富丽美观（中册第415页，图二九七、二九八）。娄睿墓和南昌京山南朝墓[121]所出的玉璜，中部无穿孔，只在两端有小孔。前者两端各有一小孔；后者一端有一小孔，另一端有两个小孔（中册第417页，图三〇三）。这种中部无孔、两端有孔的玉璜，佩挂时应为两端朝上，类似商周时期玉璜的挂法。当然也不排除一端朝上，另一端朝下，竖立佩挂的可能性。战国以后，尤其是汉代的玉璜，中部一般都有孔，佩挂时两端朝下。魏晋南北朝的玉璜，不继承汉代玉璜的传统，反而模拟商周玉璜的形制，似为一种复古现象，这或是由于王粲"复作"玉佩时系依据商周"旧佩"的缘故。

螭纹佩只出于个别墓中。郭家山东晋墓出土的双螭纹玉佩，和东汉的扇形佩一样，也是从西汉的韘形佩演变而来的，而韘形佩的心形部分已经消失，只存中部的椭圆形孔。两侧的透雕附饰，则发展成为环绕四周的透雕纹饰（中册第413页，图二八八）。天津市艺术博物馆所藏的龙螭纹佩（中册第411页，图二八三），亦属这类玉佩。南京邓府山3号六朝墓所出的龙凤形玉佩（中册第410页，图二八〇），其造型风格与西汉刘修墓出土的夔龙纹玉环（中册第361页，图一二七）和盱眙东阳4号汉墓所出的玉佩（中册第389页，图二一六）有相似之处，其间或有承袭关系。

玉剑饰也发现不多。北燕冯素弗墓出土的玉剑首，雕琢流云纹（中册第415页，图二九五），纹饰简单，工艺水平远逊于汉代玉剑首。玉剑璏的形制有的已经简化，有的和汉代一般剑璏相同，而纹饰多为兽面卷云纹。湖北宜昌三国吴墓所出的玉剑璏，器形已简化为长方形銎状，纹饰亦为简化的兽面卷云纹[122]。镇江三国吴墓[123]和南京板桥镇石闸湖晋墓[124]所出的玉剑璏，形制和汉代剑璏相同，表面纹饰皆为兽面卷云纹（中册第412页，图二八六）。兽面卷云纹在西汉后期的玉剑璏上即已有之，魏晋以后成为剑璏流行的纹饰。

玉辟邪是这一时期较常见的玉饰。郭家山东晋墓所出的玉辟邪，腰部横穿一小孔。镇江东晋墓出土的一件墨玉辟邪，作蹲立状，头部双角后卷，圆唇张目，前肢举起[125]。天津市艺术博物馆收藏的黄玉瑞兽，头上有一角，双肩有羽翼，造型优美，亦属辟邪之类（中册第418页，图三〇六）。

总之，秦汉魏晋南北朝的玉器，在中国玉器史上占有重要的地位。商周以来以礼仪用玉和丧葬用玉为主体的中国古典玉器的传统，在汉代基本上结束了。魏晋南北朝则是过渡时期。此后的玉器逐渐转变为以装饰玉器和鉴赏玉器为主体，从器物造型、纹饰题材以至于社会功能等，都有明显的变化和发展，源远流长的中国玉器又进入一个新的时代。

注释

①《史记·平准书》。《汉书·食货志》所载基本相同。

②《汉书·张骞传》所载略同，唯缺“河源出于阗”句。

③ 张培善:《河北满城汉墓玉衣等的矿物研究》,《考古》1981年第1期。国家地震局地质研究所杨杰教授对满城汉墓部分玉器所作鉴定，则认为应是岫岩玉（见《满城汉墓发掘报告》上册，附录九)。

④ 栾秉璈:《怎样鉴定古玉器》，众文图书股份有限公司印行，1992，第28页。

⑤ 闻广:《玉辨》,《文物》1992年第7期。

⑥ 王逸:《正部论》,《玉函山房辑书》本。

⑦《文选》卷四十二。

⑧《史记·廉颇、蔺相如列传》。

⑨《史记·李斯列传》:“今陛下致昆山之玉，有随、和之宝”。《正义》云:“昆冈在于阗国东北四百里，其冈出玉。”“卞和璧，始皇以为传国玺也。”

⑩ 烟台博物馆:《烟台市芝罘岛发现一批文物》,《文物》1976年第8期。

⑪《周礼·春官·大宗伯》:“以玉作六瑞，以等邦国。王执镇圭，公执桓圭，侯执信圭，伯执躬圭，子执谷璧，男执蒲璧。”“以玉作六器，以礼天地四方。以苍璧礼天，以黄琮礼地，以青圭礼东方，以赤璋礼南方，以白琥礼西方，以玄璜礼北方。”

⑫ 湖南省文物管理委员会:《长沙左家塘秦代木椁墓清理简报》,《考古》1959年第9期。原简报云铭文为“四百十一”，后经湖南省博物馆高至喜先生细心考察，认为铭文最后一字应为“七”字。

⑬ 尚志儒、赵丛苍:《陕西凤翔八旗屯西沟道秦墓发掘报告》,《文博》1986年第3期。

⑭ 驻马店地区文管会等:《河南泌阳秦墓》,《文物》1980年第9期。

⑮ 山东省文物考古研究所等:《曲阜鲁国故城》，齐鲁书社，1982。

⑯《虢国墓地再次出土大量珍贵文物》,《中国文物报》1991年1月6日，第一版。

⑰ 杨伯达:《汉代玉器艺术》，香港中文大学《中国文化研究所学报》第十五卷。

⑱ 夏鼐:《汉代的玉器一汉代玉器中传统的延续和变化》,《考古学报》1983年第2期。

⑲ 中国社会科学院考古研究所等:《满城汉墓发掘报告》，文物出版社，1980。

⑳ 河北省文物研究所:《河北定县40号汉墓发掘简报》,《文物》1981年第8期。

㉑ 大葆台汉墓发掘组等:《北京大葆台汉墓》，文物出版社，1989。

㉒ 山东省菏泽地区汉墓发掘小组:《巨野红土山西汉墓》,《考古学报》1983年第4期。

㉓ 山东省博物馆:《曲阜九龙山汉墓发掘简报》,《文物》1972年第5期。

㉔ 徐州博物馆等:《徐州北洞山西汉墓发掘简报》,《文物》1988年第2期。南京博物院《铜山小龟山西汉崖洞墓》,《文物》1973年第4期。

㉕ 扬州市博物馆:《扬州西汉“妾莫书”木椁墓》,《文物》1980年第12期。

㉖《文物报》1986年10月31日。

㉗ 长沙市文化局文物组:《长沙成家湖西汉曹墓》,《文物》1979年第3期。

㉘ 广州市文物管理委员会等:《西汉南越王墓》，文物出版社，1991。

㉙ 麦英豪:《汉玉大观—象岗南越王墓出土玉器概述》，载《南越王墓玉器》，两木出版社，1991。

㉚ 茂陵文物保管所王志杰等:《汉茂陵及其陪葬冢附近

新发现的重要文物》,《文物》1976年第7期。朱捷元《茂陵发现的西汉四神纹玉铺首》,《考古与文物》1986年第3期。

㉛ 咸阳市博物馆:《汉平陵调查简报》,《考古与文物》1982年第4期。

㉜吴英:《中华人民共和国赴日汉唐文物展览简介》,《文物》1979年第1期。咸阳市博物馆李宏涛等:《汉元帝渭陵调查记》,《考古与文物》1980年创刊号。咸阳市博物馆《咸阳市近年发现的一批秦汉遗物》,《考古》1973年第3期。

㉝《周礼·春官·大宗伯》:"以玉作六瑞,以等邦国。王执镇圭,公执桓圭,侯执信圭,伯执躬圭,子执谷璧,男执蒲璧。""以玉作六器,以礼天地四方。以苍璧礼天,以黄琮礼地,以青圭礼东方,以赤璋礼南方,以白琥礼西方,以玄璜礼北方。"

㉞《史记·孝文本纪》:"春,上曰:朕获执牺牲珪币以事上帝宗庙,十四年于今,历日绵长,以不敏不明而久抚临天下,朕甚自愧。其广增诸祀场珪币。"

㉟《史记·孝武本纪》:"皇帝始郊见泰一云阳,有司奉瑄玉嘉牲荐飨。"《集解》引孟康曰:"璧大六寸谓之瑄。"《史记·封禅书》所载相同。

㊱《史记·封禅书》:"其河、湫、汉水加玉各二;及诸祠,各增广坛场,珪币俎豆以差加之。"《正义》云:"言二水祭时各加玉璧二枚。"

㊲《史记·河渠书》:"(汉武帝)自临决河,沈(沉)白马玉璧于河,令群臣从官自将军已下皆负薪填决河。"《汉书·沟洫志》作"湛白马玉璧"。师古曰:"湛读曰沈。沈马及璧以礼水神也。"

㊳《汉书·郊祀志下》。

㊴ 刘庆柱、李毓芳:《西汉十一陵》,陕西人民出版社,1987,第72页。

㊵ 广州市文物管理委员会等:《西汉南越王墓》,文物

出版社，1991。

㊶ 山东省文物考古研究所等：《曲阜鲁国故城》，齐鲁书社，1982。

㊷ 夏鼐：《汉代的玉器一汉代玉器中传统的延续和变化》，《考古学报》1983年第2期。

㊸ 中国社会科学院考古研究所等：《满城汉墓发掘报告》，文物出版社，1980。

㊹ 南京博物院：《江苏涟水三里墩西汉墓》，《考古》1973年第2期。

㊺ 山东省博物馆：《曲阜九龙山汉墓发掘简报》，《文物》1972年第5期。作者原称“玉圭饰”，但从器形考察，应为用作仪仗的玉戈。

㊻《汉书·杨王孙传》

㊼ 临沂地区文物组：《山东临沂西汉刘疵墓》，《考古》1980年第6期；《山东临沂刘疵墓出土的金缕玉面罩等》，《文物》1980年第2期。

㊽《后汉书·礼仪志下》刘昭注引《汉旧仪》：“帝崩，……以玉为襦如铠状，连缝之，以黄金为缕；腰以下以玉为札，长一尺二寸半为柙，下至足，亦缝以黄金缕。”《后汉书·梁竦传》注引《汉仪注》：“王侯葬，腰已下玉为札，长尺，广二寸半为匣，下至足，缀以黄金缕为之。”按《汉旧仪》本有注，魏晋唐人所引《汉仪注》悉是《汉旧仪》。《后汉书·卫宏传》：“（卫）宏作《汉卫仪》四篇，以载西京杂事。”

㊾ 卢兆荫：《试论两汉的玉衣》，《考古》1981年第1期；《再论两汉的玉衣》，《文物》1989年第10期。

㊿ 中国社会科学院考古研究所等：《满城汉墓发掘报告》，文物出版社，1980。

51 中国科学院考古研究所编著：《洛阳中州路（西工段）》，科学出版社，1959，第59页。

52 江西省文物管理委员会：《江西南昌老福山西汉木椁

墓》,《考古》1965年第6期。

(53) 南京博物院:《江苏盱眙东阳汉墓》,《考古》1979年第5期。

(54) 徐州博物馆:《江苏徐州奎山西汉墓》,《考古》1974年第2期。

(55) 徐州博物馆:《江苏徐州子房山西汉墓清理简报》,载《文物资料丛刊》4,文物出版社,第59页。

(56) 山东省博物馆、临沂文物组:《临沂银雀山四座西汉墓葬》,《考古》1975年第6期。

(57) 中国社会科学院考古研究所等:《满城汉墓发掘报告》,文物出版社,1980。

(58) 同上。

(59) 中国科学院考古研究所编著:《洛阳中州路(西工段)》,科学出版社,1959,第59页。

(60) 广西壮族自治区博物馆:《广西贵县罗泊湾汉墓》,文物出版社,1988,第54页。

(61) 咸阳市博物馆:《陕西咸阳马泉西汉墓》,《考古》1979年第2期。

(62) 邓淑苹:《谜样的玉角形杯》,《故宫文物》1992年第9卷第11期。

(63) 徐州博物馆:《江苏徐州子房山西汉墓清理简报》,载《文物资料丛刊》4,文物出版社,第59页。

(64) 中华人民共和国出土文物展览工作委员会编《中华人民共和国出土文物选》,文物出版社,1976。

(65) 中国社会科学院考古研究所等:《满城汉墓发掘报告》,文物出版社,1980,第262页。

(66) 广西壮族自治区博物馆:《广西贵县罗泊湾汉墓》,文物出版社,1988,第54页。

(67) 秦波:《西汉皇后玉玺和甘露二年铜方炉的发现》,《文物》1973年第5期。

(68)《四部备要·史部政书·汉官六种》本,上海中华书局据平津馆本校刊。

⑲ 黄展岳:《丝缕玉衣和组玉佩》，载《南越王墓玉器》，香港雨木出版社，1991。

⑳ 梅原末治:《洛阳金村古墓聚英》。

㉑ 中国社会科学院考古研究所等:《满城汉墓发掘报告》，文物出版社，1980。

㉒ 梅原末治:《洛阳金村古墓聚英》。

㉓ 罗勋章:《山东沂水刘家店子春秋墓发掘简报》,《文物》1984年第9期。

㉔ 刘向:《说苑·反质》:“经侯往适魏太子，左带羽玉具剑，右带环佩。”

㉕《史记·田叔列传》:“其后有诏募卫将军舍人以为郎，将军取舍人中富给者，令具鞍马绛衣玉具剑，欲人奏之。”《汉书·王莽传上》:“莽疾，休候之。莽缘恩意，进其玉具宝剑欲以为好，休不肯受。”《汉书·匈奴传下》:“单于正月朝天子于甘泉宫，汉宠以殊礼，位在诸侯上，赞谒称臣而不名，赐以冠带衣裳黄金玺绶玉具剑。”

㉖ 孙机:《玉具剑与璏式佩剑法》,《考古》1985年第1期。

㉗ 河北省文物管理处:《河北邢台南郊西汉墓》,《考古》1980年第5期。

㉘ 南京博物院:《江苏盱眙东阳汉墓》,《考古》1979年第5期。

㉙ 湖南省博物馆:《长沙五里牌古墓葬清理简报》,《文物》1960年第3期。

㉚ 广州市文物管理委员会:《广州汉墓》，文物出版社，1981。

㉛ 陕西省考古研究所:《西安北郊大白杨秦汉墓葬清理简报》,《考古与文物》1987年第2期。

㉜《后汉书·明帝纪》:“朕以暗陋，奉承大业，亲执圭璧，恭祀天地。”

㉝《后汉书·朱晖传》:“正月朔旦，苍当入贺。故事，

少府给璧。是时阴就为府卿，贵骄，吏傲不奉法。苍坐朝堂，漏且尽，而求璧不可得，顾谓掾属曰：‘若之何？’晖望见少府主簿持璧，即往给之曰：‘我数闻璧而未尝见，试请观之。’主簿以授晖。晖顾召令史奉之，主簿大惊，遽以白就。就曰：‘朱掾义士，勿复求’。更以它璧朝。”《集解》引《决疑要注》云：“古朝会皆执贽。侯、伯执珪，子、男执璧。汉公卿以下所执如古礼。兹云公、侯璧，则无所为珪，但有璧而已。璧皆自备，惟藩王则由少府给之也。”

㉞ 河北省文化局文物工作队:《河北定县北庄汉墓发掘报告》,《考古学报》1964 年第 2 期。

㉟《后汉书，礼仪志下》:“大丧……金缕玉柙如故事。”“诸侯王、列侯始封、贵人、公主薨，皆……玉柙银缕；大贵人、长公主铜缕。”

㊱ 定县博物馆:《河北定县 43 号汉墓发掘简报》,《文物》1973 年第 11 期。

㊲ 周口地区文物工作队等:《河南淮阳北关 1 号汉墓发掘简报》,《文物》1991 年第四期。

㊳《文物》1972 年第 3 期，第 76 页。

㊴ 睢文等:《江苏睢宁县刘楼东汉墓清理简报》，载《文物资料丛刊》4，文物出版社，1981，第 113 页。

㊵ 史为:《关于“金缕玉衣”的资料简介》,《考古》1972 年第 2 期。

㊶ 安徽省亳县博物馆:《亳县曹操宗族墓葬》,《文物》1978 年第 8 期。

㊷ 卢兆荫:《试论两汉的玉衣》,《考古》1981 年第 1 期；《再论两汉的玉衣》,《文物》1989 年第 10 期。

㊸ 安徽省亳县博物馆:《亳县曹操宗族墓葬》,《文物》1978 年第 8 期。

㊹ 河北省文物研究所:《蠡县汉墓发掘纪要》,《文物》1983 年第 6 期。

㊺ 苏文锦:《山东梁山柏木山的一座东汉墓》,《考古》

1964 年第 9 期。

⑯ 南京博物院:《江苏邗江甘泉 2 号汉墓》,《文物》1981 年第 11 期。

⑰ 洛阳市文物工作队:《洛阳东关夹马营路东汉墓》,《中原文物》1984 年第 3 期。

⑱ 嘉祥县文化馆:《嘉祥发现的东汉范式墓》,《文物》1972 年第 5 期。

⑲ 扬州博物馆:《江苏邗江县甘泉老虎墩汉墓》,《文物》1991 年第 10 期。

⑩ 南京博物院:《南京邓府山古残墓二次至四次清理简介》,《文物参考资料》1955 年第 11 期。

⑩ 杜葆仁等:《东汉司徒刘崎及其家族墓的清理》,《考古与文物》1986 年第 5 期。

⑩ 湖南省文物管理委员会:《湖南零陵东门外汉墓清理简报》,《考古通讯》1957 年第 1 期。

⑩《后汉书 · 冯异传》:"车驾送至河南,赐以乘舆七尺具剑。"注:具,谓以宝玉饰之。《东观记》作"玉具剑"。《后汉书 · 南匈奴传》:"四年,遣耿夔即授玺绶,赐玉剑四具、羽盖一驷。"《集解》刘攽曰:"按玉剑四具非是,当云玉具剑四。")又:"赐青盖驾驷、鼓车、安车、驸马骑、玉具刀剑、什物。"

⑩ 洛阳区考古发掘队:《洛阳烧沟汉墓》,科学出版社,1959,第 208 页。

⑩《文物》1972 年第 3 期第 76 页。《文物》1973 年第 4 期第 3 页。

⑩ 亳县博物馆:《亳县凤凰台 1 号汉墓清理简报》,《考古》1974 年第 3 期。

⑩《汉书 · 王莽传中》:"今百姓咸言皇天革汉而立新,废刘而兴王。夫刘之为字,卯、金、刀也。正月刚卯,金刀之利,皆不得行。"

⑩ 华东文物工作队蒋缵初:《南京幕府山六朝墓清理简

报》,《文物参考资料》1956年第6期。

⑽ 李鑑昭等:《南京石门坎乡六朝墓清理记》,《考古通讯》1958年第9期。

⑾ (晋)陆翙《邺中记》,丛书集成初编,商务印书馆。

⑿ 傅惜华《汉代画象全集》初编。

⒀ 雷明等:《安乡清理西晋刘弘墓》,《中国文物报》1991年8月18日,第1版。

⒁《三国志·魏书·武帝纪》。

⒂《三国志·魏书·文帝纪》。

⒃ 南京市博物馆:《南京北郊郭家山东晋墓葬发掘简报》,《文物》1981年第12期。

⒄ 南京市博物馆:《南京象山5号、6号、7号墓清理简报》,《文物》1972年第11期。

⒅ 李宗道等:《洛阳十六工区曹魏墓清理》,《考古通讯》1958年第7期。

⒆ 黎瑶渤:《辽宁北票县西官营子北燕冯素弗墓》,《文物》1973年第3期。

⒇ 孙机:《我国古代的革带》,《文物与考古论集》,文物出版社,1986年。

(120) 山西省考古研究所等:《太原市北齐娄睿墓发掘简报》,《文物》1983年第10期。

(121) 江西省博物馆:《南昌市郊南朝墓》,《考古》1962年第4期。

(122) 湖北省博物馆:《宜昌市一中三国吴墓清理简报》,《江汉考古》1983年第2期。

(123) 镇江博物馆:《镇江东吴西晋墓》,《考古》1984年第6期。

(124) 南京市文管会:《南京板桥镇石闸湖晋墓清理简报》,《文物》1965年第6期。

(125) 镇江博物馆刘建国:《镇江东晋墓》,《文物资料丛刊》8,文物出版社。

隋唐—明代玉器叙略

（581—1644）

杨伯达

经历长达1063年的隋唐—明代玉器在秦汉—南北朝时代玉器的基础上既有所继承，而又有所扬弃，以新颖的面貌出现在日趋繁荣的玉器文化舞台之上。这一千年也是我国古代玉器史上的重要历史时期。玉器的祭祀、等级、敛葬及玉德的社会功能也各有变迁，略有增损。随着城市经济的繁荣，庶民地位的改善，学术观点的变革，社会风俗的移易，绘画及工艺的成熟，琢玉艺术进而开拓了鉴赏化、文玩化、商品化的广阔活动空间和新的发展途径。其造型、图案、艺术及其风格上都发生了前所未有的重大变革。

从研究角度来看，隋至明的玉器并不为考据学家重视。直至明代，唐宋的玉器方受鉴赏家和收藏家的珍爱，在一些著录中还记载了鉴赏家的直观印象、诠评见解、鉴别心得和扬抑褒贬等诸多评述，然而真正能够深刻认识唐宋玉者却为数不多。所以，隋至明代玉器是我国古玉鉴赏和科学研究的薄弱环节。当然，这种情况现已有所改变，这是由于近40年来经科学发掘，出土了一批隋至明的玉器，提供了确切无疑的标准器，同时，各个博物馆也做了不同程度的整理、鉴定和科学研究工作，取得了一些可喜成果。本文试图以现今已掌握的确切材料和科研成果为依据，从玉器本身的发展进程及其与绘画、雕塑、工艺美术的相互关系等角度，拟将隋至明玉器分为：一、隋、唐、五代玉器。二、宋、辽、金玉器。三、蒙古、元代玉器。四、明代玉器等四个阶段。扼要阐明这长达1063年玉器艺术发展的基本历程及其各个阶段玉器的诸种特色，以供广大读者朋友们参考。

一、隋、唐、五代玉器（581—960）

隋、唐是由三国经两晋、南北朝（220—589）共360余年的分裂之后，重新统一的、繁荣富强的华夏大帝国。

在这一社会条件培育下，玉器也发生了新的变化。隋朝天子服用革带玉钩艓，唐朝文武官员三品以上服紫、金玉带。妇人服饰华贵，喜欢佩用玉质首饰。五代十国玉器的应用在晚唐的基础上有所调整和损益。所见此期玉器有飞天、带板、佩、璜、环、带扣、簪、镯、戒指、人物、狻猊、鹿、猪、寿带、凤、蚕、杯、洗以及哀册、步摇等等。

明清文玩界视唐宋玉器为珍玩，对其推崇备至。明人高濂评论唐宋玉器云：

“自唐宋以下所制不一，如管、笛、凤钗、乳络、龟鱼、帐坠、哇哇、树石、炉顶、帽顶、提携、袋挂、压口方圆细花带板、灯板、人物、神像、炉、瓶、钩钮、文具、器皿、杖头、杯、盂、扇坠、梳背、玉冠、簪珥、绦环、刀靶、猿、马、牛、羊、犬、猫、花朵种种玩物。碾法如刻，细入丝发，无隙败矩，工致极矣，尽矣。”①

高氏给与唐宋玉器碾琢工艺以很高的评价。很多古玉收藏家和鉴赏家受其影响，格外喜爱并着意搜藏唐宋玉器。但是鉴别唐宋玉器的标准含糊不清，模棱两可。近40年来由于科学发掘出土的隋、唐、五代玉器逐步公之于世，使人耳目一新。如隋李静训、唐吴王妃杨氏、越王李贞墓、何家村窖藏以及张九龄、前蜀王建、南唐李昪等墓出土的玉器，为我们整理研究隋唐五代玉器提供了可靠的断代标准器物，使我国古玉器史研究工作得以有所进展。下面拟按器物功能分类，扼要介绍于下。

（一）佛教玉器

佛教自汉代通过陆海两路传入我国之后，很快便与我国传统文化结合起来，发展成为富有中国特色的佛教。佛教在我国传播过程中，佛教徒们发现来自犍陀罗的黑色或深灰色石造像与中国的传统观念不符，而金或铜胎鎏金造像又因受到材料限制不易推广，于是便以泥土塑像，并开采沙石、青石崖壁凿窟，或以黄石和白石造像，终于觉悟到融合爱玉的传统，以玉来雕造佛像。然而，玉的采集有限，仅在和田和内地尚可雕造少量玉佛，而广大民间则利用黄石和白石代玉雕造佛像。最优秀的白石产于今河北省曲阳县黄山，那里实际已发展成为北魏至隋唐的最负盛名的白石佛像产地。

见于记载的最早的玉佛是东晋“瓦官寺三绝”之一的“狮子国玉像”。狮子国即今斯里兰卡，那里盛产宝石，而狮子国玉像或许就是用宝石类玉石雕造的。北魏宣武帝元恪（500—515 在位）吸收中华民族崇玉的古老文化传统，命在恒农荆山雕丈六珉玉大佛，于永平三年（510）迁往洛滨的报德寺供奉。上行下效，雕造玉佛之风尚遂迅速广泛流行开来。如曲阳县修德寺遗址出土的白石造像铭文中即记有东魏兴和二年（540）邸广寿造玉思惟一区（躯），北齐天统二年（566）高市庆造白玉像一区（躯），隋开皇十一年（591）张茂仁造白玉弥陀像一区（躯）。陕西地区黄色石佛铭文记：北魏永熙三年（534），杜景世造玉佛一区（躯）四面像。由此可知，在东部曲阳地区大造玉佛的同时，在西北地区僧俗间也开展着造玉像的活动。这些记有关于造玉佛事宜的铭文，间接证明了以玉造像是确有其事的。元脱脱曾在和田井中挖出了玉佛，此时，和田早已伊斯兰化，可能在此过程中曾毁灭佛陀，于是僧俗信众遂将玉佛抛进井里。此玉佛可能也就是唐代和田玉工所制。内地当时也有玉佛，但没有流传下来，我们今天也不得知晓其真面目，而传世的唐代玉飞天则是佛教造像的一种。白玉镂空飞天（中册第 421 页，图一）、青玉镂空飞天（中册第 421、422 页，图二、三）均为椎髻，裸胸，着长裙，跣足，披巾招展，作凌空飞舞状，姿态婀娜，令人神往。

（二）朝廷用玉

现存此期朝廷用玉仅有玉带板、佩和哀册等数种，远远不能反映当年朝廷用玉的全貌。隋、初唐帝后及显官带銙，以金为主，至显庆元年（656）始以紫为三品之服，金玉带銙十三[②]。1970 年 10 月，西安南郊何家村出土两瓮唐代窖藏，内含玉带銙计 7 副，有 15 片的两副，16 片的 5 副，均与显庆时 13 銙不同，这可能反映了盛唐玉带銙的变化。这 7 副玉带中光素者 5 副，碾纹者 2 副，其一为剔地隐起伎乐人纹双铊尾带銙（16 片）（中册第 423 页，图四），另一为剔地隐起之白玉狮纹单铊尾带銙（中册第 423 页，图五），细部均以阴线刻饰，其碾工刚健跌宕，形象生动传神，反映了唐代朝野进取向上的精神面貌。还有琢碾花卉图案的玉銙（中册第 424 页，图六）。

五代十国的前蜀王建生前所用玉带（中册第 424 页，图七）为 7 銙、1 铊尾，共 8 片。据铭文所记可知，玉材于永平五年（915）曾经火焚，前蜀王建遂命碾大带，这是唯一一件有明确碾治年代的玉带。带板上所碾之龙“三停”之势已备，“九似”之貌未必尽合，仍属唐龙范畴，但其减地隐起的细部处理上较为细致，远胜上述两副盛唐玉带銙，但在气势上确实又略逊一筹，显示出由唐向宋的过渡色彩。

玉佩为朝廷等威玉器，由来已久。隋佩玉尊卑有序：天子白玉，太子瑜玉，王山玄玉，自公以下皆水苍玉[③]，以示等级尊卑。唐五代均沿袭，而又有所增删。迄今，墓葬出土的有隋姬威、唐越王李贞（中册第 425 页，图八）、唐张九龄、南唐李昪（中册第 425 页，图九）、李璟（中册第 426 页，图十）等上层显赫人物的玉佩，多为光素，玉质不佳，疑为殉佩，但对研究隋唐五代玉佩的形制与组合仍不失为第一手资料。

（三）装饰

装饰用玉包括各种首饰及佩饰等玉器，如钗、簪、笄、金玉步摇、梳、梳背、戒指、手镯以及各种佩、坠等等。西安南郊何家村窖藏出土唐白玉镶金镯（中册第 429 页，图二一），温润晶莹如截脂，碾琢精工，尤其金玉互为衬托，显得更加富丽典雅。各种佩玉或梳背往往饰以生活中常见的花卉和禽鸟等纹，使人感到亲切优美。以隐起、阴勒和镂空等技法碾琢成器，务使其玲珑剔透，这是唐五代装饰用玉显现出来的新趋势，对后世玉器有深远的影响。

（四）器皿

隋唐上层社会所用的玉质碗、杯、盅、盏、盒等器皿流传至今的已很少。如李静训墓出土的金扣玉盏（中册第 431 页，图二四），其体圆，直口，腹微敛，矮足平底，口嵌金扣，卷唇。其金扣影响到越窑贡瓷，出现了“金扣瓷器”。西安市何家村唐代窖藏出土的玉八瓣花形杯（中册第 432 页，图二五），体呈椭圆，口侈，下敛，身分八瓣，饰隐起缠枝卷叶纹，口椭圆，稍高，外撇，一望而知与唐代金银器的器形有相通之处。这件玉杯与水晶八瓣花形杯所反映的萨珊波斯的影响及其时代的新趋向、新变化是非常明显的。玛瑙羚羊首杯（中册第 433 页，图二九）作羚羊仰首状，口镶金套，双角细长，双目凝视，极其逼真。颈中空，圆口，可供饮酒用。欧洲、波斯喜爱以动物或其首部的形象作酒器造型，此玛瑙羚羊杯是西方影响的产物，反映了中西文化的交流。现存传世玉制器皿中比较重要的，有初唐青玉人物图椭圆杯；盛唐青玉流云杯，青玉单耳椭圆花形杯，白玉单耳椭圆杯，白玉莲花杯；中晚唐青玉镂空鸳鸯鋬委角方粉盒等器。可以看出它一方面受到瓷器、金银器的影响，同时又展现出玉器本身的特色。

（五）肖生

玉肖生系指人物、禽兽等立体玉雕。发掘出土的此期玉肖生仅有小兽、小兔、猪、蚕等几件。因其体积过小，不便加工，所以都仅碾琢成糙坯，不再往细里雕饰。如隋李静训墓出土的白玉兔（中册第436页，图三九），高2厘米，长2.7厘米，尖口，大耳，短尾。四肢弯曲，伏卧在地，似兔形。如此小件玉雕确实难以识别，但仔细观察却也不难发现它与兔子相差甚远。稍大一点的有唐代张九龄墓出土的青玉猪（中册第437页，图四三），长5厘米，是专为殉葬用的，碾琢极其简单，仍属“汉八刀”系列，但在捕捉形象神态上较“汉八刀”更为生动，更加夸张。而传世的此期玉肖生确实不乏精工之作，如唐青玉立人佩、青玉双鹿坠、青玉人骑象（中册第436页，图三七）、白玉狻猊（中册第436页，图四〇）等玉肖生都是不可多得的唐代人物、兽类玉雕。唐青玉立人（中册第436页，图三六），头戴矮幞头，身着右衽宽袖长袍，面庞方硕，与初唐陵墓石雕、壁画的文官像相似，应属初唐形式。清代乾隆皇帝非常喜爱此件玉雕，曾命工仿制配成一对，又制册页式锦盒妥加收藏，并题“艺圃搴珍”四字，还亲笔画了梅、竹，题为“冰肌”和“雪节”制诗加以褒扬（乾隆戊寅年，1758）。青玉卧鹿、白玉蹲狮也都是难以觅得的唐代传世玉兽。

这些传世的玉肖生说明，玉工着力捕捉神态及其动作，细部往往用粗阴线勾勒，栩栩如生，奕奕有神。这就是唐代玉雕的主要特色。

（六）铭刻玉器

宝玺、简册是朝廷铭刻玉器，民间玉印章也是铭刻玉器。迄今所发现的此期朝廷铭刻玉器有唐玄宗禅地册及南唐二帝哀册。前者共15根简，白玉质，字皆隶体，每简9字、12字不等，唯“隆基”为楷体。李昪（中册第438、439页，图四五、四六、四七）、李璟二帝哀册均为阴楷泥金。这些朝廷铭刻玉器是研究简册制度及其书体的重要资料。

（七）西域玉器

本文所指西域即今新疆维吾尔族自治区，出产玉器的地方是于阗。这里所说的西域玉器主要是指于阗玉器。关于于阗国出玉器的记载始见于《旧唐书》：

"其国出美玉，俗多机巧，…… 贞观六年（632）遣使献玉带。"[④]《新唐书》亦载：

"…… 有玉河，国人夜视月光盛处，必得美玉。""以木为笔，玉为印。""初，德宗即位（780—805）遣内给事朱如玉之安西求玉，于于阗得圭一、珂佩五、枕一、带铐三百、簪四十、奁三十、钏十、杵三、瑟瑟百斤并它宝等。"[⑤]

从上述记载可以了解到于阗国出美玉，并善于碾琢玉器，以玉为印，还碾琢了圭、佩、枕、带铐、簪、奁、钏、杵等多种玉器。至少在隋唐这300余年间于阗地区既出美玉，又有着高度发达的玉器碾琢业，并生产了多种玉器。所以，于阗自诩为"大朝大于阗金玉国"。

我们从唐代正史的记载，确认了西域玉器或于阗玉器的存在是非常重要的，向前可进而追溯西域玉器的源头，向后可以窥探于阗地区伊斯兰化时期的玉器的变化。

从于阗国于贞观六年已向唐朝廷贡献玉带的记载，可以推想在贞观六年之前，于阗已有玉带之设，官吏已系有玉饰的革带。当于贞观六年向唐朝廷贡献玉带时，唐朝廷只用金、犀、银、铁等装饰的革带，而无玉带之设。至显庆元年（656），唐朝方规定"以紫为三品服，金玉带铐十三"。这比于阗王于贞观六年进玉带已迟24年。我们完全有理由推断，唐代服制之所以增设玉带，一方面很有可能是受到于阗国所进玉带影响，另一方面古老的崇玉传统也在进入盛唐之际重新萌发，所以，终于至高宗时立为定制，一直沿袭至明代。

那么，于阗玉器是否传世，它的面貌如何，这是值得深入探索的。此课题近年已引起我们的注意，但限于实物难求，还不能得到全面的了解。从唐代玉器中确证清宫旧藏的蕃人进宝、蕃人执凤头壶两件玉带铐均为西域玉器[⑥]。

从陕西西安及其近郊出土的一批玉带銙中，经对比研究有不少亦应为于阗国或其邻国碾治而成的，如青玉执凤头壶胡人带銙、青玉弹琵琶胡人带銙、青玉拨琵琶胡人带板、青玉献宝胡人带銙、青玉献宝珠胡人带銙等胡人玉带銙都是波斯人形象，应为于阗玉工所碾，其碾工稍嫌粗简。这几件胡人玉带銙虽非精工之作，但它们是西域玉器的组成部分，仍有着重要的研究价值。白玉乐舞胡人铊尾、白玉持杯胡人铊尾的胡人形象一改波斯人相貌而为卷发西域人面目，衣、巾、茵褥等细部均施并排细线装饰，有着浓郁的于阗玉器的风格，仍系于阗玉工所治。青玉献宝胡人带銙（中册第442页，图五八），胡人头戴风帽，帽尾上卷，其面容祥和，上裸，下着裳，披巾，作跪献宝物状。此带銙以粗阴线勾勒细部，其风格豪放挺拔，别具异趣，是于阗玉器的别体，极为少见。这批于阗等地碾治的玉带銙、铊尾等西域玉器是通过“丝绸之路”传入国都长安的，必然引起朝野的莫大兴趣而风行一时，不仅为朝廷采纳作了三品服之带銙，成为三品官吏的身份标志，相伴随的是在长安也出现了仿制于阗带銙的唐朝玉带銙。近年，这种西域式唐朝玉带銙也同样出土于西安及其近郊，另在传世玉器中，也可找到相似的例证，如白玉吹笙人带銙、青玉执翎扇人铊尾即其二例。可以说它们的形象是唐人，而其做工确是吸收了于阗玉带銙碾琢技艺制成的仿西域玉器的带饰，当然，也与当时画坛上流行的“曹衣出身”的画风不无关系的。

白玉嵌金佩（中册第443页，图六四）出土于陕西西安孙家湾唐大明宫遗址内，应为唐皇家所用之玉佩。此佩为三角状，嵌金丝，中间尖部钻一小孔，可供系佩，两边为三连弧，底平，在所见出土或传世的唐玉中尚未找到任何先例，确为唐玉之孤品而弥足珍贵。其图案是以圆形线骨互为勾搭而又对称的组织，是来自西亚和中亚地区，其镶嵌技艺及其在金丝图案上阴錾填黑色饰物的做法亦非唐工所为，故此，玉佩可能是来自西域某地。此佩钻孔时损伤了所嵌金丝结头，可知原件可能是饰件或嵌件，为了佩系方施钻孔改为佩。

总之，隋唐五代玉器与其时的绘画、雕塑、工艺美术的发展相联系，相适应，并有着自己的特色，显示温润晶莹的玉质美，器形装饰雍容华贵，丰富多姿。肖生玉注重起伏，虽有夸张但不失尺度，其体积感、量感均较强，突出其精神，气韵生动。而唐末、五代十国玉器是由隋唐走向宋代的过渡，有着不同于前期的微妙变化。

二、宋、辽、金玉器（960—1279）

五代郭威于951年灭汉，即帝位，易号周。954年郭威殁后由养子柴荣继位（世宗），他亲率大军北伐契丹，恢复了瀛、莫、易三州大片土地。柴荣于957年病故，兵权落到赵匡胤手中。赵氏于960年发动陈桥兵变，黄袍加身，夺权废周，国号大宋。东北地区契丹族首领阿骨打统一八部，灭渤海，建辽朝，平后晋，入大梁，960年以后与北宋对峙达165年。女真族于1125年灭辽占辽旧地，挥戈南下入汴灭宋。此后，南宋、金、西夏三方互为对抗。金朝建国119年，于1234年被蒙古骑兵所灭。元世祖忽必烈于1271年灭南宋，结束了几个地方少数民族政权并存、与南宋政权对立所造成的事实上的分裂状态。

这一时期的玉器史拟分为宋、辽、金三个王朝来介绍。吐蕃、南诏、大理、西夏等地区玉器情况不明，暂付阙如。

（一）宋代玉器（960—1279）

宋代经济发达，城市繁荣，海外贸易兴旺。但在政治上军事上较为软弱，不能统一版图，与辽、金、西夏等少数民族地方政权长期并存。既相互挞伐，又互通有无，其政治、经济、文化的联系极为密切，对民族的联合与融合起到了积极作用。

宋儒继承唐代士庶知识阶层传统，积极参政，学术思想有了很大突破，史学研究的发展和深入推动了金石学的兴起，文物的史料价值和学术意义得到承认并开始纳入史学范围。所以，大体也是在宋代，玉器成为文物和文玩，促使民间与皇家均主动地加以收贮。北宋学者吕大临也是著名的文物鉴赏家，他并在宫内兼职监管文物。由其编纂的《考古图》十卷，内收青铜器 210 件，玉器 14 件。这是古玉见诸文物鉴定和学术研究图录之起端。关于古玉的考辨，应提到画家李公麟的重大贡献。他收藏法书名画，考辨钟鼎古器，“博闻强记，当世无与伦比”，还画圭、璧等旧玉“循名考实无有差谬”。“顷时段义得玉玺来上，众未能辨，公麟先识之，士论莫不叹服。”[⑦]李公麟博雅好古，考辨钟鼎，鉴识古玉，他既是画家，又是宋代古器物研究家，并奠定了古玉的循名考实的基础。这说明古玉作为文物和研究收藏的对象，已受到朝野的关注。

关于宋代社会风气和社会生活。新兴市民阶层的物质文化状况以及玉器的收贮和商行等情况，多载于《东京梦华录》等宋人笔记。如汴梁东街北“潘家酒店”，“每日自五更市合，买卖衣物、书画、珍玩、犀玉。”相国寺内殿后资圣门前“万姓交易”，“皆书籍、玩好、图画及诸路罢任官员土物香药之类。”又如育子时的习俗：“至满月则生色及绷绣钱，贵富家金银犀玉为之。”至南宋偏安一隅，由于东南工商业更为兴旺，贸易发达，城市更加繁荣。尤其杭州“户口蕃盛，商贾买卖者十倍于昔”，有四百四十四行。“七宝社”出售玉带、玉碗、玉花瓶、玉束带、玉劝盘、玉轸芝、玉绦环以及玻璃、水晶、宝石等珍贵古董。“七宝考古社”买卖“皆中外奇珍异货”。在商业团行中“买卖七宝者，谓之古董行”。在婚姻嫁娶上，“富家女氏，既受聘送，亦以礼物答回，以绿紫罗双匹、彩色缎匹、金玉文房玩具、珠翠须掠女工等，如前礼物。”王公大臣收藏着大量宝器、古物、汝器、合杖、书画、匹帛等等珍贵文玩和贵重物品。如南宋绍兴二十一年十一月高宗幸清河郡王府，张俊进奉宝器中仅玉器一项，即有玉池面带、玉狮蛮乐仙带、玉鹘兔带、玉璧环、玉素钟子、玉花高足钟子、玉枝梗瓜杯、玉东西杯、玉香鼎、玉盆儿、玉椽头楪儿、玉圆临安样楪儿、玉靶独带刀子、玉柄三靶刀子、玉犀牛盒替儿以及古剑璏等新旧玉器共42件，可以想见诸王府第及富家所藏玉器何等可观。

宋代用玉最多的，莫过于皇家朝廷，如六玺用玉，玉辂间以玉饰，玉带为带之首，册用珉玉，教仪卫次第有玉靶于阗刀，车驾幸学“上服帽，红上盖，玉束带……”，车驾诣景灵宫孟飨“快行家手执玉柱杖，驾前有执金香座、玉斧、玉拂及水晶珠杖”。五辂仪式“玉辂，顶耀叶三层，凡八十一叶，皆镂金间真玉龙，大莲叶攒簇，四柱栏槛，镂玉盘花龙凤”。驾回太庙，宿奉神主出室，皇帝服绛袍，玉佩、执玉元圭，正坐玉辂上。驾宿明堂斋殿行禋祀礼，推设祭器，设玉册于殿陛之间，乃玉刻金滕宝册文。殿前设宫架乐，列编钟玉磬。公主下嫁择日遣天使宣召驸马至东华门，引见便殿，赐玉带靴笏鞍马等。先一日，诣后殿西廊观看公主房奁，……真珠玉佩一副、玉龙冠、绶玉环等等。其日驸马常服玉带，乘马至和宁门，易冕服，至东华门，用雁币、玉马等行亲迎礼。立春，后苑办造春盘供进，及分赐贵邸宰臣巨珰，翠缕红丝，金鸡玉燕，备极精巧，每盘值万钱。元夕，“一入新正，灯火日盛。”福州所进之灯“则纯用白玉，晃耀夺目，如清冰玉壶，爽彻心目”。

宫廷用玉如此之繁，没有充足的玉料和宫廷作坊是难以办成的。玉料来源靠西域诸国进贡及从和田输入。宫廷作坊有宗正寺玉牒所、文思院上界和修内司玉作所。玉工来自民间“碾玉作”。民间玉作设于杭州、平江、金陵、福州等地。

近40年来出土宋玉共有四批，确有较高的学术价值，为鉴定研究宋玉提供了科学依据。这四批宋玉分别是：江西上饶南宋墓出土人物玉带板，安徽休宁朱晞颜墓出土的玉器皿，北京房山县金代石椁墓出土的北宋玉佩，浙江衢州南宋史绳祖墓出土的玉文具。过去，传世玉器中的所谓“宋玉”是杂乱无章或自相矛盾的，经过整理，鉴定出一批宋玉，其中有的在造型、图案上远远超过了出土玉器的水平，所以，对传世宋玉是不能低估的。现在，分为以下八类作一扼要的介绍。

1. 朝廷用玉

已如上述，宋代朝廷用玉涉及朝廷礼制的诸多领域，与官史、杂记的记载相比，出土的或传世的朝廷用玉均较少，仅见青玉龙首饰及若干带饰。青玉龙头饰（中册第443页，图六六），龙作张口露齿状，唇上卷，瞪目长眉，双角向背弯曲，颈短，前接长方形筒，中空，两边各钻三孔，备铆钉用。从形象结构、尺寸、重量判断可能是车舆上的饰件，或许即是“玉辂”上的玉件，是不易多得的朝廷用玉，也是传世宋玉之孤品。玉带銙有青玉云雁纹铊尾、白玉云雁纹饰、青玉池面人物带銙等。青玉云雁纹铊尾（中册第444页，图六七）出土于河北定县北宋静志寺塔基地宫，应为当地佛家子弟供养佛陀而献纳瘗入地官的。白玉云雁纹饰（中册第444页，图六八）出土于西安市长安县韦曲村，为椭圆形，雁尾部分穿一长方孔，使其致残。朵云及雁喙、翼之尖部均被切割，亦不完整，说明此饰可能原为云雁纹带銙或铊尾，因残伤而被改作为椭圆形饰。两者形象均极生动，但又有着不同的艺术韵味，前者简古洁雅，而后者繁缛秀丽，颇有异曲同工之妙。江西上饶南宋建炎四年（1130）赵仲湮墓出土的青玉池面人物带銙（中册第445页，图六九至七六），过去被定为南宋初年所琢，但此年正月金破定海、明州，以舟师追宋帝，南宋政权在金军进逼之下辗转漂泊，赵构被迫入浙主温州，五月至越州，绍兴二年（1132）正月方回临安。而赵仲湮身任明州观察使，在金军破明州之前逃至信州上饶县暂住，于11月24日殁于龚氏之宅，12月4日权葬于此。可知此玉带应是赵仲湮任明州观察使时所佩，避金军锋芒，仓皇出逃携至上饶，殁后殉于墓室，或为北宋晚年之作。此玉带有桃形，长方形各1，正方形7，共9件，其中桃形素面之外，其余7铐、一铊尾则均为池面隐起人物纹。人物头束巾，面长，身着宽袖长袍，盘腿而坐，所执器物为碗2、舟形器1及捧桃，操阮咸、吹排箫者各1，另一人双手张开似在歌咏。铊尾人物站立，头戴小冠，面长，长须，身着宽袖长袍，披斜巾，右手执烛，面部、衣褶用阴线勾勒。碾工仍继唐玉而有所进步，隐起顺其动势，转折合理，立体感较强，不再施用那般阴勒的密集装饰线，更加趋向写实，与宋代人物画相吻合，与此相似的有墨玉人物带铐。墨玉海水龙纹铊尾形体硕大，碾琢亦精。白玉镂空云龙带环，为宋玉之绝品，以上二件似为皇家所用。

2. 佩饰

宋代佩饰玉极其发达，丰富多彩，水准极高。如金代石椁墓出土的11件北宋玉器中有青白玉镂空折枝花佩、青白玉镂空竹枝佩、青白玉镂空双鹤衔芝佩、青白玉镂空折枝花锁等4件镂空佩饰。这4件玉佩是石椁墓主生前所用的11件玉器中最为优秀的部分。可知玉佩饰在她生前用玉的重要位置。西安南郊曲江池出土白玉镂空飞鸟衔花佩作工与上述四件相似而稍简约。传世玉佩有白玉镂空双鹤佩、白玉镂空孔雀佩、白玉镂空牵牛花佩、青玉镂空凌霄花佩、白玉镂空樱桃佩、青玉鱼佩、白玉镂空竹芝蟠龙佩及白玉瓜坠等。这些玉佩质地优良，磨琢精细，充分地显示了温润晶莹的玉德。装饰题材极为广泛，以花鸟为主，其形象无不栩栩如生，惟妙惟肖。它与其他工艺装饰一样，标志着现实主义和世俗化、庶民化倾向在玉器装饰领域占据了上风，其装饰结构上有的成双成对，花卉禽鸟互为对称，取得稳定均齐的艺术效果；也有的一人一鱼或一鸟一竹，或花鸟搭配组成富有变化的构图，又能呈现出活泼的、均衡的装饰韵味。在片状佩饰上镂空技术的应用也更为广泛而普遍，使玉佩轻巧玲珑，更为实用而美观。上述佩饰的一系列的新变化是宋朝玉器艺术及其时代特色的一幅缩影。

3. 首饰

出土的、传世的宋代玉首饰均少，计有簪、钗、梳、项链、戒指、镯、钏及发冠等，其中比较典型的仍是从房山县（今房山区）金代石椁墓出土的玉双股钗和玉孔雀形钗，一素一花，各有千秋。青玉双股钗（中册第453页，图九八）一头弯曲相连，分为两股并列，呈尖端圆柱体，光素无纹。这种玉素双股钗是仿自金银钗，类似的尚有玻璃双股钗，流行于宋代市庶妇女之中。青白玉孔雀形钗（中册第453页，图九九），孔雀头上有羽冠，颈长而曲，双翅微收，长尾略弯。其曲颈波尾是在因材就势的传统的约束下经过巧思妙想的艺术处理，是极为成功的。在其颈、翼、尾的刻画上也采用镂空与阴线两种技法，作了简化示意处理，形神毕肖，生动有致，也显示出宋玉的特色。

4. 器皿

宋代玉器皿较唐代增多，如见诸文献的有玉素钟子、玉花高足钟子、玉枝梗瓜杯、玉瓜杯、玉东西杯、玉椽头楪儿、玉圆临安样楪儿、玉盆儿、玉香鼎以及炉、瓶、盂、碗等等。出土的有玉碗、玉卣、玛瑙杯，传世的有青玉双耳鹿纹八角杯、玉龙耳杯、青玉龙柄折角长方杯、玛瑙葵花式托杯、白玉夔龙把葵花式碗、青玉兽耳云龙纹炉、白玉云纽圆盒等等，不胜枚举。

安徽来安县相官公社宋墓出土金扣玛瑙碗（中册第454页，图一〇一），酒黄色赭红斑点，胎薄，莹澈，不加雕饰，口镶金边与玛瑙晶莹光泽相辉映，显得典雅华贵。安徽休宁南宋朱晞颜墓出土的青玉素碗、玛瑙环耳杯、青白玉默面纹卣等3件玉器有明确的断代，是不可多得的研究与鉴定的标准器，弥足珍贵，白玉双鸟纹盒，亦是珍稀的玉器皿。传世玉器皿中也有特征鲜明的器物，如青玉兽耳云龙纹炉、青玉夔龙柄葵花式碗、玉龙耳活环杯、青玉龙柄长方折角杯、玛瑙带托葵花式碗、青玉鹿纹椭圆洗等。青玉兽耳云龙纹炉（中册第456页，图一〇七）（弘历定名“旧玉飞龙彝炉”），体圆，口外撇，圈足，两面饰兽首衔柱耳，似青铜器，炉腹满饰双勾“工”字地纹，隐起行龙（弘历定为“飞龙”），升云。行龙势态为：后双肢与尾部支于海涛之上，中挺后折，前肢悬空，细颈弯曲，龙首前视，长鬣后披，实介于行龙与盘龙之间。细部刻画精细，与唐龙不同，可知宋人画龙正按“三停九似”之诀，无不精微刻画，不放过细节，确已达到形神兼备的水平。此炉内底阴刻清高宗御题七言诗（见于四集卷之七十四·庚子十·戊戌年，1778）。他定此器为“庙器”，对其碾琢年代却未置可否。经研究对比，今定为宋玉。从其龙纹来看应是皇家玉作所碾，所以，弘历定为“庙器”是不无道理的。

5. 文具

玉文具是文人用的书写工具，如砚、砚滴、笔管、笔洗、镇纸等。书写工具本为实用，不必华饰，但在我国工艺美术高度发达，加以宫廷权贵多崇尚华奢，故文具渐趋工艺化、装饰化，并使用诸珍贵材料为之。从实物遗存可知玉制文具随时间推移而逐渐增多。宋代玉文具已见有笔山、镇纸、砚滴、笔洗、图章等。浙江衢州南宋史绳祖墓出土一批玉文具。史绳祖殁于咸淳十年（1274），距宋亡仅有五年，可视为南宋后期之物。计有青玉笔山、水晶笔山、白玉荷叶杯、青玉莲苞瓶、白玉兔镇纸、白玉兽钮印等。白玉荷叶杯（中册第459页，图一一八）腹浅，花口，不宜作饮器，实堪作砚滴用。这种枝梗花叶形杯是南宋盛行的新器形，与花卉画的成熟与普及有着密切联系。此器虽已残损，但其生机盎然，风韵犹存。青玉莲苞瓶（中册第459页，图一一六）实为莲花苞形，器盖亦作荷叶形。出土时瓶内盛朱色粉末，若其确为辰砂粉，即为批卷所用之朱墨了。故此，该蛋形瓶当系莲花苞形朱砂瓶，外出时可系于腰上。白玉兔镇纸（中册第459页，图一一七），原子玉坯应为半圆状，因势赋形碾一蹲兔，其长耳伏于背上，除了颌下至前爪略作凹减之外，从整体上看仍保存了原玉坯之形体，匠工把握住玉兔躯体各部比例与肌腱起伏之同时，对其面部稍作刻画，突出眼神，省略绒毛，仅在腿部画上细短之阴纹，与玉卵形瓶的细部处理不同。这种手法由来已久，到南宋继续沿用，后来居上，青出于蓝而胜于蓝，比汉代、唐代玉豚更为生动准确。传世玉器中，卧羊、卧鹿、卧驼、异兽、双鹅等肖生玉均可充作镇纸，其艺术手法或繁或简，或精或粗，异彩纷呈，各有千秋。

6. 肖生

宋代肖生也可分为人物、禽兽两种，在上述佩、首饰、器皿、文具类已有所涉及，在这里仅就童婴略作补充。

玉婴是由婴戏图衍变而成的独婴玉雕，头梳丫髻，面嬉笑，身着短褐，手执莲花，双腿交叉，似在漫步。这种程式化的表现方法见于宋代，并为元明清三代相沿袭（乾隆御制诗三集·卷之九）辛巳（乾隆二十六年，1761）所刊《题宋玉镂戏婴图》，描写在窠石花卉苑景里婴童指挥斗鸡的场面。他还鉴定此戏婴图为宋内廷修内司所制。此宋玉镂戏婴图虽下落不明，但从此诗可以了解宋代确有戏婴图玉雕，并从此演为独婴玉雕。宋代白玉童坠骑柳枝马，富有稚气，天真可爱。手执莲花的童婴比较常见是由化生演变而来的。化生本名摩喉罗、磨喝乐，见于佛经，本天龙八部之一，演为土偶，七月七日置于盘上放于水中，以为生子瑞[8]，故受到全社会的重视。以玉制作，佩戴身上，以祈早生贵子。

7. 玉图画

玉图画包括凡有背景的隐起和立体的图画类玉器。弘历御制诗中亦有咏玉图画的诗句。上述宋玉镂戏婴图即其一例。这种绘画性玉器始见于宋，这是宋代绘画已全面成熟并对各种工艺美术施加了强有力的影响的产物。玉图画也就是在这种艺术气氛里出现并成长起来的，这也是宋玉的特色之一，进而影响到辽金玉器。弘历认为宋作玉炉顶（《御制诗》四集·卷之六十一·己亥，乾隆四十四年，1779）是“刻画为图斯鼻祖”。当然，对此话应作广义的理解，即玉图画滥觞于宋，而不应从字面上简单地理解宋作玉炉顶就是玉图之鼻祖。可惜的是，我们还未发现这件宋玉高士对坐图炉顶的下落，不便妄加评论。

传世宋青玉镂空松下仙女图（中册第462页，图一二七）、白玉镂空五禽图（参见《古玉精萃》七九），即是宋代绘画性玉雕的代表作，前者为松石仙女图，后者为花鸟兽图，均为镂空多层次的起突玉雕，类似悬塑。其构图、形象、碾琢都是成功的，确已达到玉图之巅峰。立体的玉图画有青玉人物山子。出土的青白玉镂空福禄寿图和白玉螭龙穿花图两件佩或饰件亦可视为玉图画，其作者的艺术造诣是很高的。

8. 铭刻玉器

宋代铭刻玉器也是盛况空前，由宝玺、简册发展到镌刻佛经和诗词。白玉双勾楷体佛经仅见一件，即玉八角璗子“般若波罗密多心经”。器高5.9厘米，外径1.5厘米，八角，中穿孔以利系佩。所碾“般若波罗密多心经”经文，包括经名、译者、纪年、作坊等内容，计16行，292个双勾阴文楷字，每字比芝麻粒还小，笔道比发丝还细，非用放大镜而不得识。刻工纯熟，书法遒丽，是极难得的铭刻玉器。像这样游丝般的笔道是用何工具所篆，确是值得今后研究的。它不愧为微型铭刻玉器的始祖。末二行落款“皇宋宣和元年冬十月修内司玉作所虔刻”。可知此玉是徽宗即位第20年（1120）命内廷玉作坊所刻，为研究宋代宫廷玉作的设置提供了重要证据。镌刻诗词的玉璗，北京工艺美术部门还保存数件，流出国外的尚有数件，大约共有10件左右。

通过上述出土和传世的宋代玉器，可以深深体会明高濂对“……宋工制玉，发古之巧，形后之拙，无奈宋人焉”的高度评价是恰如其分的。

（二）辽代玉器（916—1125）

契丹族劳动、生息、繁衍于我国西喇木伦河上游地区，也是一支古老的边疆民族。于北魏太武帝时代（424—452）始岁致朝献。后乘唐末黄巢起事、藩镇割据、唐王朝瓦解而出现分裂局面之际，契丹迭剌部首领耶律阿保机举兵统一八部，于907年称汗，916年称帝，国号契丹，建元神册，开疆辟土，底定燕中，经营西北，926年灭渤海，“得城邑之居百有三”，地方五千里。阿保机逝世，次子尧骨（耶律德光）继位，改元天显。天显十一年（936）得后唐石敬塘献幽燕十六州、帛三十万匹，乘机挥戈南下，长驱直入，会同九年（946）灭晋入大梁，翌年（947）易国号大辽，改元大同。960年赵匡胤废周号宋之后，辽与其对峙，长达165年（960—1125）。1125年亡于女真。契丹辽虽处于东北和燕云一隅，但实为一国，总五京，府六，州军城百五十有六，县二百有九。东至于海，西迈金山，暨于流沙，北至胪朐河，南至白沟，幅员万里，土地辽阔。

契丹族首领耶律阿保机称帝时，契丹族仍处于牧畜为生的阶段。阿保机率军南征北战，统一部落，占有大量的人口、广袤的土地和丰厚的财富，直接地接受并引进高度发达的中原先进文化。耶律德光终于在大梁服汉族衣冠，受百官朝贺。同时，又沿袭渤海国制设五京，官分南北，以国制（契丹本族服饰）治契丹，以汉制待汉人。其礼制用玉，如玉辂、玉带、玉簪导、玉宝等均沿用五代后晋制。皇帝公服或捺钵衣时服均系玉束带，五品以上金玉带，可见其朝廷用玉之广，绝不亚于中原政权。对下层官吏和庶民用玉禁制极严，如刀柄、兔鹘（革带）、鞍勒、佩子不许用犀玉。道宗清宁四年（1058）11月下令禁造玉器，从这一禁令推知，辽境碾玉工艺彼时已具备相当规模，玉器的使用、佩戴已非常普遍，或与宋相距无几。辽与北宋、西夏、西域诸国商业贸易关系十分密切，随着榷场交易和战争掠夺，中原玉器流入辽境的也不会少，所以，辽代有其纵联唐五代北宋诸朝的优越条件，能驱使广大汉族玉工碾琢有契丹民族特色的玉器。

经过科学发掘出土的辽玉有鞊鞢带、飞天、簪、杯、碗、鱼、兽、双鹅小盒、竹形盒、叠胜盒、环、坠、珠等。各博物馆及文物部门也收藏着一批传世辽玉，这为研究辽玉提供了可靠资料。下面分类进行介绍。

1. 朝廷用玉

辽代朝廷用玉，仅见玉带和玉佩两种。

辽承五代后晋制，皇帝公服玉束带，五品以上金玉带。已有多处出土辽玉带，以光素者为主，碾花者、完整者极少。以内蒙古翁牛特旗解放营子辽中期墓出土玉带为例，现有12块，计铊尾1，鐾头1，銙10块，每块中间有镂空出尖的扁方形孔，四角以铜钉铆在革带上。玉带板大小厚薄略有出入，不甚规整。又如内蒙古昭乌达盟宁城县小刘杖子辽1号墓出土白玉带饰16件，计菊花朵形7件，阴勒14瓣花，花蕊椭圆，作斜线交叉。圆首长方形5件，椭圆形3件，圆形一件中穿方孔。均高5.5厘米，厚0.5厘米，说明辽玉带规格不一，似无定制。

辽代玉佩依其使用者社会地位之尊卑，在品种、数量、玉质、碾工等方面均有较大的悬殊。一般契丹人多佩玛瑙器或水晶器。阜新清河门辽墓出土水晶鱼，其眼珠穿孔，即为系佩。贵族玉佩均以优质玉碾成，组合为系列化的佩玉。如陈国公主墓出土玉佩饰十分精美，其中白玉佩饰（中册第463页，图一三〇），由玉镂空绦环金链系五件鱼、凤等饰，均为镂空加阴线碾琢。中间为双凤，两侧各为双鱼相对，外侧两件一为鱼，另一为摩羯。这种组合是辽佩的特点，有着鲜明的契丹特色。摩羯见于佛经记载，在佛教玉器一节里再作解释。契丹贵族以摩羯作佩饰，说明他们笃信佛教并将摩羯引入玉佩饰。

2. 佛教玉器

契丹族所用佛教玉器，迄今仅发现飞天与摩羯金翅鸟等数种。玉飞天不止一处出土，可知契丹境内流传较广。内蒙古翁牛特旗解放营子、辽宁喀左等辽墓共出土 3 件。解放营子辽墓出土青白玉镂空飞天（中册第 464 页，图一三三）面庞圆胖，戴冠，披巾飘起，驾卷云腾空，姿态婀娜。镂空隐起，以阴线刻饰细部，线条细劲而富于流动感，琢刻技术娴熟。喀左白塔子辽墓出土青白玉镂空飞天一对，姿态、碾工与上述飞天大同小异，而其披巾两端均飘起，下托五骨朵云，面部刻画等细节上又确有不同。这 3 件玉飞天下裳极长，将足裹而不露，这一点与唐飞天有别。

摩羯为龙首，鱼身，双翼，故亦名鱼龙，宋人亦称牙鱼或飞鱼[⑨]。始见于唐代而盛行于辽、金。摩羯出自《玄应音义》，或称摩伽罗鱼，直译为鲸鱼[⑩]。《洛阳伽蓝记》记："至辛头河河西岸上有如来作摩羯大鱼，从河而出，十二年□以肉济人处，起塔为记。"摩羯以肉济人达十二年之久[⑪]，所以，以摩羯为佩可以得到如来的恩惠和保祐。陈国公主所佩有一摩羯，其中必有这种寓意。

玉迦楼罗神鸟出自古代印度神话传说中的怪鸟。《法苑珠林》称为金翅大鸟，天龙八部之一。金翅大鸟两翼相去 336 万里，以龙为食，威力无穷，又名金翅鸟王。人面，鸟嘴，牛角，腰以上人身，以下鸟体。戴耳环项圈，双翅展而欲举，属护法像，赐信徒以吉祥和幸福。此神鸟为故宫博物院征集收藏，经鉴定为辽金物。

3. 器皿

出土的、传世的辽代玉器皿的艺术水平较高，显然受到唐宋金银器、玉器的影响，这说明契丹与汉族的文化联系还是相当密切的。重要的出土玉器皿均在辽宁阜新。塔营子辽塔地宫出土的白玉莲花纹杯（中册第 466 页，图一三七），侈口，腹饰隐起莲瓣纹，镌阴曲线蕊，外撇高台足，宛若一朵出水芙蓉。器体较薄，与陕西西安何家村唐窖藏出土的刻花赤金碗（《中国美术全集·工艺美术编·10金银玻璃珐琅器》中册第466页，图五三）近似，其年代理应相去不远，可能是唐内廷碾制，辗转流传至辽境的。白玉云龙纹杯（中册第466页，图一三八）亦出自塔营子辽塔地宫，口内收，下敛，高圈足，器身镌隐起云龙戏珠纹，器壁较厚，凸凹不平，应为辽境自制。辽宁义县清河门辽中期4号墓出土的玛瑙花式碗（中册第466页，图一三九）系黄丝玛瑙，六瓣花口，器体稍厚，圈足，碾琢不够精到，应是辽境所制。该墓还同出玛瑙小杯一件，器壁极厚，亦应是出自辽工之手。故宫博物院收藏辽青玉双耳鹿纹八角杯（中册第466页，图一四〇）每面阴勒大角卧鹿，背与肢部均饰火焰纹，可能是神鹿。其下碾琢一整二破的仰如意头纹，充满着契丹色彩，是传世辽玉之佼佼者。

契丹族牧放征战都要骑马，行动迅速。随身还系带着小型的金属或玉质的盒，有光素者，亦有肖生者，可能是盛香药之类珍贵高效药材，在长途跋涉的马上生活中缓解疲劳或用于急救。清河门辽中期墓可能是一贵妇的墓，同出两件玉盒，其一为青玉管状有盖圆筒式小盒，光素无纹，有两孔可系佩；另一青玉双鹅有盖小盒亦有双孔，可随身系带。此双鹅小盒（中册第466页，图一四一）原玉坯是较扁的近椭圆形子玉，玉工因材就势，碾琢双鹅交颈而憩，头身细部均用较细的阴线刻饰。鹅胸作掏膛，盖已失散。双鹅亲昵，爱恋不舍，相依为命，令人感佩。这与契丹捺钵猎鹅时杀气腾腾情形相比，呈鲜明对照，简洁地刻画了契丹族爱鹅的生活情绪。辽宁阜新塔营子辽塔地宫出土的金链白玉竹节盒（中册第467页，图一四二）综合应用了玉、金、玻璃等三种不同的材料及其工艺，确是一件不可多得的契丹玉器。其金链环是标准的北方金器工艺品，当系契丹族金工所制，金链系三件透明孔雀蓝色八角形玻璃坠。白玉竹节筒共六节，盖为一节，两侧有贯耳，每节阴刻枝杈痕，相当逼真。以白玉穿系，身盖相连，启合灵便相宜，手提金环或挂在蹀躞钩上，下垂八角玻璃坠，呈现出高贵典雅的风采。此器气度不凡，可能是辽内廷之物。

4. 肖生

前述飞天、摩羯、双鹅、鸟、鱼等都是肖生玉雕，因为它们都有着特殊的功能，一般不作肖生玉论。辽肖生玉不多，在这里只介绍一件，以管窥其一斑。内蒙古巴林右旗白音汉窖藏出土的白玉兽（中册第468页，图一四三），从其形象观察应为一卧熊，双目钻圆孔，可能原嵌眼珠早已脱落，现只有二圆孔。鬃与尾留下铁锈色斑痕。此玉熊碾工拙朴，衬托了熊那颟顸迟钝的性格，是难得的一件契丹族玉兽。留皮作工宋代已很盛行，影响所及，辽代玉工也移花接木，以褐色铁锈斑作熊的皮毛。此玉兽也是用一块子玉随形就势，略加雕琢，保留了大片的光素面，其温润晶莹之玉德供观者饱赏。从上述飞天、摩羯、双鹅以及此玉熊等肖生玉雕来看，辽境玉工的造型与传神的功力还是很强的，不能低估。当然，这些玉工大多是来自幽燕或中原地区，他们传播了五代、宋的玉器碾琢技艺，并为契丹族雕琢大量的玉器，在这一过程中他们也了解了辽境的山川和牧民，并逐渐找到了适合于反映契丹辽生活与感情的有效技艺，这在肖生玉雕上有所体现，是我们在研究辽代玉器时必须注意的课题。

此外，辽玉中尚有玉图画、殉玉等多种玉器，均有着浓郁的契丹族的心理特色及其艺术氛围，这是不容忽视的。

从上述辽代玉器不难发现，它蕴含着中原汉族文化及宋代玉器艺术诸多成分，但是这批玉器同样地也显示了契丹族的民族风格、宗教信仰及其文化艺术各种鲜明的光采。经过近四十年的科学研究，被埋没近千年的塞北玉器文化的客观存在及其历史陈迹终于被我们所发现，所认识，并初步地介绍给读者。

（三）金代玉器（1115—1234）

金代是由女真族建立起来的民族地方政权。其统治区域包括今天的东北三省、河北、山西、陕西、山东以及河南、安徽、江苏一部分的广大地区。

女真族曾臣服于契丹，酋长完颜阿骨打于1114年（辽天庆四年，宋政和四年）起兵反辽，1115年即皇帝位，国号大金，改元收国。经过11年奋战，连克五京，1125年灭辽，与北宋接壤。1127年攻入宋都汴梁，俘徽钦二帝。此后，以淮河汉水为界，与南宋对峙达百余年。至1234年被蒙古铁骑所灭，立国共119年。

金代朝廷用玉不减辽宋。金代继承辽的全部土地、人口、牲畜和财富，占据宋朝北方一些地区，掠夺财宝，将庶民、百工、技艺迁徙内地。金人攻入北宋首都汴梁时，宋代承平已久，经济文化高度发达，制度完善，典章、礼乐粲然俱备。每陷一地，当撤离时，“悉收其图籍，载其车辂法物、仪仗而北。”从《金史·志》可以了解，女真族除了保全本民族固有的信仰、祭祀等文化传统之外，还吸收辽宋的典章制度，其实用辽，乐用宋，仪卫“大抵模仿宋制，错综增损而用之”，经过几代，才健全其仪卫制度。在祭祀、宝册、车骑及服饰等制度方面广泛地使用玉器，其盛况不减辽宋二朝。如郊祀设礼神玉，昊天上帝以苍璧，皇地只用黄琮，黄帝以黄琮，青帝以青珪，赤帝以赤璋，大明以青珪璧，白帝以白琥，黑地以玄璜，北极以青珪璧，天皇大帝以玄珪璧，神州地只以玄色两珪有邸，皆置于匣。皇帝亲祭时要“搢大圭，执镇圭”。礼神不仅要陈玉，还要燔瘗（火化和埋葬）玉器。朝日夕月仪，奠玉币，朝日玉用青璧，夕月用白璧。天子大祀则陈八宝及胜国宝于廷，“所以示守也”。金朝初用辽宝（玉宝四、金宝二），大定十八年（1178）得美玉，诏作“大金受命万世之宝”，径四寸八分、厚寸四分，盘龙钮，高厚各四寸六分。大定二十三年（1183 年）制“宣命之宝”金玉各一。一品及王公、妃用玉宝。上尊谥礼用玉册玉宝。祀兴王之地长白山，封册仪物有玉圭、玉册。舆服用玉亦盛行不衰，天子卤簿、玉辂，天子衮冕玉制：剑、白玉双佩、革带玉钩艓。冕制：玉滴子节花，内组带钿窠四并玉镂尘碾造；玉簪一，簪顶刻镂尘玉龙。衮：玉佩二、白玉上中下璜各一，半月各二，皆刻云龙、玉滴子各二。凉带饰玉鹅七。皇帝如“春水”“秋山”时束玉带，刻琢“春水”“秋山”之饰。皇后袆衣：明金带大绶一，施三玉环，上碾云龙，玉佩二朵，每朵上中下璜各一，半月坠子各二，并玉碾;舄，玉鼻仁真珠装；犀冠，上有玉簪。皇太子冠服：瑜玉双佩，间施玉环三；桓圭，长九寸，广三寸，厚半寸，用白玉，若屋之桓楹，为二棱。太子朝服：紫袍，玉带。臣下朝服：正一品，天下乐晕锦玉环绶一，玉珠佩二；正二品，杂花晕锦玉环绶。带制：皇太子玉带，佩玉双鱼袋;亲王玉带，佩玉鱼；一品玉带，佩金鱼。金人常服玉带为上。庶人禁用玉。

朝廷所用玉材取自西域，熙宗之后与回鹘联系渐少，通过西夏仍可得到和田玉。世宗（1161—1189）祀天地之玉皆以次玉代之。章宗承安元年（1196）命礼玉燔玉，俱用真玉。说明内廷用玉尚敷足用，然难免有时或阙。宫廷为了制玉，一定要掌握足够的玉工。这些玉工有的原在辽境，有的由金军从宋境掳掠而来。如天辅七年（1123），金军取燕京路，二月尽徙六州氏族富强工艺之民于内地。同年四月，又命习古乃、婆卢火监护长胜军及燕京豪族工匠，由松亭关徙之内地，想必其中也包括许多玉匠在内。这些玉匠在徙往金内地之后，除了为金人碾玉之外，还向女真人学徒传授碾玉技术。内廷设玉作碾制朝廷用玉，还设“制造册宝所”专制玉宝、玉册。

民间用玉可从发掘出土或传世的玉器中管窥其一二。

黑龙江地区是金朝故土，松花江支流阿什河流域是金肇兴之地，建于阿什河畔的上京会宁府（今阿城县）是金朝前期的都城，也是上京路的治所。绥滨县境内奥里米古城金墓出土的玉镂空双鹿纹牌饰、玉嘎拉哈、白玉镂空花蕾形雕饰、玉镂空牵牛花饰，中兴古城出土的玉鱼、玉人以及从群众手中征集的玉马，…… 这些玉器多以本地区的动植物为创作题材，有的玉器则反映了女真族的生活习惯。或碾工粗犷，光工不足，或琢磨均极为精细，水平不一，但都是金腹地所产的金国玉器。

北京地区金墓也出土了一批精美的玉器。北京房山县金代石椁墓出土的 11 件玉器已被确认为宋玉，但它被埋葬于金国辖地，受到女真族贵妇的宠爱，所以它也可以反映金人的审美观和崇玉观。丰台区米粮屯生产队乌古论富论墓（大定二十年葬，1184）出土荷叶立龟饰 2 件，白玉花鸟饰和白玉六曲环，其题材、做工与宋玉十分接近。

通过上述出土和传世的玉器可以了解金代玉器的地区差别。一般说，今北京地区出土金国玉器玉质优良，做工精致，其题材多为花卉、飞禽和符瑞，具有鲜明的中原文化传统色彩，应为汉化程度较深的金玉，或为通过榷场交易及征伐掳掠得来的宋玉，为金人玩好并殉入墓内。而黑龙江金内地出土的金代玉器与今北京地区出土的玉器不同，前已略述，兹不赘言。

现将金代玉器分类作扼要介绍。

1. 朝廷用玉

已如上述，金代朝廷用玉，金史记载周全详尽，说明彼时朝廷用玉制度严整，工艺精致，品种繁多，门类齐全，其数量、质量与宋相埒，唯出土或传世者甚少，根本不能反映朝廷用玉之繁盛。出土的玉带比较典型的是 1958 年吉林扶余县出土的金扣玉带（中册第 468 页，图一四五），现存玉銙 18，铊尾 1，均素无纹饰，抛光尚属精工，尚有金扣及 2 金环，一金嵌海贝，应为单铊尾玉带。此玉带銙、铊尾背四角均有对穿之象鼻式孔，可供系于皮鞓，同时，在其表面角部又各有穿透之孔，共69孔，又可用钉铆上，出土时仅发现金钉54枚。现在刊登的彩片是复原后的状况，可知金代初年玉带之形制及其工艺。但此玉带有象鼻式孔和圆孔两种孔眼值得注意，是涉及年代先后还是工艺本身的问题，值得今后推敲。

2. 玉佩

女真族佩饰称“列鞢”，即腰佩，1973年7月，黑龙江畔绥滨县中兴古城金贵族墓（三号）出土的金代列鞢就是典型的女真贵族腰佩，以镀金银圆盒系以水晶、玛瑙、玉等珠坠，也是金玉的综合工艺品。此外都是零散的玉佩件。比较精工的有玉寿带衔花佩和玉“龟游”佩。

玉寿带衔花佩与白玉寿带啄花佩分别出土于哈尔滨香坊金墓及北京丰台王佐乡金乌古伦墓，虽各处南北，但均镂空寿带鸟喙衔折枝花卉，一动一静，各呈异姿，细部以极细的阴线刻画。碾工精致与宋工相似。青玉“龟游”佩（图一四八、一四九），两件构图与做工是一致的。佩系扁片状，作镂空隐起处理，手法写实，形象逼真。二荷叶相对，各有一立龟，荷叶之下有三歧状茨菇叶，龟作起突，其甲阴刻六角纹。有关龟立荷叶的记载，见于《宋书·符瑞志》：

“灵龟者，神龟也。王者德泽湛清，渔猎山川从时则出，五色鲜明，三百岁游于蕖叶之上，三千岁常游于卷耳之上。”[12]蕖叶即荷叶，正符此玉图案。所以，此玉表现“王者德泽湛清”，为皇帝歌功颂德，属于符瑞玉器，名为“龟游”，如为死者生前佩饰尚有祷其长寿之寓意。将该玉放平观赏，宛若荷叶、茨菇浮于水面，神龟游于蕖叶，生动可爱。

3. 肖生

所见金代肖生玉雕有童、鱼、兔、马等几种。青玉童（中册第470页，图一五〇）自中兴古城金墓（7号）出土，头戴短翅乌纱帽，身穿短褐、长裤，左后执蕉叶，两腿交叉作行走状，与宋玉婴大致相同，唯面部方颐尖颏及目口处理与宋婴略异，这可能是按女真族童婴面容雕做。另一梳三丫髻童（中册第470页，图一五一），右手托举海青鹘，可能是女真族童子，这是识别宋金玉婴的标准之一。金代玉藻鱼与辽玉鱼只有只鱼、不加衬景的表现形式不同，而以荷藻配景，似鲤鱼畅游于水中，极其生动，与宋玉鱼的表现手法大致相同。西安北郊范家寨金墓出土的玉荷叶鱼坠，仅此一例，确是别开生面的。金代水晶兔出土于奥里米古城遗址，碾工简古，类似“汉八刀”雕法，也是粗具轮廓，不拘细节。中间穿孔，可供佩系。玉马出自金中兴古城遗址，玉马卧伏，长鬃披颈，肢体肥壮，形象生动逼真，遥接韩幹“照夜白”之衣钵，与其时描写射猎场面的绘画《骑士猎归图》《射猎图》和以马为描写对象的赵霖的作品《昭陵六骏图》及金人张瑀《文姬归汉图》上的马是一脉相通的。确为不可多得的金玉佳作，以精工论，确是首屈一指的。

4. 玉图画

金境玉图画是从宋地引进发展起来的，在传世金玉中不乏其例，它包括隐起的和立体的两种形式。前述玉佩以及在下面介绍的春水、秋山玉中有不少的玉件头是属于隐起的玉图画，散发着浓烈的诗情画意的艺术芳香。属于立体的玉图画多用作器盖上的纽，既有花鸟禽兽等题材，又有人物、山水等画题。它的出现原因除受到宋地玉图画的刺激之外，也是金境成熟的绘画、雕塑艺术培育的结果。通过青玉镂雕仙人纽（中册第471页，图一五四）这件立体的玉图画，便可了解金朝玉图画的水平与特点。此纽刻画在凌空剔透的悬崖前，泛金黄色的柞树下，一倚坐的仙人正在修炼，其侧一女仙捧杯侍立，空中翔鹤，柞侧麋鹿，崖下神龟，枝头双猿，构成了一处没有人间烟火的清虚空灵的“洞天福地”。柞树上的深浅黄色是有意利用籽玉自然浸蚀造成的外皮层，这是宋金玉工常用的留皮手法，以表现柞树由绿变黄的深秋季节，诱发人们沉入遐想，回味无穷。此纽有着较高的工艺水平和艺术价值，堪与宋玉图画相媲美。

5. 春水秋山玉

金代“春水”玉迄今尚无出土者，“秋山”玉仅出土一件，但是故宫博物院清宫旧藏玉器中确有一批春水秋山玉。经过比较研究，确认其中有金代的，曾将其初步成果刊于《故宫博物院院刊》(1983年第二期)。春水、秋山原为契丹族的春秋渔猎的“捺钵”生活，有与其相关的绢画和壁画等存世。女真人建立金政权之后，承袭了契丹族春蒐秋狝的射猎娱乐传统，积极贯彻始终并加以健全，进而将其宫廷化，典章化，并定名为“春水”“秋山”，以取代契丹语“捺钵”。随着春水秋山活动的普及和发展，表现其内容的工艺品、艺术品不断涌现，遂成为女真族的一种很流行的艺术题材，可以认为这种艺术题材最富有女真族特色，不仅应用于玉器上，还进而扩大到绘画、丝织、瓷、漆等工艺品上作装饰，说明其社会功能也是多方面的，可以补充金史之阙。在这里，可作为涉及不同功能的主题性玉雕群进行扼要的介绍。

白玉衔蓼天鹅，或许是金帝如春水时所系凉带上的玉鹅饰的一种。白玉镂空鹘攫天鹅为不杂花卉的春水玉，接近束带上的玉鹅饰。青玉鹘攫天鹅佩，白玉镂空鹘攫天鹅带环，两件春水玉均属杂花卉之饰。因其功能、器形有别，在鹘与天鹅、荷芦点景亦均有不同，两相比较，便可知其变化之微妙处。春水玉中不论是仅有鹘、鹅，还是杂花卉之饰的，都有用环托或不用环托的两种，白玉镂空鹘攫天鹅佩即用环托，这可能是功能上的需要并兼顾美观的。通观春水玉，确是一幅幅生动而又富于激情的玉图画，这是女真族最富有民族特色的艺术结晶，也是汉与女真两族玉工天才的创造。

迄今所见秋山玉远少于春水玉，其艺术处理也稍逊春水玉。秋山玉虽有繁简精粗之分，但其表现手法均为野兽共处山林，相安无事，似乎仅仅刻画了金帝如秋山的特定环境和狩猎对象，缺乏激动人心的感染力。青玉双鹿带环、白玉镂空双鹿饰两件秋山玉充分地表现了此类玉件的处理手法及其艺术境界。以其宁静、恬淡、天然、朴实的艺术魅力而引人入胜，给人以美的享受，这可能表现了女真民族性格的另一面，与春水玉所体现的激昂热烈的情绪互为补充。总之，春水、秋山玉折射着女真族的民族好尚及其生活情调，同时又是她的艺术典型。

概而言之，宋、辽、金玉器工艺是在其时的绘画雕塑艺术影响下发展起来的。玉匠们以娴熟的写实能力和精湛的表现技巧，碾琢了场面宏伟、均齐对称、形神兼备的新型玉器。玉器皿多仿青铜彝器或金银器，并附加一定的装饰或具有明显时代感的图案，其时代格调还是清晰可辨的。符瑞性玉器已经出现，它开创了吉祥图案之先河。

契丹、女真族为我国玉器的发展输入了新的血液。海东青攫天鹅玉、山林双鹿玉即是契丹、女真族射猎生活及其民族感情的生动体现。

宋、辽、金玉器的艺术风格和碾琢技术的统一性是显而易见的，这是主流。但是，地区之分、题材之异、精粗之差、文野之别也是明显的，不可忽视的。

三、蒙古、元代玉器（1206—1368）

元代是蒙古贵族依靠铁骑和极端的民族压迫为统治手段而建立起来的横跨欧亚大陆的强大帝国。这一时期，城市商业及手工业（主要是官办手工业）得到了畸形发展，陆路和海道交通顺畅，对外贸易发达。由于民族歧视和仕途阻塞，知识阶层多沦落潦倒，有机会接触底层社会，了解民间疾苦，从事文艺创作，所以，元代文学艺术有了特殊发展，比较著名的有元曲和文人画。在这种社会背景下，玉器工艺也相应地出现了一些变化。

蒙古族发祥于漠北，受地理环境制约，比较喜欢玛瑙、碧甸子（松石）。成吉思汗及其所部攻入欧洲，占领中西亚，掠夺了大量宝石，并对其产生了莫大的兴趣。但是，蒙古骑兵入主中原，若想巩固其统治则必须接受高度发达的中原文化。当政者也不得不注意玉器的碾琢与使用。如忽必烈在灭宋之前14年，即至元二年（1265），当“渎山太玉海”竣工之后，“敕置广寒宫”。这件不平凡的大玉瓮引起了蒙古统治者关注，说明蒙古族接受了汉族的玉石观，将玉器摆在重要的地位上。元统一全国后，在礼制上近取金宋，远法汉唐。在冠服、车舆等制度上广泛地应用玉器，比宋金有过之而无不及。如天子冕服用玉甚多，玉辂以玉饰之，镇圭、国玺也用玉琢制。据参与拆毁元故宫的明工部郎中萧洵《故宫遗录》所记：元惠宗妥欢帖睦尔逃离皇宫后仍留下延春堂的玉台床、玉德殿贴白玉龙云花片楹拱及殿中的白玉金花山字屏台及上置的玉床等等玉件。总之，皇帝从头到脚的装饰及其出行坐卧之器具无不用玉制作或以玉饰之。但是，百官公服用玉则受到极大限制。如偏带，只有正一品、从一品用玉，或花或素并八銙；器皿，一品至三品许用金玉；鞍辔，一品许用金玉。至于庶人，帽笠不准饰用金玉。违反用玉制度者要受到处罚。

元朝当权者为了满足皇帝、后妃、皇子以及王公、贵族、命妇等人用玉，设置“诸路金玉人匠总管府玉局提举司”（至元十五年立，1278）、“上都大都路貂鼠软皮等局提领所玛瑙玉局”（至元十六年立，1279）、“杭州路金玉总管府”（至元十七年立，1280）等三个管理碾玉手工业的政府机构以及多处官办玉作坊。元官办玉器作坊始终以大都为主，早期可能在和林，接着又设于杭州。玉产地有和田与匪力沙。碾玉砂产于大同路，设大同路采砂所。碾玉砂亦称“磨玉夏水砂”，运往大都，以供玉工磨砻之用。元代控制玉和砂产地，掌握了大批玉工，制造了大量的玉器。所以，元代官办玉工艺不仅在规模上相当可观，而且还得到了相应的发展。元代官办玉器作坊利用和田、匪力沙所出玉材碾玉或以旧改新。蒙古族人喜戴大檐帽，以玉纽作顶饰。明人沈德符对这种玉帽顶有所记述："元时除朝会后，王公贵人俱戴大帽，视其顶之花样为等威，尝见有九龙而一龙正面者则元主所自御也。当时俱西域国手所制，至贵者值数千金。"[13]这种玉帽顶传世甚多，但尚未见九龙者。而西域国手玉匠来到大都碾玉九龙帽顶一事，说明在官办玉作中，至少有汉族和西域少数民族的玉工在为皇家碾玉，苏、宁、杭及和田等地方玉作也仍然在维持生产或有所发展。

元代社会各阶层收藏玉器的情况，因不见文献记载，故详情不明。但从元书画家朱德润编辑《古玉图》玉器图录传世，可以想见元代民间收藏玉器之风还是相当盛行的。民间用玉情况，通过大同冯道真、安庆范文虎、吴县吕师孟、苏州张士诚父母等墓出土玉器可以知其一鳞片爪。故宫博物院和各省市博物馆也收藏一批传世元代玉器，有的艺术水平很高，而出土玉器中则鲜见高水平者。

现在，拟分为朝廷用玉、佩饰、首饰、陈设、器皿、文具、肖生、春水、秋山八种分别介绍。

（一）朝廷用玉

范文虎任尚书省右丞商议枢密院事提调诸卫屯田通惠河道漕运事，是朝廷高级官吏，大德五年（1301）葬。生前所用玉带板，素，八銙，带头、獭尾各1。与"公服偏带正从一品以玉，或花或素，并八銙"[14]的记载相符。张士诚父墓出土青玉素带板25块，反映了元末玉带板的变化。

玉押始于五代后周广顺二年（952），但实物始见于元。它也是元玉中的新形式。陶宗仪《辍耕录》卷二载："今蒙古、色目人之为官者，多不能执笔画押，例以象牙或以木刻而印之。宰辅及近侍官至一品者，得旨则用玉图书押字，非特赐不能用。"范文虎生前所用青玉虎纽押，虎背留铁锈色皮，押文为长短不一的阳文三勒（即横书），应为“特赐”者，为研究元押制度提供了新资料，补充了《辍耕录》记载之不足，表明汉人高官亦用玉押。

渎山大玉海（中册第474页，图一六五）高70厘米，口径135厘米×182厘米，最大周围493厘米，膛深55厘米，约重7000斤，可贮酒30余石，是元玉中最为硕大的一件。蒙古汗官办玉作始于中统二年（1261），“以和林人匠置局造作”，至元三年（1266）成立玉匠局。世祖至元二年（1265）琢成此器，“敕置广寒宫”，它应是蒙古汗宫廷玉器的代表作。此器玉色青白夹带黑色，是墨玉中杂色者，乾隆帝考证为蜀玉。其周身碾琢隐起或深或浅的海龙、海马、海羊、海豚、海犀、海蛙、海螺、海鱼、海鹿等海中瑞兽13种，神态生动，气势雄伟。可惜的是今日所见之海兽波涛已为乾隆帝命工“刮苔涤垢”，现出本来面貌后，他不满元玉做工，又命工磨细水兽，水纹，再命工修琢磨作异兽鬃毛花纹，最后，还传旨照小玉瓮龙鳞一样刻作玉海龙鳞、海兽等鳞甲。于是玉海上的元代海龙兽的鬃毛、鳞、甲以及水纹统统按照清乾隆初年模式进行再加工，已面目皆非了。尽管如此，它仍是一件脍炙人口、流传有绪的玉宝，值得珍爱。青玉莲托坐龙为元官办玉局所碾，用作器钮或嵌于宫廷典章器物充装饰。青玉镂空龙凤钮亦为元大内器物之钮。

（二）佩饰

元代佩玉中继承前朝的有带钩、环、鱼坠等器，新兴的有带扣、帽钮等。

江苏无锡钱裕墓出土玉带钩系元早期之物，钩首以阴刻莲花为饰，腹面镂空莲花水藻纹。西安小寨瓦胡洞出土的白玉苍龙教子带钩腹上饰起凸小螭龙。这两件腹上均有起凸装饰的带钩是元代的新形式，但这两件出土玉带钩均无环扣，不够完整。从世祖乙丑（1265）清虚德政助国真人冯道真所用铜带钩、玉环、丝带，可知与带钩相配的是玉环。冯道士所用玉环为椭圆形。从甘肃漳县汪世显家族墓出土丝带和玉带钩，也是腰束带，此带有钩无环。钩为兽首，腹亦有起凸纹饰，可知带钩可配环，亦可不配环，而钩环搭配的故宫博物院收藏的白玉龙首带钩环即属前者。龙首钩的琵琶腹上亦饰镂空荷花纹，与钱裕玉带钩相似。带环饰隐起云纹，首饰起突升龙，碾工精美，应为元初内廷玉作所制，也是一套不可多得的钩环齐备的玉带钩环。青白玉螭纹连环带环碾琢精湛，是元代带饰佳作。

安徽省安庆范文虎墓出土的玉垂云饰、其妻陈氏腹上的玉茄形佩均为阳文边线，内减平素，反映了“大玉不琢”的返朴意识。

钱裕墓出土的鱼、桃以及圆形、牌形等小件玉器碾工粗简，略具轮廓，不求细节，特征鲜明。均有穿孔，应为佩饰的组件，其结合关系已无法复原。此系民间文人所用之玉佩，其单元组合与宫廷玉佩不同，可能由钱裕随意组合，反映了世俗文人用佩的情况，有一定研究价值。

（三）首饰

元人喜爱首饰，但出土或传世的玉首饰却很少。钱裕墓出土的水晶项链以40余颗水晶珠串成，以水晶菱角为坠，增添了几分江南水乡的韵味。

（四）陈设

元代陈设玉器出土很少，传世玉陈设也不多，但不乏精品，有的还是举世无双的孤品。

白玉贯耳盖瓶（中册第479页，图一七九），玉缜密晶莹，有盖。原有花纽，现已佚。盖顶施平凸细身蟠螭，贯耳，扁肚，矮圈足，器形仿商周铜卣，但盖上蟠螭细身蟠屈，脊刻阴沟，是标准元代风格。从玉尊器型来看应属仿古玉，盖顶上的花朵纽及蟠螭纹确是添枝加叶，这可能是元初仿古玉的特点，值得注意。

青玉龙纹双耳活环樽（中册第480页，图一八〇），器体扁方，直颈，阔腹，高台圈足，兽首衔活环耳，颈饰

“工”字纹锦地隐起云龙纹，腹部饰弦纹、“十”字纹、云雷纹和“王”字纹。此器为仿古玉，其“工”字锦地龙纹的形式、手法均与元大都出土的汉白玉栏板龙纹相似。其时代特征极为鲜明，不愧为元代陈设玉的重器。

白玉双人耳礼乐杯（中册第 481 页，图一八一）以身着广袖宽袍的垂髫幼童为耳。杯身外撇，琢隐起八女仙奏乐。圈足。内壁底琢 32 个起突如意头朵云。此杯造型敦厚凝重，装饰华丽庄严，非日常生活用器，可供陈设之用。乾隆帝十分欣赏此杯，并命工仿制一件。现存故宫博物院。

（五）器皿

迄今为止，正式发掘的元代墓葬中还未出土玉器皿。现在我们要依靠传世器皿来认识元代玉器皿的特点。

青玉火焰珠把杯，杯作圆形，身浅，平底，光素无纹。火焰珠把作三角形，下有环形鋬，遍体作烧古处理，有着古色古香的韵致。原紫檀木座也保存完好，底部阴刻楷体填金“乙”字。这是乾隆帝所诠定的二等古玉。

青玉雁柄杯，玉质不佳，有重绺，属杂色玉。杯身椭圆，阔口，平底，借鸿雁回首理羽的曲颈作环柄。身碾雁、鸳、莲、藻、水波等平凸、隐起或阴纹图案，充满了茫茫滩头的恬澹野逸之趣。

白玉山茶花杯，是一只折枝山茶花形杯，以盛开的六瓣山茶花作杯，花蕊为起凸的梅花，以镂空弯曲的枝叶作柄，构成一个生机盎然的花形杯。

磨工光润，线条流畅，是元玉中的精品。

青玉十角双耳杯，口阔身敛矮足，光素无饰，双鋬耳，鋬上饰起凸镂空蟠螭纹，通身施伪残，再烧茶褐色斑以充伪浸，显然是元代仿古玉。联系范文虎墓出土的玉尊、钱裕墓出土的带钩，便不难掌握元代仿古玉的特征。

青玉龙首柄杯，直口，下敛，平底，器浅，以龙首作柄，身饰隐起双龙，龙长喙，浓眉，昂首披发，身无鳞，火焰四起。龙作迅猛飞驰状，生机盎然。此杯碾琢精工，造型别致，似出自名工之手。

上述五件玉杯形式多样，各有特色，不见日常生活所用的盘、碗、盏、盅等器。这五件器皿都是上层社会人士所用，但火焰珠把杯、青玉十角双耳杯、青玉龙首柄杯等均非日常用器，有着特殊的用途。

（六）文房用具

出土的也很少，但传世者尚为数不少。如臂搁、墨床等。

青玉桃形洗，钱裕墓出土。身为半桃实形，以镂空枝叶为柄，碾工粗简，反映了江南一批文人所用玉文具的情况。

青玉双螭臂搁（参见《古玉精萃》九四），长方形薄座，上碾起突双螭戏灵芝，螭虎长毛细身，蟠曲自如，底饰云纹，增强了吉祥的寓意。

青玉镂空龙穿荔枝墨床（参见《古玉精萃》九五），玉质精润。镂空双面雕琢枝叶繁茂、果实累累荔枝，一龙穿行其间蜿蜒腾跃，生气勃勃。

原配茜色牙座，底镌楷体“丙”字，亦系乾隆帝所评之三等古玉。

（七）肖生玉

元代肖生玉往往与佩饰、盖钮等结合在一起。钱裕墓出土的各种人、兽、鱼等佩件均极生动，其做工疏简，看起来粗糙，然而寥寥数刀足以表现其外貌及神态特征。

西安北郊六村堡出土的青玉婴戏坠上的二童似在叠罗汉，面作嬉笑貌，天真烂漫，逗人喜爱。西安南郊东何家村出土的白玉雁四只，各作落地、仰鸣、拍翼、蹲憩等姿，其神态生动，惟妙惟肖。玉鱼、玉鱼藻两件佩饰寓意“富贵有余”，通行于宋、辽、金、元，形象处理因工而异，各有千秋。西安六村堡徐家寨出土的白玉独角翼兽是由汉季天禄辟邪演变而成，作仰头蹲坐状，类似明陵石柱上的望天吼。从这些人、雁、鱼及独角翼兽可以了解元代玉肖生与宋辽金相似，也是重在传神，从这一角度观察，这些玉肖生虽有精粗之差，但都是成功之作。

（八）春水秋山玉

元代继承女真族春水秋山玉的形式与做工，并将其推向全国。钱裕墓出土春水玉饰，说明它已传播到江南地区。这件春水玉碾工虽粗简，但鹅、荷均极生动，形神毕肖，仍有宋金遗风。

在传世的春水玉中堪称精工者已寥寥无几。传世秋山玉中较为特殊的件头则是白玉镂雕双虎环佩，此佩以粗环托树石为背景，其前地上卧子母虎，子虎卧于母虎颌下，母虎正在以舌舔子虎。子母虎相依为命，母虎爱怜幼虎的情景十分感人。二虎与柞树均留皮，呈黄色，柞树黄叶表现深秋季节，留皮黄虎更加真实。同样都是留皮，但其意义与功能是不同的。

元代春水秋山玉的新趋势是由平面向立体方面发展，即由佩向钮演变，构图与情节也趋向复杂化，多样化。

概而言之，蒙古、元代玉器仍在沿着宋辽金玉器的形神兼备的艺术道路前进，其器形、图案、碾工都出现了新特点，渎山大玉海代表了蒙古民族气盖山河的魄力与卓绝的碾琢功力，并标志蒙古族完全接受了汉族古老的玉观念。同时，它与玉押、玉帽顶都是产生于元代的中国玉器的新形式。而螭虎、灵芝则是它的新兴图案，堪与西汉螭虎相媲美。它的贡献则是在我国玉器史上又呈现出一次小变。而形神兼备的玉雕艺术至此已宣告结束。

四、明代玉器（公元 1368—1644）

朱元璋领导农民武装力量推翻了蒙古贵族的政权，建立了汉族地主阶层执政的明王朝。朝廷采取了一系列有利于发展生产、减轻农民和手工业者负担的措施，调动了生产者的劳动积极性，促进了城乡经济的发展，开拓了海外联系，使国威大振。但是，由于北元残余势力的干扰，北部边疆不能安宁，其政治辖域没有直接达到今新疆地区，乃以“庸蠕”的哈密王“统领诸蕃”。因“王莫能节制，众心离涣，国势渐衰”。世宗时，明军弃而退止嘉峪关，明廷通过受贡和交易的办法获得新疆玉。向明廷贡玉、璞、玉石、美玉的地方虽有火州、土鲁番、曲先卫、撒马儿罕、别失八里、哈烈、于阗、黑娄、把丹沙、天方等多处，但玉产地只有和田，邻国亦多窃取贡献。贡玉一次量至三五千余斤，而其中堪用者不多。如景泰七年撒马儿罕贡玉，“堪用者止二十四块，共六十八斤，余五千九百余斤不适于用。”[15]朝廷针对这种情况，曾规定：“自今（嘉靖四年）毋得多携玉石烦扰道途，其贡物不堪用者治都司官罪。”[16]对进贡劣质玉者采取治罪的办法以杜绝不堪用之玉入关。但使臣私下出售的玉石都是“皆良”[17]的优质品。明廷采取“籍所不载”之玉“许自行贸易”的政策，随进贡之玉同来的大量额外玉石不禁私鬻，可以公开买卖。同时，“边吏嗜贿，侵克多端”“多索名马、玉石诸物”归于私囊，再转运至京高价出售。所以，明朝通过朝贡、自行贸易及受贿私鬻等多种途径进到内地的和田玉相当多。明末刘若愚《酌中志》记：当时经营各处商客贩来的“宝和”“和远”“顺宁”“福德”“福吉”“宝延”等六店每年经营出手玉材约5000斤[18]。明高濂也说：“今时玉材较古似多。”明代碾玉地点有北京、南京、杭州、苏州、和田等处，而以苏州专诸巷最为突出。陆子刚就是苏州治玉的名工。

明代朝廷用玉仍沿袭传统而有所增损。祭祀玉凡四等：以苍璧祀天，以黄琮礼地，以赤璋祭日，以白琥祭月。冠服制度方面，如洪武十六年定皇帝冕服：冕前十二旒，旒五彩玉十二珠，玉簪导，玉革带，玉佩。永乐三年改制追加玉圭，长一尺二寸，剡其上。…… 玉钩二，玉佩二，各用珩一，瑀一，琚一，冲牙一，璜二。瑀下垂玉花一，玉滴二 …… 自珩以下系组五，贯以玉珠。行则冲牙，二滴与璜相触，其声舒扬。皇亲贵戚以亲王妃为例，有玉谷圭一枝，玉绶花一对，玉革带一条，玉佩玎珰一副，玉禁步一副，玉革带事件一副，玉佩玎珰钩二个，佩带齐全，通身玉饰。文武官服：一品革带与佩俱玉，玉绶环二。明中期对官吏用玉又有了严格规定，如正德十六年制定一二品官器皿不能用玉，只许用金，而庶人冠服更不准用金玉。可是实际情况却并非如此，大官僚、大地主、大富豪和文人士大夫则依其权势之强弱和财富之多寡，多占有着不同数量的玉器。如代宗（朱祁钰）抄王振家产得玉盘百面，武宗（朱厚照）抄刘瑾家产得大玉带 80 条，抄钱宁（钱能家奴）家产获玉带2500条！上海陆琛墓也出土了文具、佩饰、首饰等玉器。凡此种种，说明封建统治者对玉的垄断并非那么严密有效，其政令也并不可能完全实施。

明代皇家用玉、民间用玉都是非常广泛的，玉器生产也比元代更为发达，出现了工艺美、装饰美及商品化的新特点，并经历了早、中、晚三个时期的发展与变化。

（一）明初期玉器（洪武—天顺，1368—1464）

明代初期包括太祖、惠帝、成祖、仁宗、宣宗、英宗、代宗等 7 帝，共 96 年。永宣时代的青花瓷器与果园厂雕漆均日趋成熟，此期玉器也与青花瓷器、果园厂剔红一样而形成了明初风格。

洪武时期的汪兴祖、朱檀二墓出土玉器代表了洪武初年和中期的亲王生前用玉的水平和特色，传世玉器有永乐、宣德时期皇家所用玉带环和玉觿。这些玉器都是冠服和文房用玉器。

1. 朝廷用玉

属于朝廷冠服玉器的有玉带、佩、圭、带环和龙首觿。

玉带共三副。汪兴祖生前佩用的羊脂白玉云龙戏珠纹玉带（参照《中国美术全集·工艺美术编·9·玉器》二七九）应琢治于洪武四年（1371）之前，12 銙、2 獭尾共 14 件。12 銙中 4 銙呈葵瓣形（雕镂云龙戏珠）；另 8 块呈莲瓣尖形（镂雕祥云纹）；獭尾呈长形莲瓣，也是镂空云龙戏珠纹。碾琢玲珑华丽，蟠龙出没于祥云，隐现有秩，有着感人的魅力和鬼斧神工般的碾治技巧，继承形神兼备的宋元玉器之余绪，反映了明初推翻了野蛮的民族压迫之后，人民群众精神抖擞、意气风发的振作情绪。从明玉艺术角度来看，它具有由宋元向明式过渡的色彩。鲁荒王朱檀殁于洪武二十二年（1389），其墓葬中共殉2副玉带，一副为25节金镶白玉镂空灵芝纹带板，另一条为23节素面玉带板，反映了洪武中期亲王玉带形式与规格。而清宫旧藏白玉镂雕蟠龙纹带板共20块，大长方铐8块，小长方铐4块，桃形铐6块，铊尾2方，是洪武二十六年立制后之玉带，所碾镂空蟠龙、祥云、海水、江涯等图案说明为明初皇帝所用。其碾工精巧细腻，蟠龙遒劲生动，是传世玉带之佼佼者。

玉佩两副均出土于朱檀墓，每副两件，佩下系珩，自珩下系五串玉珠，中间连以瑀琚，下垂玉花、玉滴、玉璜，上有玉钩，佩挂两侧。一副琢云龙纹，描金。说明亲王玉佩在洪武二十六年定制之前与皇太子相同。

玉圭2件也出土于朱檀墓，一为墨玉，一为白玉。玉质优良，均为光素地。这是洪武二十六年定制前之玉圭。

白玉镂空蟠龙带环，龙蟠屈作环形，背后有云纹长方环，备穿带所用，应是皇帝腰带之饰。

白玉龙首觿，尖端微曲，身作细长弦纹，呈羚羊角状。

以上两玉雕工比较精致，一丝不苟，与永乐雕漆、钦安殿白石栏板一脉相通，应是永宣时期内廷所制。

2. 文房用玉

文房用具有玉砚、水晶鹿形砚滴、玉花形砚滴、玉管笔、玉笔山、水晶鹿镇及玉图书等。它们均出土于朱檀墓，代表了亲王所用玉文具的品种及碾技。

青玉砚，砚端呈圆弧形，砚池椭圆形，座为木雕仰覆莲贴金须弥座式。

白玉葵花杯，实为砚滴，作五瓣花状。叶梗为把足，恰似一朵怒放的鲜花。此花形砚滴与宋元花形杯中的简括型类似，朴实无华，清心悦目，也是朱檀生前所用玉器中最为精美的一件。

此外，尚有水晶卧鹿砚壶、水晶鹿形镇纸、玉押等文房用玉。

3. 佩饰

此期佩饰玉器也很少见，通过白玉飞雁穿花椭圆牌及白玉雁坠可以知其概况。白玉飞雁穿花椭圆牌以椭圆环托鸣雁穿荷丛之图景，不论从构图还是鸣雁飞翔穿花来看均可谓其为金元春水玉之孑遗。此牌碾琢精巧，画面恬淡，形象生动，韵味清新，不失之为元末明初佩饰玉中的佳作。白玉雁坠玉质温润晶莹，荷雁和谐静穆，令人爱玩不舍。

上述帝王及士绅用玉说明洪武时期玉器带有明显的宋元遗风，至永乐，特别是迁都北京之后，方确立了明初形式。从白玉镂雕蟠龙带环、白玉飞雁穿花椭圆牌，可以看到明初玉器形式上的精致严谨的特点。

（二）明中期玉器（成化 — 嘉靖中，1465—1544）

这一时期经历成化、弘治、正德及嘉靖前半段，共 79 年。明代的绘画、雕塑、工艺美术在此期都出现了重要变化，这时也是介于早晚两期之间的转折期。

出土此期玉器的地点多集中于南京、上海、江西一带。南京魏国公徐俌墓出土木芙蓉玉带板一副（20 块），金镶碧玉带板一副（20 块）。江西南城明益王朱祐槟（嘉靖十八年殁，1539）墓出土玉佩 2 副，玉饰 22 件，白玉带板 1 副（20 块），青玉圭 1 件。上海浦东路陆琛墓（嘉靖二十三年殁，1544）出土了白玉铁拐李、白玉蝶、玉鸡心佩、白玉带钩、镂空寿字玉、玉方扣、玉菊花扣、玉四瓣花、玉环、玉耳坠、玉戒指、玉道冠、玉簪等玉件，均为地主富商阶层所用之玉，说明富人用玉也是遍及全身。传世此期玉器并不少，其中尚有若干佳品，现分类作扼要的介绍。

1. 朝廷用玉

此期玉带多为20块，出土的多为光素。亦有镂花者，如徐俌墓出土的镂空木芙蓉玉带板，但其碾工却较为粗糙。嘉靖初年兵部尚书彭泽一品诰命夫人生前所用青玉花鸟纹带（中册第490页，图二一一、二一二）有大长方銙8，小长方銙4，桃形銙4，铊尾2，共18块。碾治方法为在平地上施阴浅剔线隐起或凹减，使其略有起伏感，这是明中晚期常用的治玉方法。而青玉螭纹带板其碾工颇细，尚有明初遗风。螭纹不见于明初，至明中期又出现于工艺品的装饰图案中，但是运动感远不及元螭虎。此件螭纹似为本期风格。螭寓意“喜”，故沿袭至清末。

明代后妃以及亲王妃等皇室女性均有玉圭与玉带、玉佩等，配套组合为礼仪玉器，遇到有关的典礼活动时方佩执，死后往往殓于棺内。益藩端王妃彭氏棺内也殓一玉圭，圭为青玉，尖首平底，谷纹直五行，横排作斜向交错。谷纹中行为17粒，左右两行各琢16粒零半粒。外侧两行也各17粒，似蒲纹组织，其玉质欠佳，做工亦不精，反映了明亲王玉的情况。

江西端王妃棺内所出的玉鸳鸯、玉鱼、玉羊、玉人、玉泥鳅等佩饰可能是其生前所用玉禁步的配件，艺术上作抽象变形处理，形象简古诙谐，确为此期玉器的一种殊例。

2. 首饰

上海陆琛墓出土了白玉束发冠、白玉簪、白玉观音金插扦、白玉戒指等。白玉束发冠无梁，与墓主人的身份相符。白玉簪端饰镂空立兽头，大张其口，簪身分别阴刻“寿比南山”“福如东海”双勾楷书吉祥性词语及螭龙纹。白玉观音金插扦，观音立于捶金莲花座上，其面长方，略带笑容，碾工也都比较粗糙。

3. 佩玉

陆琛墓出土的佩玉计有玉镂空佩饰、白玉鱼佩、玉童佩。白玉镂空佩上圆下方，似窗棂状，上部作绦环，长方框内以四股曲折重叠纹组成“十”字状镂空纹，中心镂空开光。雕此玉镂空佩的玉工极尽镂空之能事，使其剔透空灵。白玉童佩天真活泼，白玉鱼口衔荷叶漫游河中。二者做工均不够考究，有失严谨，但颇有生气则是它们的可取之处，这是此期玉佩的特点。

4. 压邪

陆琛墓出土玉刚卯（中册第 496 页，图二二九）是明玉中极为罕见者。八方体刻铭者应为刚卯，四方体刻铭者应为严卯。刚卯、严卯本为汉代压邪之物，仅于安徽亳县凤凰台 1 号墓出土一对，此后不见出土，而历代均有仿制。此刚卯、严卯出土于陆琛墓，其下限为嘉靖二十三年，有重要研究价值。

白玉幻方（中册第 497 页，图二三〇、二三一）。长方形，上有两贯耳，一面阴刻可兰经文，另一面刻十六方格，每格填一阿拉伯数码字，每直、横、斜行数字和均相等。此为伊斯兰教徒佩戴护身用的信念物。因未见陆琛的资料，所以不了解其经历与信仰。仅从出土玉器来看，陆氏或其家属的信仰颇为复杂，既有驱邪的刚卯，又有护身的伊斯兰教信念物，还有佛教的观音，这为研究上海地区市庶的宗教信仰情况提供了难得的第一手资料。

5. 器皿

此期玉器皿几无出土，但传世的却不少。青玉花卉纹灵芝耳杯，侈口，圈足，器身饰隐起花卉图案，灵芝双耳，是明中期带有寿意的新兴玉器皿形式。青玉螭耳杯、碧玉螭耳杯，均为深腹，圈足，螭耳，并寓喜意，这种玉杯此期渐增。青玉乳钉纹耳杯，属仿古彝杯，盛行于明中后期，故传世者难以计数。青玉竹节式执壶，身、流、柄均为竹节状，盖为一坐翁。这种竹节式器皿的出现与明中期文人崇尚清高、孤芳自赏的生活态度及其在这一思潮影响下，以松竹梅为主流的“岁寒三友”绘画及图案的涌现有着密切关系。这种执壶宜茗宜酒，清淡典雅，士绅文人甚爱之，它适应沏茶泡茶之需而开一代新风。

6. 陈设

明代陈设玉器有炉、樽、匜、觚等多种形式，其中仿青铜彝者过大半。白玉兽面纹兽耳炉以青铜簋为范本，其器形、图案均与殷商偁缶簋相通。墨玉龙纹兽耳炉亦取簋作样，增损而成。青玉兽面纹冲耳炉腹作分裆，三柱足，鼎式。乾隆时配紫檀木盖、鸳鸯衔莲纽，陈设于内廷。此炉与西周成王时献侯鼎相似，想必二者之间不无关系。青玉三足环把有盖樽是仿汉樽琢成。青玉云纹螭耳匜也是托古而制的陈设。黄玉觚与上述仿古彝玉陈设不同，而是明工根据主顾情趣和时尚所需碾琢的，如海棠花形身、腹饰隐起螭虎纹等形貌都带有鲜明的时代特色及新颖的世俗趣味。与此对比，上述仿各种古纹饰而制的炉、樽等器，均有着敦厚庄严、凝练沉稳的古色古香的遗韵。

7. 肖生

此期玉肖生大体上有现实性的及祥瑞性的两大类禽兽，其做工约略可分为较为细腻的和趋向简略的两种。青玉狗、青玉卧马、青玉骆驼属于做工细腻写实的一类。保留了一些明早期的风格，但其神采有所不及，装饰性有所增长。青玉紫沁狗侧重头部的刻画，身部则仅略施刀斧，做工趋向简略。其玉质多绺，有大片黑斑，玉匠为了化弊为利，便施焦黄色伪沁，冒充古玉以蒙混视听，这是在仿古玉和伪古玉上常见的现象。青玉角端香薰，角端属于瑞兽的一种，据《宋书·符瑞志》载：“角端者，日行万八千里，又晓四裔之语，圣主在位，明达外方幽远之事，则捧书而至。”[20]它是歌颂君主圣明之物，故在明清宫廷陈设中多用之，亦可视为朝廷用玉。白玉蟹极为逼真而又生动，置入蟹群中几可乱真，说明苏州专诸巷玉工对螃蟹的生活习性了如指掌，故可得心应手地将佐餐佳肴肥蟹碾琢得如此绝妙。

从现已寓目的自帝王到富商文人所用的此期玉器看来，有的仍不同程度地保留了明早期风格，有的则已出现了趋向简略的做工，还有的形体较小，碾工粗糙，以意为之。该期的时作玉与仿古玉并存，手法灵活，面貌不一，多带有过渡期中的承前启后的特点。

（三）明晚期玉器（嘉靖中—崇祯，1545—1644）

此期宦官擅权，朝政腐败，但由于城市经济繁荣，手工业兴旺，海外贸易的刺激，资本主义萌芽缓慢成长，促进了商品生产的巨大发展，玉器手工艺规模扩大，分工较细，技术水平提高，碾制了大量玉器。但造型艺术和装饰纹样受到很大局限，如唐、宋、元那样富于人生情趣的花卉禽鱼大为减少，带有寿意吉祥内容的作品大为增加，仿古玉器的碾治更为活跃，砣琢了一批仿古彝和仿汉佩饰。在雕工上趋向粗犷简略，奔放不羁，与明早期有所不同。在北京、苏州南北两地形成了碾玉中心。明宋应星《天工开物》载："良工虽集京师，工巧则推苏郡"。准确地反映了明晚期玉器工艺发展的现实状况。

明晚期苏州玉坛之规模及其碾玉水平居全国之冠，锻炼和造就了不少的名师巧匠，但留下芳名的只有陆子刚一人而已。关于陆子刚[21]的身世及其碾玉技艺等资料甚少。现知陆氏系嘉万时期太仓州人，是一位碾玉妙手，碾治了玉簪、白玉印池、水丞、避邪、百乳白玉解等作品。现存陆子刚款传世玉器很多，遍及各省市文物单位，国外也不乏收藏。故宫收藏陆子刚款玉器约30件，大部分是清宫旧藏，有壶、杯、洗、盘、墨床、笔格、笔舔、磬、佩、璜、觿、鋬子、带钩、簪等器。款识有阴有阳，有三字也有二字，有篆隶也有楷体。图案题材也多种多样，或作写意山水人物，或镌刻工细的龙凤，或题诗文。玉分青白，有呈强烈光泽者，也有暗淡无光者。总之，这批子刚款器风格杂陈，优劣悬殊，真赝混淆，有待鉴别。

出土的子刚款玉器有两件，其中玉环把杯已正式发表。

已发表的故宫收藏子刚款器有玉"合卺杯"、青玉桃式杯、青玉象耳炉、青玉婴戏纹方壶、玉山水人物方盒、茶晶梅花花插等六件。其名款、做工均无一相似者，这就是最大的疑点，究竟孰真孰赝，须要严肃对待。

江西南城明益宣王朱翊钊（万历三十一年葬）墓出土玛瑙七梁冠、白玉带、玉佩、玉鸳鸯、玉猪，元妃李英姑（嘉靖三十五年葬）有玉带、玉圭、玉佩、玉戒指、玉扣花陪殉，继妃孙氏（万历十年葬）有玉带、玉圭、玉佩从葬。南京沐睿墓（天启七年葬）出土玉佩、螭虎佩、鹤纹玉碗、花形衣足碗、双螭耳杯、提梁卣等玉器。从上述诸器中可以了解晚明亲王和异姓王后裔的礼制玉和生前所用玉器情况。上海宝山县朱察卿墓出土青玉猎狗紫檀木镇、青玉钮紫檀木镇、青玉镂空牡丹带扣、青玉云头、白玉扁环、青玉短簪、青玉弯头短簪、青玉圆帽长簪、玉吹箫人佩、玉老人佩、白玉云螭长方佩、玉灵芝钮等小件玉器，可以代表江南经济富庶地区的商人、文人的用玉情况。这些玉器可能均由苏州专诸巷玉工碾治，作为商品出售，而朱察卿等富有者从玉铺购买，当然玉器已成为贵重商品，店主即为利所驱，往往是以牺牲其工艺与艺术为代价的。这可能是明代玉器艺术质量受损的一种不可抗拒的社会背景。

万历帝朱翊钧定陵出土了大批玉器。计有玉带、玉佩、玉圭、玉带钩、玉壶、玉爵、玉盂、玉碗、玉耳环、玉首饰等多种玉器，表现了明帝王、后妃生前在礼仪服舆及生活等方面所用玉器的情况。值得注意的是，这批帝后用玉往往与錾金工艺或珠宝镶嵌工艺结合在一起，珠宝格外突出，这在礼制上也是一次突破，为我国古老的崇玉传统打上了新的楔子，成为以金镶珠宝为点缀和衬托的玉宝器，这是此期帝王玉的特点，与益宣王朱翊钊，大臣王锡爵、沐睿以及文人朱察卿等墓出土玉器相比确有天壤之别，说明墓葬出土玉器的质量高低、形体大小、数量多寡都是检验其生前权势和财富占有量的标志。帝王占有玉器难以计数，但其质地未必都是优等的。经观察比较，万历本朝玉器的玉质等次可分为四类。其一为优质玉，以白玉泥金佩、嵌宝石白玉带钩、金盖金托白玉碗、白玉带板、碧玉带板为其代表，其玉质极优，光工精良，均呈现较强的玻璃光泽，这是明代优质玉的普遍性特点，与清玉有所区别，也可以反映万历朝皇家玉工工艺水平。其次为糟坑玉，玉质虽优，但器表留下疏密不等的点状小坑，受浸蚀之后呈现出浅黄色，光泽不强，玉爵杯即属此类。玉爵杯以立体之龙作把手，碾工稍嫌粗犷，光工亦不足，器表不平，光泽不强，这种玉是明玉中常见的。当然，在糟坑的掩盖下玉质并不划一。其三为劣质玉，玉质极次或较次或石性较重，瑕玷绺道颇多，制器碾琢、光工均劣，属于这一类的有平底折沿面盆及光素的璧、琮等器。玉盆色杂，是青白、浅碧交织的“搀色玉”。这种劣质玉相当于清廷的“不堪用玉”，在清代要送到崇文门或各织造、钞关变价出售。可知明清两代宫廷在玉材优劣的选用上有着各自的不同标准。正如《明史》所记，这也说明边疆各族首领所贡不堪用玉确实进入了明内廷。第四类为以优劣不等的回残玉碾琢的小件玉器。玉杂佩、碧玉素佩和玉嵌首饰等即属此类。皇后所用唯珠宝玉首饰之玉较优之外，多用上述三、四两类玉碾造，因而在玉质、雕工两方面均不能与万历帝所用玉器相比。皇家既然若是，当然整个社会各种富家可能也是如此。了解了这一点，对我们认识与掌握明代晚期玉器的复杂情况是有很大帮助的。

我们掌握了帝后、王妃、显吏、高官以及各层次的富商、文人所用玉器的等次优劣之后，现在再来介绍各种玉器的特点。

1. 朝廷用玉

朝廷礼制玉器甚繁，但流传至今的甚少，仅有玉带、玉珪、玉佩三种。

明晚期玉带仍然多数为 20 銙，图案虽有定制，也颇为灵活。如江西益宣王继妃孙氏所用碧青玉带 16 銙，除了长方形、桃形之外，还有瓜形和吊兰形，玉面隐起牡丹，雕工粗放，涂金。1956 年新建县乌溪乡宁王家族墓出土白玉平凸龙纹带板，其碾工特殊，玉质精良，减地平凸，龙纹立鬣无鳞，地作麻点，衬托得龙纹光洁而突出，这是引入石作麻地雕法而获得成功的孤例。传世此期玉带有镂空的人物带板及各式云龙纹带板，均纤巧玲珑．其尺寸略大于早中期。益宣王朱翊钊墓所殉玉玛瑙发冠、玉带、玉佩、玉猪、玉鸳鸯等玉器在名色上颇具特色，尚属孤例。

定陵所殉皇后生前佩系之描金玉佩及白玉垂叶宝石花佩一副（亦名玉禁步）均出于随葬器物箱内，为皇后生前佩玉，虽在雕玉工艺上并无魅力可言，但对研究明代后妃玉佩确有重要的佐证价值。益宣王及孙妃之佩最为完整，亦可验证明史记载。

万历帝朱翊钧生前所用白玉龙首嵌宝石带钩，代表了皇家玉作的工艺水平，宝石的分量甚重，大有压住白玉之势，这不能不说朱翊钧在古玉观上发生了很大的变化。与万历帝生前御用白玉龙首嵌宝带钩相比，王锡爵生前所用青白玉鸭首带钩不仅玉料不及前者，而且显得格外朴素淡雅，毫无富贵之气。

2. 首饰

此期玉首饰因受金镶宝石首饰的冲击，往往添加宝石，制成金镶玉宝石首饰。这种新的玉宝石首饰以万历皇后佩用的为最优。

孝端皇后生前所用白玉镂空寿字镶宝石金簪，白玉作莲花托寿字，嵌红、蓝、绿宝石及猫眼石，使玉与宝石相互衬托，都十分突出，显得更加富丽、华贵而又典雅，这是单纯的宝石首饰无法比拟的。由簪背面中部铭文“万历戊午年造”款可知此簪成于万历四十六年（1618），可以反映 17 世纪初明代皇家金玉宝石的工艺水平。

孝靖皇后生前所用镶珠宝玉花金蝶鎏金银簪，是一件玉、珠、宝、金、银平分秋色的发簪，玉有白玉菊花两重及碧玉叶，还有金累丝蝴蝶，鎏金银丝花枝，再嵌红蓝宝石、猫眼石和珍珠。运用与发挥多种珍贵材料于一器而又达到较高的艺术水平，实在不是一件容易做到的事，这件镶珠宝玉花金蝶鎏金银簪既充斥着珠光宝气，而又能和谐统一，应当承认它是成功佳作。

白玉佛累金丝镶宝石鎏金银簪，是以白玉立佛为主体的金宝银簪，玉立佛为羊脂白玉，温润莹泽，其面相安详和蔼，作为小件玉佛像是非常难得的。

孝靖皇后生前所佩白玉兔金镶宝石耳坠，也是一件以白玉兔为主体的金宝复合工艺品，白玉立兔目嵌红宝石，正在执杵捣药，以三朵祥云烘托，嵌猫眼石，头上嵌红宝石，系以金环。这是间接表现了嫦娥奔月的神话故事，给人带来美好的遐想。

无锡龚勉墓出土弯头玉簪，是城乡士绅所用，以实用为宗旨，朴素无华。

另有民间通行的牌饰空灵细巧，耐人寻味。

3. 器皿

此期出土玉器皿较少，主要集中于定陵，计出土了万历帝生前所用的金托玉执壶、金托玉爵、白玉盂、金盖托玉碗等多种器皿。这四件玉器皿是帝王玉，是皇家玉器的代表。

传世的玉器皿较多，除了类似定陵出土的器皿之外，尚有匜、炉、樽等，多为仿古之器。此期玉器皿中最富有鲜明时代感的莫过于壶杯两类，这说明吃茶饮酒之风弥漫于世，故带把的玉壶遂与日俱增。

青玉莲瓣壶（中册第518页，图二九〇），流、柄均作龙首，器身似盛开之莲花，花瓣开光内又碾芙蓉、兰、梅、菊等花卉，壶盖做成荷叶形，鸳鸯衔荷。这种造型奇特、装饰繁华的玉壶是很少见的。白玉云鹤纹小壶（中册第523页，图三〇四），腹饰隐起鲤鱼跳龙门图，可作滷壶亦可用为砚滴。青玉婴戏图壶（中册第519页，图二九一、二九二），狮纽盖，兽首衔流，曲柄，抹角、方形身。通身各面均施婴戏图，婴儿天真烂漫，亲昵可爱。盖纽底镌

“子刚”二字名款。青玉八仙图执壶端庄秀美，由宋金银执壶发展变化而来。

玉杯形制也是异彩纷呈，琳琅满目。青玉双螭耳杯、青玉镂空葵式杯、青玉菊花耳葵菊瓣杯、青白玉梅花杯、青玉连枝桃式杯、子刚款青玉桃式杯、青玉菱花双耳杯（参见《古玉精萃》一〇八）、青玉芝竹寿字单耳杯（参见《古玉精萃》一〇九）、青玉竹节杯（参见《古玉精萃》一一〇）、青玉松荫策杖斗式杯（参见《古玉精萃》一一二）、青玉英雄合卺杯等形式千变万化，不胜枚举。

4. 陈设玉器

陈设用玉器多为瓶、罐、炉、觚之类，近似瓷器中的琢器。肖生玉雕及大件酒具亦可供陈设之用。譬如高达34厘米的玉寿字壶，若置于案上充当陈设确会引人注目的。所以，陈设玉器的界定并不严格，此期不少大件实用性玉器均可陈设。

青玉镂雕灵芝式花插（中册第523页，图三〇五）可供插花的陈设器。身为灵芝花口，以镂空石、灵芝草、水仙、竹为座，谐音“灵仙祝寿”，这是明代盛行的谐音图案或器物名目。碾工灵巧精细，灵芝枝干杈丫，是生长有年的老灵芝形象，水仙清新秀雅，镂空技巧富于变化，轻灵透亮，碾琢十分成功，当系苏州巧匠所为，远胜朱翊钧生前用玉。

子刚款茶晶梅花花插（中册第524页，图三〇六、三〇七）利用白晶碾梅花，在茶晶的衬托下显得格外鲜明。这件玉花插受到当时书坛上盛行的梅兰竹菊四君子画的影响，突出了梅花不怕寒冷，以表现高洁的品格。

青玉兽面纹八出戟方觚（中册第525页，图三〇八），方口外撇，长颈，方腹突起，足上收下阔。四角饰镂空花脊，上下饰仰覆蕉叶纹，中饰兽面纹，仿商觚而又加以变化，继承了宋仿古玉的传统作法，而不染色。

5. 肖生

此期肖生玉与器皿、陈设一样较明早中期更为发达，而且时代风格更为显明。有一件佛像不便单独立项，故在本节中介绍。

青玉童子卧马（中册第526页，图三一二）：应为婴戏的一种，一抱瓶童子坐于卧马的背上。马作昂首状，细审马首，乃呈圆筒形体，用粗阴线琢饰眼、鼻。童子头面作椭圆球状，面部五官也用粗阴线勾勒。此时玉肖生几何形体化，既是玉肖生的特殊现象，又是当时整个雕塑艺坛上出现的新情况和普遍规律。在人和马的表情处理上往往也是采用典型化、程式化的手法，加以示意性的表现。这种表现手法在佛像上尤为突出。

青玉菩萨（中册第527页，图三一四），坐于吼背上，左足踏于吼颈。吼扭头向上，作了九十度的大回转，这是超出了颈部运动的可能极限，当然是不合理的，但是玉工敢于打破常规，贸然地作了上述夸张的表现。菩萨头戴五瓣花冠，面相温和安详。匠师成功地创造了救苦救难、大慈大悲的观世音形象，刻画得非常细腻，说明玉工是怀着虔诚的皈依心情琢治此像的。菩萨的身躯也变为圆筒形，施隐起璎珞，其他细部均用粗阴线碾琢。这种几何体化菩萨像的做工绝非个别的特殊现象，许多木、金、泥塑的佛像、菩萨像也是采用这种手法雕塑的，这就是明晚期玉肖生的特点，尤其人物类肖生不少都是采用这种做工完成的。

青玉麒麟（中册第526页，图三一三），怒目张口，貌似凶狠，但它还是一种瑞兽，如“麒麟送子”就是妇孺皆知的祥瑞的象征。它的四腿叉开，尾上撅，似乎将要奔驰。其造型不顾大体，强调歧变，标新立异。碾琢也极为粗犷无羁，其形体的各个局部都可解析为粗细长短不一的圆筒形。这种几何形体结构确是此期玉肖生的特点。

明代晚期的玉器完全受到商品生产的支配，以其工艺性、装饰性吸引着主顾。

总之，明代玉器演变的线索是十分清晰、有迹可循的，初期玉器趋向于精致严谨，晚期玉器纤丽繁华，商品化、工艺美、装饰美的格调完全形成。中期为初晚两期的过渡，而多少带有工整细巧的风格，随之还出现了简括潦草的做工。

已如上述，隋至明长达千年的历程，琢玉艺术由秦汉的礼教玉器的流风遗韵中解脱出来，面向现实，与庶民生活靠拢，逐渐形成了气韵生动的艺术格调。宋、辽、金在继承隋玉器传统的基础上受到成熟的绘画与雕塑艺术的影响熏陶，而创造出庶民喜闻乐见的形神兼备的玉器形式。元代玉器是宋辽金玉器的余绪。明代玉器的商品化生产，促使玉器有明显的转变，形成工艺化、装饰化的风格，并往往与仿古玉结合在一起。后来，明玉这条艺术道路为清代沿袭并推向新的高峰。

注释

① 高濂:《燕闲清赏笺—遵生八笺》上·论古玉器，巴蜀书社，1988，第482—484页。

② 欧阳修、宋祁:《新唐书》卷二十四·志第十四·“车服”，中华书局，1975，第529页。

③ 魏征等:《隋书》卷十二·志第七·“礼仪·七”，中华书局，1973，第273页。

④ 刘昫等:《旧唐书》卷一百九十八·别传第一百四十八·西戎于阗，中华书局，1975，第5305页。

⑤ 欧阳修、宋祁:《新唐书》卷二百二十一·上·列传一百四十六·上·西域·上，中华书局，1975年，第6235—6236页。

⑥ 1990年5月，应《珍宝辨识录》主编曹者祉先生约请，曾撰《西域风格的“蕃人进宝”玉带板》一文，论证“蕃人进宝”“蕃人执凤头壶”两件玉带銙“是西域玉器的有力物证，有着重要的研究价值”。

⑦ 安澜:《画史丛书》二,《宣和画谱》卷七，上海人民美术出版社, 1961，第 75—76 页。

⑧ 陶承业等:《岁令汇编》下册“七月七日崇祯壬午·摩竭鱼。”(手抄本)，第 2583 页。孟元老:《东京梦华录》卷之八·“七夕”，中华书局, 1962，第 48—49 页。

⑨ 欧阳修、宋祁:《新唐书》卷一百五十三 ·“兴服”五,“…… 牙鱼、飞鱼，奇巧飞动若龙形者”，中华书局, 1975，第 3576 页。

⑩《佛学大辞典》“摩竭”，上海医学书局, 1925，第 2582 页。

⑪ 杨衡之:《古书丛刊》《洛阳伽兰记》卷第五，第 8 页。

⑫ 梁·沈约:《宋书》卷二十八·志十八·“符瑞”中，中华书局, 1974，第 800 页。

⑬ 沈德符:《万历野获编》卷二十六 ·《玩具》“云南雕漆”，中华书局, 1979 年，第 662 页。

⑭ 宋濂:《元史》卷七十八 · 志二十八 ·“舆服一”，中华书局, 1976，第 1939 页。

⑮ 张廷玉等:《明史》卷三百三十二 · 列传二百二十:“西域四”“撒马尔罕”，中华书局, 1974 年，第 8600 页。

⑯ 张廷玉等:《明史》卷三百三十二 · 列传二百二十:“天方”，中华书局, 1974 年，第 8622 页。

⑰ 同上。

⑱ 刘若愚:《明宫史》木集“宝和等店”，北京古籍出版社, 1980，第 66 页。

⑲ 山东省博物馆:《文物》,《发掘明朱檀墓纪实》, 1972 年第 5 期。

⑳ 梁·沈约:《宋书》卷二十八·志十八·“符瑞下”、“端”，中华书局, 1974，第 865 页。

㉑《太仓州志》卷五 ·“物产六”，明崇祯十五年刊，清康熙十七年修补，台北故宫博物院藏。王世贞:《觚不觚录》。《文渊阁四库全书》子部三四七·小说家类。

清代琢玉工艺概论

李久芳

清代（1644—1911），是中国封建社会最后一个王朝，也是历史上继元统治之后，由少数民族贵族居统治地位的第二个统一的多民族国家政权。这个社会的基本特征，一方面坚持和维护封建统治制度，强化高度集中的君主专制，宣扬宋明以来提倡的程朱理学和伦理道德，进行严酷的思想统治，一方面以商品生产为基础的资本主义经济因素缓慢发展，反映这种发展的民主进步思想，冲破了封建的藩篱，呈放出异彩。但是，新的经济因素和民主进步的思想，遭到封建统治严重的阻碍和摧残，导致了鸦片战争（1840）后，中国沦为半封建半殖民地社会。在这种特殊的社会历史条件下，工艺美术的发展受到社会各种因素的影响，同时也反映了社会的某些基本特征。

清代以降，在267年的统治期间，工艺美术的发展可概括为三个阶段：

第一，由顺治福临建立政权始，至康熙玄烨时代止（1644—1722），为初级阶段。这个时期维护和巩固政权，恢复和发展经济生产成为统治者的中心任务。因此，工艺美术同样处于恢复和发展时期。历史上基础较好、与社会生活密切相关的工艺美术门类，如纺织、陶瓷等，很快得到恢复，并有了新的成就。有些基础薄弱的门类，尚须创造更加充分的条件，才有可能得到发展。康熙时代后期，生产得到恢复，经济已经有了很大发展，随之工艺美术开始全面复苏，为中期工艺美术的繁荣昌盛奠定了良好的基础。

第二，由雍正胤禛始，经乾隆弘历至嘉庆颙琰止

（1723—1820），属于清代中期。这个时期政权稳定，经济繁荣，工艺美术呈现出全面发展的新局面。各种工艺门类都取得了显著成就，成为工艺美术史上重要发展时期。

第三，由道光旻宁始，至宣统溥仪止(1821—1911)，为清代晚期。这个时期社会动荡不安，经济衰退，国力不振。随着帝国主义列强的入侵，封建制度解体，沦为半封建半殖民地社会。在这种社会历史条件下，工艺美术的发展不可避免地遭到破坏和阻碍，在许多工艺美术门类中，传统技艺岌岌可危，濒临失传的绝境，处于极度衰落状态。鸦片战争后，海运开禁，关税不能自主，工艺美术品大量流往海外。为迎合这种新的需求，出现了私人开设的手工艺工厂和商行，刺激了某些工艺美术门类的生产。但是这种形势已然日薄西山，仅是一点回光返照罢了。

清代琢玉工艺的发展概况，是同清代工艺美术的总体分期相吻合的。初期阶段的琢玉工艺，停留在继承和恢复时期。遗存的玉器数量极少，清宫之中收藏的万余件清代作品中，未曾发现有镌刻“顺治”或“康熙”年款的玉器。据记载，康熙时期，江宁织造曾给内廷贡玉器，但作品中均为汉玉笔架、汉玉镇纸之类，均属历史遗存的古代作品，而非时作。1962年，在北京西郊发掘康熙早期贵族墓葬，出土了一批玉器，其作品时代大部分是明代或更早期的作品，仅有二件小型玉佩，近似清初的艺术风格。这种情况表明清初的琢玉工艺，尚处于停滞时期。造成这种现象的历史原因，主要有二点。其一，历来，玉器都被视作珍贵、豪华、富丽的特殊制品，而清王朝建立之初，为了巩固政权的需要，曾一度提倡节俭朴实的创业精神，这种趋势，不可避免地会使耗工费时、制造复杂的琢玉工艺受到影响。其二，明代以来，琢玉使用的玉料主要来源于新疆和田，清初的统治势力还没有稳定地控制这个地区。玉料的来源受阻，必然限制了琢玉业的发展。经过清初经济的复苏之后，至康熙时代后期已然呈现出繁荣景象，但制约琢玉业发展的上述因素，尚未得到全面解决。清代中期，主要是乾隆时期，琢玉工艺的发展达到了鼎盛时期，遗存的作品之多，应用范围之广，都是历史空前的。重达万斤的玉山，五千斤重的玉瓮，不仅形体巨大，碾琢技艺之精湛，气势之宏伟，更是前所未见的。式样纷呈的各类玉器，鬼斧神工，玲珑奇巧，展现出琢玉工艺一派繁荣景象。因此，在评价清代琢玉的成就时，主要限制在中期阶段。晚期的琢玉工艺，虽然生产地域扩大了，但是，随着经济的衰退，工艺水平江河日下，步入了低谷。许多作品，碾琢粗糙，设计拙劣，比例失调，已无法同中期的水平相比拟了。

一、玉料来源和琢玉主要地区及特征

清代碾玉，对玉材质地的要求比较严格，主要使用新疆和田地区和叶尔羌地区所产的优质玉料，其品种有青玉、碧玉、白玉、黄玉、墨玉等。传统的河南南阳玉、辽宁岫岩玉，均属透闪石玉，硬度稍低，只做些小的饰物在民间流行。其他料，如翡翠、玛瑙、水晶、青金石等，虽然质地成分与玉不同，但硬度类似，制造方法相同，通常也视作琢玉成就的一部分。这几种料的来源情况比较复杂，玛瑙和水晶产地广泛，长江南北都有丰富的矿床。玛瑙的品种很多，常见的有酱斑玛瑙、红白玛瑙、锦红玛瑙、缠丝玛瑙等。水晶的种类除常见的无色透明者外，有茶晶、墨晶、紫晶、黄晶等品种。翡翠产于缅甸。青金石产于阿富汗、巴基斯坦和俄罗斯贝加尔湖地区，这两种料主要依靠国外进口。清代玉器多是用新疆产的优质玉料琢成，其他类材料的作品数量极少。

清代的琢玉业，经过康熙后期的复苏之后，至中期阶段业已十分繁荣昌盛，琢玉地区，主要集中在苏州、扬州和宫廷“造办处·玉作”。这三个区域形成了全国琢玉业的中心，并各自形成特点。嘉庆之后，琢玉地域扩大，江苏南京、浙江杭州、河北长芦、广东广州、江西九江等地区，琢玉业亦有所发展，但均未能形成独立的风格。新疆琢玉业的发展，是值得重视的，当时主要集中在伊犁地区，具有浓厚的民族风格和特点。

总之，清代新疆和田、叶尔羌地区的玉料，开采量大，运输方法多样，文献记载比较具体。玉器的碾琢业已然形成了中心地区，对这些问题的深入探讨，将有助于对中国古代玉器史的深刻理解，也更能显示出清代琢玉的卓越成就。

（一）采玉和运输

1. 采玉。新疆玉料主要产于和田和叶尔羌地区。和田，古又称“于阗”，是历史上传统的优质玉料产地，主要采于河水中。这种玉料多呈鹅卵状，谓之玉籽，俗称“子儿玉”，多产于河床中，一种是被暴水从山上冲击到河水中者，谓之“山流水”。表皮和棱角已在激流滚动撞击中剥离和磨损掉，仅存玉核，故质地缜密细腻，色泽纯净，硬度高，少有斑点和杂质。玉的色泽以青玉居多，碧玉次之，间有白、黄、墨玉，极珍贵。尤以羊脂白玉为玉料中之佼佼者。由于玉料积于河水中，采玉须待春秋两季水位低落时期。夏日水涨，冬季冰冻，均无法采集。采玉时，玉人裸身于水中，踏步行进，踏到卵状物体时，躬身拾起，再送往岸边。乾隆御制诗中对此作了生动的描述：“于阗采玉人，淘玉出玉河。秋时河水涸，捞得璆琳多。曲躬逐逐求，宁虑涉寒波。”[①]又云：“和田采玉人，抱玉出水涯。何曾璞裹之，不掩瑜与瑕。”[②]可见当时采玉相当艰苦，但可常常采到优质玉料。当时采玉由官府控制，有的文人笔记中叙述采玉的情景说：采玉时，玉人八九一组，横排于河水中，踏步行进，岸边有监督，手执铜锣，有人躬身入水，则鸣锣一响。远岸处有一官员守护，闻锣声即在本册上戳一红点，待玉人上岸，按红点索取玉料[③]。这种描述，似有夸张之举，而且包含想象，但官府对玉料控制十分严格，是可信的。乾隆二十年至二十四年（1735—1739），两次平定了准噶尔和回部的叛乱之后，玉人所采之玉，须顶替赋税上缴官府，当时，每年分春秋两次贡玉内廷。所谓“于阗采玉春复秋，用作正赋输皇州”[4]，贡玉的数量很大，据清宫档案记载嘉庆十七年之前，和田、叶尔羌二处每年贡玉4000余斤，有时年达二籽三万斤，其中包括部分山料。至嘉庆十七年之后，由于造办处存贮玉籽有盈余，奉旨减数，每年只进2000斤。这种贡玉，直到道光元年以造办处存贮玉籽尚多、足敷应用为由，着和田、叶尔羌办事大臣，暂行停止进玉[5]。而实际上，由于经济衰退，政局不稳，中央政权已无法稳固地控制地方局势，也就只能作出如此决定了。

叶尔羌密勒塔山，位于叶尔羌西南部，所产之玉谓之山料，俗称“宝盖玉”。青玉居多，间有青碧色。玉料较大，多绺纹，有的重万斤以上。清姚元之《竹叶亭杂记》中记载：“叶尔羌、和田皆产玉，和田为多。……叶尔羌西南，日密尔岱者（按：密勒塔之别称），其山绵亘，不知其终。其山产玉，凿之不竭，是曰玉山。山恒雪，欲采大器，回人必乘牦牛，挟大钉巨绳以上，纳钉悬绳，然后凿玉。及将坠，系以巨绳，徐徐而下，盖山峻，恐玉之猝然坠地裂也。”魏源《圣武记》中载：“叶尔羌玉山，曰密尔岱山，距城四百余里，崇削万仞。山三成，上下皆石，惟中成玉，极望莹然，人迹所不至。采者乘犁牛乃及其巘，凿而陨之，重或千万斤。色黝质青，声清越，中宫悬，先后贡重华宫。”乾隆三十年（1765）后，玉料开采量相当大，清王先谦《东华续录》中载，有时二三千人同时上山作业，巨大的玉料，重万斤以上。清宫造办处档案记载：“乾隆四十一年（1776）六月初九日谨奏，现在送到大玉六块，内五千斤一块，经如意馆料估，画样呈览，奉旨交两淮盐政伊令阿，做玉瓮一件。”其他如：大禹治水玉山重逾万斤，会昌九老玉山重约五六千斤，秋山行旅玉山、丹台春晓玉山重数百斤至千斤以上。这些大玉，均采自叶尔羌之密勒塔山。由于采玉的劳役之苦，遭到了玉人的强烈反抗。乾隆在《玉瓮记》中说：

“……其志吾过，若何方取斯玉于密尔岱之山也。司事之臣，盖驻叶尔羌之大臣玛尔兴阿。于凡凿采递运，无不给以日价茶盐，众回初无工役之苦。其后，高朴代之，不惟减其官给，抑且劳以私力，为窃取牟利之计。于是穷回胥怨，几致激变，幸因塞提卜阿尔迪之讦，命永贵审明，置高朴于法，而回众始安。”[⑥]这次反抗仅是皇帝直接记录的一次事件。从只言片语中可知，采撷山料，艰难困苦自不待言，而且是冒着生命危险的。

2. 玉料的运输。新疆和田和叶尔羌地区，距京师一万二千余华里（乾隆《回疆通志》）。路途遥远，山川阻隔，道路难行。大型玉料的运输，只能靠人畜挽拽。清·黎谦亭《瓮玉行》诗序云：“于阗大玉三，大者重二万三千余斤，小者亦数千斤，役人畜挽拽，率以千计，至哈密有期矣。”接着在诗中叙述了运输方式：“于阗飞檄至京师，大车小车大小图。轴长三丈五尺咫，堑山导水湮泥涂。小乃百马力，次乃百十逾。就中瓮玉大第一，千蹄万引行踌躇。日行五里七八里，四轮生角千人扶。”这种运输方式，须造成数丈长的四轮大车，上百匹马牵拽，成千人把扶推移，逢山开路，遇水架桥。冬日寒冷，可导水结冰，使其在冰面上滑行。乾隆诗《玉瓮联句》中云：“际今密塔竟呈祥，溪流恰值坚冰结。”并注云：“运玉时，适冰已冻，遂由冰面挽运，尤为事半功倍。”[⑦]按照上述记载，当时运玉是从北线，经哈密，入嘉峪关，至兰州，转往京师。每日如能行进十数里路程，成年累月，长途跋涉，亦须三年多时间，始能运抵北京。运输途中的艰苦情景，比采玉时的艰难有过之而无不及。这种耗费是惊人的。《圣武记》载：“嘉庆四年，叶尔羌获大玉三，青者重万余斤，葱白者八千余斤，白者三千余斤。边臣侈其详以闻，上以沙碛輂运劳人，急指罢之，至今岿然存哈喇沙。”小型玉料运输，稍稍迅捷。“产玉岁贡春秋易，更番驿递盛以革。”[⑧]“春秋陈贡来包匦，杯碗相材命琢磨。”[⑨]可知当时的小块玉料，是用皮革包扎或用木匣装敛，用牲畜驮载，通过驿站连续运转至京。这是通常小块玉料运输的基本方法。

（二）琢玉主要地区及特征

1. 苏州的琢玉工艺。苏州，是商业十分繁荣的手工业城市，被称为“东方的威尼斯”而享誉世界。明宋应星《天工开物》载：“良匠虽集京师，工巧则推苏郡。”苏州，是琢玉工艺的传统地区。明代著名的琢玉巨匠陆子刚，其艺术活动主要是在苏州。显然，清代的苏州，成为全国首屈一指的琢玉中心，具有雄厚的技术基础。当时，苏州琢玉已然形成独立的行业，集中在阊门里的专诸巷及吊桥一带。这些地区，沙沙的琢玉之声昼夜不停，比户可闻。在同业间有“光玉器行”“打眼行”等明确的专业分工[⑩]。《乾隆御制诗集》中云：“迩来和阗玉来多，官贡私售运接轸。专诸巷里工匠纷，争出新样无穷尽。”[⑪]“专诸巷中多妙手（注云：玉工多出苏州城专诸巷），琢磨无事太璞剖（注云：卞和刖足，以玉在璞中，人不知也。然今之贡玉，皆捞之河中，并无剖璞之事……）”[⑫]可见当时专诸巷里琢玉之繁荣景象。乾隆皇帝也十分推崇专诸巷里的琢玉工艺，常常把精美之玉料，画样后发往苏州织造，令其在专诸巷加工制造。宫廷内遗存下来的大量清代玉器，其中许多精美之作，都是出自专诸巷内的匠师之手，全国各地流传许多清代精美玉器，也多是由专诸巷玉工制成的。纵观这些珍贵的作品，专诸巷碾玉有如下特点：

（1）玉质柔和莹润，犹如小儿肌肤。这种效果，主要是通过对玉料反复琢磨，抛光之后，消除了玉料表面坚硬清冷的外皮，显露出玉质内在美的特性。无论大器和小件，光滑平整，无一例外。（中册第570、615、623页，图一二八、二八四、三一三）

（2）立体器物抑或玉佩之属，造型优美别致，轮廓清晰。图案线条的运用刚柔相济，根据碾琢内容之需要，有的工谨刚劲，有的流畅柔和，毫无拖泥带水之处，通体不

露碾琢痕迹。(中册第 577、580 页，图一四九、一六一)

(3) 胎薄体轻的作品，厚薄均匀。一种菊花式盘碗，壁薄如纸，几乎透明。凹凸起伏的花瓣，柔和自然，宛若天成。这类反正起伏的薄胎作品，琢治难度非常之高，磨琢中少许失误，就会出现纰漏，使作品减色，乃至前功尽弃。专诸巷的玉匠，控制此种技术得心应手，充分显示出高超的琢玉功力。(中册第 547、551 页，图五五、六六)

(4) 玲珑剔透的作品，工艺奇巧。缕空、活环、套链等琢玉技术的处理，工于设计，常使方寸小玉，展阔数寸。纹饰上下起伏数层，具有很好的透视效果。(中册第 555、615 页，图八一、二八五)

2. 扬州的琢玉工艺。扬州，是历史上一座名城，位于长江下游北岸，为南北大运河的交通要冲。明清时期成为两淮盐运的中心，商业发达，文化繁荣。清代许多著名画家聚集于此，汪世慎、黄慎、金农、高翔、李鱓，郑燮、李方膺、罗聘等，均于扬州从事书画的创作活动，其艺术风格各有特色，号称“扬州八怪”，在画坛上具有重要影响。在这种得天独厚的优越经济文化条件下，扬州的琢玉业相当发达，并以擅长攻治巨型玉器，闻名海内。清代宫廷中的大型玉雕，如重达万斤的大禹治水图玉山、数千斤重的云龙玉瓮、会昌九老图玉山、丹台春晓图玉山和关山行旅图玉山等，都是出自扬州琢玉匠师之手。这些重要的杰出作品的创作，揭示了琢玉史上新的篇章。所显示出来的艺术风格，迥然有异，别具特点。

(1) 把绘画的技巧同琢玉的工艺紧密地结合起来，注意形象的准确刻画和对内容情节的描述，讲究构图上的透视效果。许多作品，在制作之前，都把历史上遗存的著名绘画，作为创作的重要资料参考，甚至作为琢玉的蓝本，而加以再创作。据记载，被誉为玉雕之冠的大禹治水图玉山，是“将内里收贮《大禹开山图》发交舒文，着贾铨照图式样，在大玉上临画，准时发往扬州，交图明阿成(承)

做”的[13]。玉山琢成之后，乾隆皇帝在玉山上题诗云：“画图岁久或湮灭，重器千秋难败毁。”[14]表明了碾琢大禹治水图玉山的目的。关山行旅图玉山的创作，也是参照宫廷中收贮的历史名画而碾琢的。显然，这类巨型玉雕的创作，是与绘画分不开的。如果把玉器上的立体图像，用平面展示的方法铺开，必然是一幅气势宏伟的美丽图画。

（2）擅长运用高浮雕和立体雕刻的手法，表现气势宏伟、惊险和抒发情感的场面。关山行旅图玉山，玉料含杂质较多，绺纹很重，但作者巧妙地利用原料的色泽和纹理特点，琢成怪石叠嶂、草木枯黄的深秋景色，几许行旅，结伴而行。崎岖的栈道，独立的亭台，高高浮起的人和牲畜，把行旅者的艰难表现得淋漓尽致[15]。大禹治水图玉山，以高浮雕和立体雕的艺术手法，表现古代劳动者劈山开道，疏水筑堤，治理洪水的场面。画面上表现出的环境之艰险，气势之宏伟，情景交融，十分动人[16]。会昌九老图玉山采取同样的艺术手法，把唐代文人在山林中隐居的闲情逸趣，刻画得惟妙惟肖。

（3）攻治巨型玉器的技术，运用自如，工艺精湛。例如，乾隆三十一年，宫廷中的造办处，奉旨碾琢关山行旅图玉山，经过半年之久的日夜赶制，约做得二成。因进度迟缓，难以完成任务，又奉旨转往扬州制造[17]。这种情况充分表明，扬州地区对大型玉器的碾琢具有独到的技术专长，也正因此，许多巨型玉雕作品都是由扬州玉匠创造的。诸多巨型玉器，采取通常碾琢技术是无法攻治的，必须要有一套完整的特殊工具和设备方能制造。对于这种特殊工具和设备的具体情况，目前尚待深入地研究解决。

3.“造办处·玉作”的琢玉工艺。清代宫廷里的“造办处”，是为皇家生产所需物品的管理机构，下面设立各类御用作坊，以承做应需物品。“玉作”是造办处下的重要作坊之一，承做玉器、珠宝等制品，其中的工匠都是由地方征调的琢玉高手，多来自苏州、扬州主要琢玉地区，也有少量是由新疆征调来的。“造办处”自身也曾派“小苏拉”跟随玉匠学徒，但均未见学成出师。有时也从宫廷外面雇用短期的玉石工匠，以赶制较大型的玉器。这是“造办处·玉作”的技术力量的基本状况。从总体情况分析，“造办处”的工匠来自不同地区，琢玉的技术均较高，宫廷中的优质玉料也很充分，可以施展个人的技术特长，也可相互交流琢玉经验，这些优越的条件是其他各地区无法具备的。但是，玉匠的创作活动受着极严格的限制，技术专长也不可能得到发挥，各工种间又不能系统配套和密切配合，故“造办处·玉作”的琢玉工艺始终没能取得十分明显的成就。根据《造办处成做活计清档》的记载观察，“造办处·玉作”的主要任务，是对原有玉器的改作，刻款、镌字以及玉器的考色、配盖等。有些创作活动，也都是些小的佩饰和七珍八宝等。对较大型玉器的制作力量显得单薄，而难以承担。下面把雍正元年一至六月和乾隆元年《造办处承做活计清档》中记载的制造玉器的概况摘录如下，以便对造办处琢玉工艺作较全面的了解。

“雍正元年正月二十七日，郎中保德选得收贮大玛瑙石一块，重八十六斤，呈怡亲王看，奉王谕：交玉作磨去石皮再看，遵此……”

“二月二十九日，怡亲王交碧玉带钩一件，汉玉昭文带一件。王谕：改作收拾，钦此。”“于四月初八日改作完汉玉昭文带一件，怡亲王呈进，七月二十八日改作完碧玉带钩一件，交讫。”

“三月十九日，玛瑙小杯一件，王谕：此杯往薄里做，于四月初七日改作得。”“白玉螭虎杯一件，王谕：此杯甚好，螭虎头不好，另改做，于四月十七日改做完。”

“三月二十八日，白玉螭虎纽圆玦一件，王谕：将螭虎劄下来看看。于四月十一日，将劄下玉璃虎一件，配紫檀木座，怡亲王呈进。四月十六日收拾得原交玉图玦一件，怡亲王呈进。”

“四月二十日，白玉花瓶三件，王谕：将面上花纹磨去，往薄里做。于六月二十日磨做二件，九月二十七日磨做得一件。”

“四月二十五日，白玉过枝水盛一件，王谕：透眼高，往下落些。于五月二十一日收拾完。”“玉长盒二件，王谕：上面花纹磨去，盛香用，六月二十五日磨光。”

“四月二十五日，白玉杯碗一份，王谕：盘上寿字水俱磨去，杯的耳子改做收拾，于七月初三日改做完。”“怡亲王交鹅子玉一块，王谕：着画样。遵此，于二十六日画得双鸠盒样，呈怡亲王看，奉王谕：准做。遵此，于七月初二日做双鸠盒一件，配珊瑚珠二个，怡亲王呈进讫。”

“四月二十七日，白玉玦两件，白玉连环玦二件，王谕：改做收拾。于四月三十日收拾得玉连环玦一件。五月十一日改做得方形玉玦一件，五月十八日改做得鸡心佩一件，怡亲王呈进。”

“五月二十八日，郎中保德奉怡亲王谕：尔等或用玛瑙、或用别样石做鼻烟壶一件，笔架一件，香盒一件，水丞一件备用。遵此，于六月二十五日做玛瑙鼻烟壶一件，于八月十六日做得玛瑙笔架一件，于十二月二十九日做得玛瑙香盒一件，水丞一件，怡亲王呈进。”

“乾隆元年四月初一日交红白玛瑙杯一件，传旨：着刻乾隆年制款，钦此。”

“十一月十七日，将白玉石子一块，查得如意陈设一，纸样一张，碧玉石子一块，画得双友瓶纸样一张，司库刘山久、太监毛团呈进，奉旨：准做，钦此。于乾隆二年五月十一日传旨：将现做的玉太平如意、碧玉双友瓶呈览，钦此。本日，首领萨木哈，将未做完的二件呈览。奉旨：添做万年太平如意字样，钦此。二年九月呈览。奉旨：将太极图上安一有盖盒，瓶上配一玉盖，安镀金匙，钦此。二年十月十一日呈览。奉旨：将太极图盒内刻款，钦此。于三年五月十六日呈览，奉旨：将白玉如意上流云做透的，其万字上飘带，着磨去，再碧玉双管瓶上绺做净，钦此。于三年八月初九日做得白玉如意，随茜色牙座呈进。于三年十一月十二日做得碧玉双管瓶，配木座呈进讫”。

这些记载表明，雍正元年和乾隆元年“造办处·玉作”的活计不多，主要是对原作品的改作和刻款等，独立创作的作品非常之少。而且在制造过程中须反复修改。乾隆二十四年之后，这种局面有很大改观，由“造办处·玉作”制造的作品日益增多，并于乾隆二十八年至三十四年（1763—1769）碾琢成重约五千斤的云龙玉瓮（中册第604页，图二五二）[18]，这是清代碾琢巨型玉器的首次尝试，为其后大玉的制造积累了经验。但稍后不久，于乾隆三十一年开始碾琢关山行旅玉山，却因“造办处·玉作”的进度迟缓，而半途移往扬州。这种情况使人不难理解，“造办处·玉作”的基础条件虽然优越，但其充分发挥基础优势受到极大限制。故造办处琢玉的成就，显然不如苏州、扬州那样突出。

4. 新疆和其他地区的琢玉工艺。新疆的琢玉工艺被人知之甚少。从遗存的作品分析，当时琢玉的技术力量，主要集中在伊犁地区。这里的玉匠，擅长碾琢刀剑上用的玉柄，常见的式样有马首柄、花形柄和光素柄等。有的柄上饰错金嵌宝石花纹。具有阿拉伯的纤巧细腻的艺术风格。乾隆二十四年，在伊犁地区先陵发现二件碧玉光素大盘（中册第554页，图七六），均被地方官员贡进内廷。大盘的玉质呈青碧色，胎体较厚重，每件重约20公斤。器形扁平，扳沿口，直径约66厘米，高约10厘米。通体光素无纹，十分浑厚朴实。这种特点与纤巧细腻的阿拉伯风格迥然不同，具有浓厚的地方特色。

清代中期，江西巡抚、杭州织造、江宁织造、广东粤海关、山西巡抚、淮安关、湖南巡抚、安徽巡抚、长芦盐政、九江关、两广总督、广西巡抚等地方官吏和中央派驻大臣，曾先后给皇帝多次进贡玉器，每次三五件，数量不等[19]，其中多是陈设品、佩饰和文房用具。这些玉器制造的地区比较复杂，有的是由当地玉工碾琢，但大部分是地方官吏从外地购进的，其间不乏苏州玉工制造。嘉庆后期，官府对玉料的控制已不十分严格，新疆和田和叶尔羌进玉，已由原规定每年4000斤减至2000斤。其余玉料，更多流往各地。随着这种形势的变化，地方性琢玉业有了发展，琢玉地域相应扩大。因此，宫廷中派往外地琢治的玉器，也就不仅限于苏州和扬州地区了。据清宫档案记载："嘉庆十七年六月十八日，富塞克、希善送押帖一张，内开：奏事处交青白玉子大小二千零二十八块，重四千七百七十五斤三两四钱。内挑得画样玉子大小六十三块，交如意馆二十七块，两淮盐政四块，杭州织造八块，苏州织造三块，淮安关盐政五块，长芦盐政六块，江南织造七块。"这个记录表明，宫廷中所需玉器的碾琢，经画样之后，大部分留在宫内如意馆制造，少部分送往两淮和苏州，其余部分却送往杭州、长芦、南京地区承做了。其他如广东广州、江西九江等地区，琢玉业已然具有规模，但工艺水平终不逮苏扬，也未能形成明显的地方性特点，目前还很难把这些地域的作品，从众多纷纭的玉器之中区分开来[20]。

二、清代玉器的分类

清代雍正之后，玉器使用的范围日益广泛，至乾隆时期已深入到生活中的各个方面。根据目前遗存的大量清代玉器观察，按用途分类可概括为饮食器、日常用品、装饰品、陈设品、文房用具、宗教用品和家具等七大类。各类作品中，式样繁多，纹饰复杂，已达到"千文万华，纷然不可胜识"的地步。

中国玉器，自古以来就被赋予许多特殊品格。作为礼仪用玉，可通天达地，等级界限极其森严。儒家释玉有九德，比喻于人，故"君子无故玉不离身"，正是这个道理。随着社会政治、经济的发展，玉器的使用逐渐向社会生活化转变，并用以显示拥有者地位的高尚和对财富的占有。而礼仪用玉已不似早期那样神秘了。但重要的礼仪用玉，仍沿着传统观念和形式继续发展。至清代礼仪用品虽比较简略，但皇帝礼天祀地用的圭、璧，丹陛大典用的玉磬，仍是不可缺少的礼仪用品，甚至帝后穿朝服时佩戴的朝珠，也须根据不同的场合而用不同的质地和颜色。这些礼仪玉器，大部分仍保持较原始的形态，碾琢比较粗糙，其工艺水平无法和同时代其他类型玉器相比拟，故在清代玉器分类中没有单独列入，这种情况决不表明玉制礼器已不复存在了。

（一）饮食器

玉质制作的饮食用器，主要是供给皇室和贵族使用的。它不仅是使用上的精神享受，而且也是财富占有的象征。因此，食用器注重选料的优良和制作的精美，也最为人们所珍视。其中茗茶和饮酒用的器皿，常见的有杯、盏、壶和盏托（中册第 531—535 页，图一至一六），还有仿古造型的觚、觥（中册第 541—545 页，图三五至四五）之类。食用器中，常见的有碗、盘、碟、盆等（中册第 546—555 页，图四七至七八）。这类饮食器中可各自成组成套，成双成对，多有变化，少有重复。乾隆时期制造的白玉错金嵌宝石碗（中册第 549 页，图五九、六〇、六一），玉如凝脂，洁白无瑕。碗外壁错金蔓草纹，其间用红宝石嵌成朵朵小花，鲜明醒目，精美无比。碗的里壁镌刻御题诗句，言明此碗是国家举行大庆典时，皇帝在金殿为群臣御赐奶茶用的，这种特殊的用途更增加玉碗的珍贵了。

（二）日常生活用品

常见的有盛放珍贵物品的玉盒、玉罐（中册第 563—568 页，图九八至一 二一），床头椅侧备用的唾盂（中册第 571 页，图一三〇至一三三），梳妆用的奁（中册第 569—570 页，图一二二至一二九），洒水用的花浇（图一 五六），薰香用的薰炉（中册第 558—562 页，图八六至九五），照明用的烛台（中册第 562 页，图九六），置帽用的冠架，以及鼻烟壶（中册第 572 页，图一三四、一三五），烟嘴等，多种多样。其中的薰炉，盖顶均采用镂空花纹，燃香后，香烟透孔飘出，缭绕迂回，别具一番情趣。玉奁多系闺阁之中用物，制作精致灵巧。这些精美之作，都是玉器中难得的重器。

（三）装饰品

这类作品多用于人体佩戴，故十分注重玉料的选择和色泽的利用。常见的有各式佩饰，香囊（中册第 582 页，图一六八至一七〇）、朝珠、手串、发簪、发箍、别子、手镯、扳指等（中册第 583—584 页，图一七一至一七五）。由于是用于装饰，其作品多碾琢得玲珑剔透，以巧取胜。其中的羊脂白玉鸡心佩，镂雕花卉香囊，虽然体积很小，却能充分反映出高超的琢玉技术水平。

（四）陈设品

宫廷建筑，规模宏伟，室内空间高大。为适应这种环境的特点，玉质陈设品的设计和制造，多符合形式的需求。巨型玉山（中册第 604—607 页，图二五二至二五六）宏伟壮丽的气魄，是一般居室无法容纳的。几案上放置的仿古玉尊、玉彝、玉簋、玉鼎、玉钫、玉壶（中册第 586—597 页，图一八〇至二三三），珍禽、瑞兽（中册第 610—612 页，图二六四至二七二），连环佩、双连璧（中册第 603 页，图二五〇、二五一）等，有的庄重严谨，有的灵巧活泼，充满活力，展现出多种风格和特点。

（五）文房用品

玉质的文房用具，是文房用品中的佼佼者。主要有笔筒、笔洗、笔架、水盂、墨床和镇纸（中册第 614—615、617—622 页，图二七八至二八二、二九一至三〇九）等，其他如玉砚、玉管笔（中册第 615、616 页，图二八三、二八七、二八八），实用价值则不高，遗留的实物也较少。笔筒和笔洗的制作，侧重于稳定庄重的特点。笔架和镇纸，则多灵巧工致的风格。这些作品有的豪华富丽，有的清新澹雅，不仅作为文房用具使用，而且常常被视为珍贵的文房清玩，供作欣赏。

（六）宗教用品

清代，用玉料制造宗教用品十分广泛，常见有造像、五供、七珍、八宝、钵盂，以及香炉等各种供器（中册第 629—638 页，图三三四至三六三）。这类玉器通常体型比较高大。成组成堂的作品要突出玉质的一致性，方能显示出顺理成章的完整性。玉造像，一般要求玉料的质地纯净，重要部位不要有绺纹或杂质，否则将影响造像的生动形象。

（七）玉家具

主要是以硬木作框架，把各色玉碾琢成花纹图案后，镶于框架之内。常见的玉家具有屏风、宝座、桌、椅、插屏、挂屏、床、榻等（中册第 639、640 页，图三六五、三六六）。许多高大的玉家具的画面，是由多块玉片拼接而成的。优秀的作品，玉片的衔接处随图案结构而自然流动，较难观察出拼接的痕迹。乾隆时期制造的炕屏，用紫檀木为边框，屏心以碧玉雕琢成汹涌的波涛，用白玉雕成大小九条巨龙翻转腾跃，出没于碧水之中，气势宏伟壮观。遗憾的是该作品龙的形象已残缺。仅余一件碧水青龙的座屏，色彩已远不如上述作品鲜明。雕朱漆边框嵌玉屏风、宝座，一组成套。屏风心和宝座靠背均髹浅黄色漆地，上面用碧玉青玉和白玉嵌作荷花春燕图。画面清新典雅，与红色边框相互衬托，更加鲜明醒目。

三、器形与装饰风格

玉器的造型和图案装饰，往往受到玉材原形和质地特点的限制，故“按材施艺”，是琢玉工艺遵循的基本原则。因此，玉器的造型和图案，式样纷呈，变化多端，很少出现完全相同的作品。综合清代玉器的总体态势，可归纳下列几种类型。

(一) 仿古类型

中国工艺美术源远流长，包含着极其丰富的内容，形成了优秀的历史传统。宋代以后，借鉴和仿造古代工艺美术的造型和纹饰，成为重要的社会风尚。清代雍正和乾隆时代也格外注重仿古，以“返朴还淳”“形制古雅”为追求的乐趣。这种仿古的崇尚在琢玉工艺中亦很盛行，不仅仿造部分古代玉器，还用玉仿造大量先秦时代的青铜礼器。综观清代仿古玉器的状况，可分作三种类型。

1. 仿制古玉。把历史遗存的古玉作为母体依式进行仿制，其仿制的目的不尽相同。一是依古玉造型和纹饰进行仿制，或按古籍《考古图》中式样依图仿制，甚至刻上文字明确标明仿古款识。据清宫《造办处各作承做活计清档》记载：“乾隆八年正月二十七日，司库白世秀、副崔总达子来说，太监高玉、胡世杰交《考古图》二本，奉旨将《考古图》二本交与安宁图拉，按图上选定的玉辟邪二件，汉玉马一件，玄玉骢一件，玉虎一件，仙人一件，共六件，着尔等寻好玉，勉力照书上图样记载之尺寸，各仿旧做一件……”这类仿古玉真伪和新旧比较容易区别，其目的是为了满足人们的欣赏和爱好。另一种仿古玉器，则不仅造型、纹饰与古玉相同，还要通过特殊手段，对玉之表层颜色和特性进行复杂的处理，追求形神逼真，真伪难辨。清陈原心《玉纪》中云：“宋宣和、政和间，玉贾伪造，将新玉琢成器皿，以虹光草汁罨之，其色深透，红似鸡血，人谓之得古法，赏鉴家失辨，或因之获重价焉。”这种仿古作伪从宋代已开始，其目的主要是获利赚钱。《乾隆御制文·玉杯记》中载：“玉杯有鼋其彩、绀其色而磷其文者，骤视之若土华剥蚀，炎刘以上物也。托之留手屡賨非内生。以视玉工姚宗仁，曰：‘嘻，小人之祖所为也。世其业，故识之。’然则今日之伪为汉玉者多矣。”[21]这类仿古作伪之举，有很大的欺骗性，常常使许多鉴赏家失之辨别能力，而经营者则从中获得高利。因此，仿古玉的技艺愈来愈精，并逐渐形成专门性的行业，特别是清代后期，仿古作伪之风极盛，乃至出现仿制乾隆时期的作品者。这种以伪乱真的琢玉技巧，是在特定的历史环境中出现和发展的，对研究古玉的风格特点起到了某种推动作用。但在玉器史上所造成的混乱现象，亦须认真对待。

2. 古玉器的利用和改作。清代雍正、乾隆皇帝以其至高无上的地位，通过各种途径获得了大量的古代玉器，玩赏古玉成了生活中重要的活动内容。乾隆御制诗共六集，每集百余卷，集录咏玉诗句七百余首。在玩赏之中，常常别出心裁，凭借个人的好恶，对古玉器另作他用和重新改作、刻款等。这里仅举雍正三年和乾隆三年《造办处各作承做活计清档》中的几例：

"雍正三年，改做玛瑙葵花囊一件，碗二件，汉玉拱璧一件，碧玉双螭虎镶嵌花一件，将螭虎改做花添叶。收拾得云南玛瑙花插一件。白玉双鱼小盒，将外皮往细致处收拾一件。收拾象牙嵌红玛瑙痰盒一件。汉玉圆炉一件，珊瑚凤白玉仙人一件。碧玉觥靶子不好，改夔龙式一件。腰圆形有环玉杯，将环子去了，添作镀金靶杓子一件。收拾白玉碗一件，收拾花纹。白玉镇纸二件，碧玉镇纸，螭虎纽不好，白玉龙头嘴不好，俱收拾。青玉长方碗，底不平收拾。收拾白玉娃娃笔架。花玛瑙长方盒，往素里改做。花玛瑙鸡，翎毛不好，收拾配座。树纹玛瑙墨床，不方，收拾方着嵌在牙座上一件。花玛瑙带钩，改做夔龙式一件。黄玉碗，往圆里收拾一件。碧玉宝，螭虎头款式不好，摆角不清楚，着收拾一件。收拾白玉猫，红玛瑙双鱼二件。红玛瑙鸟嘴不好，着收拾一件。玛瑙托边线去了。白玉娃娃脸不好看，收拾……"

以上是雍正三年一次记录，所改做之古代玉器，使得本来面目变得全非了，其中可能会有部分当时的作品。如此改做古玉的记载，逐月不断，使得大量古玉被毁，实乃玉器史上一场劫难[22]。

“乾隆三年七月初六日，太监高玉交白玉鸡心玦四，碧玉鸡心玦一，汉玉连环带钩一，汉玉夔珑玦一，白玉佩、白玉三喜结子一，白玉夔解锥一，白玉苍龙绦环一，白玉绳环玦一，白玉仙人一，白玉五福圈一，白玉螭虎玦一，白玉扇坠四，白立竹节方绦环一，白玉夔龙玦一。传旨：将玉器二十三件俱配架座，刻款，人在海保送来玉器内，钦此。”[23]从名称特征可知，这些玉器多不是乾隆时期的作品，仅此一次，竟将二十余件早期玉器镌刻乾隆年制款，虽不是改做亦属鱼目混珠，混淆了作品的时代界限。至于利用古玉器嵌作盖纽、盒面、冠架、杖手，更是屡见不鲜。诸多古玉器，遭此厄运，造成了无法弥补的损失，绝不能把这批早期作品视作清代琢玉的成就。

3. 仿古彝器。乾隆二十四年之后，新疆玉料用供正赋源源不断运往京师，用玉仿造先秦时期的青铜礼器大量出现，常见有觚、尊、彝、壶、觥、簋、爵等。这类仿古尊彝，由于受到玉料形状和特点的限制，仿制中的器物造型和图案必然有一定的局限性，因此不可能与青铜器的原形完全相似。碧玉兕觥（中册第544页，图四二）总体形态与青铜兕觥无大差异，但盖首所显示的兽头，却由于材料的限制而略显扁平，兽角伏于额顶，未能立起，使整体神态受到了影响。青玉兽面纹簋（中册第633页，图三四四、三四五）更不可能像青铜簋通常的样式，下连底座，旁有两鋬而是采取象征性的手法，琢出双耳和圈足。碧玉海棠式觚（中册第577、578页，图一四九、一五〇）以锐利边棱线与器身圆润的弧线结合，组成了刚柔相间的外型轮廓，显得挺拔俊秀，超出了作品空间的局限，这是青铜觚所不具有的艺术效果。总之，玉质仿古彝器，光洁莹润，色调明快，具有自己的特色，较之青铜器更显得豪华富丽。这种仿古作品实乃对古代传统艺术的借鉴，丰富了玉器的表现内容，是艺术的再创造。

(二)造型和纹饰的创新

乾隆二十四年平息了准噶尔和回部地区少数上层分子的叛乱之后，新疆的玉料供作正赋，每年春秋两贡聚集京师，再根据需要由京师转往制造地区。当时，官府对玉料实行严格控制，私售玉料要受到严厉的惩罚。尽管如此，私售玉料的情况仍屡有发生。弘历诗中记述："质拟羊脂昆峤韫，珍因鼠窃峪关趋。(句下注：新疆回部效顺输诚，每岁春秋采玉入贡以受赏。至内地商贾虽禁其私贩，然人情贪利，乃竟有私购自回人，窃以入嘉峪关，冀获厚利，是以每多佳品，转出官采之上。)市讥薄示叔怀罪，(句下注：商贾趋利如鹜，虽久有例禁，恒多不顾，逮既经拿获，不得不薄示法惩，以严私越违禁之罪)。廷献那忧卞泣诛。"[24]显然，皇帝对此种有禁不止的现象也无可奈何。丰富的玉料来源，给玉器的创作提供了非常有利的条件。玉人琢玉按材施艺，多无定式，突破了传统的规范，创作出许多新颖的杰出作品，这是清代琢玉工艺的辉煌成就之一。

1. 仿生玉器的发展。这类玉器主要是把自然界的植物和动物的形态作为器物造型，刻意仿制，使作品充满着活力，给人以美的享受。例如，用变形的花卉作为器物的造型，显得十分突出。菊花式瓶、盘、碗、盒等（中册第595页，图二二 二)，多以圈足作为花蒂，花瓣逐渐向上展开，至颈部或口部稍向内敛。有的盖顶作为花蕊，宛若一朵饱满的菊花，含苞欲放。白菜形的花插（中册第574页，图一三九)，根、茎、叶显得肥厚茁壮，层次分明，立体感强。有的作品利用材料自身的橙黄色斑痕，表现菜叶上受病后变成枯黄的疤痕，十分自然逼真。茄式烟壶（中册第572页，图一三四、一三五)，以白玉琢成长圆形的茄体，用碧玉嵌成茄蒂，蒂上之系作成盖纽，下面连接牙匙，小巧玲珑，真实有趣。荷花式碗，莲蓬式盒，梅桩式笔筒，诸如此类不胜枚举。这些造型与纹饰巧妙地结合，新颖别致。刻画动物的形象，已然突破了传统的寓意吉祥辟邪等题材内容，多方面地表现各种动物的不同姿态。鹅式水丞（中册第 617 页，图二九一），腹部中空以蓄水，双翅为盖纽，可开启。有的作展翅跑动状，更显逼真。三羊，双马，卧牛，有的依偎伏卧，有的昂首站立嘶鸣，姿态生动。这些玉制仿生之作，多是历史上罕见的精美作品。

2. 把自然界的景物和社会现象，用虚实不同的艺术手法展现在造型和纹饰之中，很富有新意。宝月瓶，小口细颈，腹部呈满月式，上面浅浮雕朵朵流云飘动，还有的雕作山川殿阁，寓为月宫，意趣深远。桥形笔架（中册第 616 页，图二八六），构思奇巧，一座拱桥，横跨河之两岸，桥上行人，作为架纽，骑驴推车，各具神态。桥下流水急湍，撞击桥墩，激起层层浪花。一只渔船，逆流而上，一派紧张繁忙的场面。这样丰富的内容，浓缩到小小的笔架之上，却给人以十分完美的艺术享受。桐阴仕女图玉山（中册第 614 页，图二 七七），表现的题材内容与桥形笔架截然不同，但作品构思之巧妙却有过之而无不及。从玉山上面镌刻的乾隆御题诗句中，可知作品原为一块椭圆形玉子，被从中心钻取了一件玉碗。所剩的残余边料和圆心空洞，琢成如是玉山。山之前后两侧，分别碾作芭蕉、山石和仕女，中心圆洞装配两扇半掩的门，很自然地形成了传统的月亮门样式。两边的仕女，透过门隙互相对望，仿佛在轻声地交谈。情景交融，自然生动，显示出作者高深的艺术造诣。亭式薰炉等把建筑形式运用到琢玉之中，更增强了表现能力。

3. 用色泽不同的玉料，组合成各种器物，是一种新的尝试。碧玉座白玉半圆形杯（中册第 540 页，图三三），下绿上白两相结合稳重典雅，宛若生成，技艺精湛。碧玉座青玉面研屏，屏心浅浮雕《赤壁夜游图》，画面上乱石穿空，浪涛拍岸，松月生风，泛舟江中，联想翩翩，意趣盎然。

4. 镶玉家具的涌现，是优质玉料大量开采之后呈现出的新局面。特别是屏风、插屏和挂屏的制作，把绘画的构图、布局等技巧糅进到琢玉之中，使画面平添了生动的艺术效果，但又不失琢玉工艺的本色。碧玉沧浪亭图挂屏(中册第640页，图三六六)，以紫檀木为边框，屏心用碧玉和白玉等拼成，以浅浮雕的手法刻画出山石屹立，丛林叠翠，亭台殿阁，掩映其间，一派江南庭园景象，再现出历史上著名的“沧浪亭”图景。紫檀框玉背雕龙宝座、屏风等(中册第639页，图三六五)，华丽庄重，气宇轩昂，实为琢玉工艺之重器。

5. 巨型玉器的大量琢治，开创了琢玉史上新篇章。元时遗存的渎山大玉海，虽为重器，但玉质青灰，石性较强，显然硬度稍低，加工颇易。而清代遗存的几件巨型玉雕，诸如大禹治水图、会昌九老图、南山积翠图、关山行旅图、云龙大玉海等，均为新疆叶尔羌地区产的山料，硬度高达摩氏硬度计6至7度，这就增加了碾琢中的难度。解决碾琢巨型玉器的工具和方法，是清代琢玉工艺突出的成就。

总之，造型式样，图案纹饰，千文万华，富于变化，可谓集历史之大成，而又有新的发展。弘历诗句中描述苏州琢玉的情景时说:“专诸巷里玉匠纷，争出新样无穷尽。”概括了清代中期琢玉的辉煌成就。

通常所见清代玉器上的图案，有花卉翎毛、祥龙瑞兽、山水人物、亭台园林、历史故事等多种题材内容，也有仿古变形的云雷纹、回纹、兽面纹、夔龙纹、蕉叶纹和蝉纹，还善于采用开光的手法，把不同的内容组织到开光内外，互相衬托，构成完美的图案画。也可以见到不同类型的几何纹饰和各种团花。这些图案的表现方法不同，有镂雕、立雕和凸雕，但一般多采用浅浮雕或平面减地的方法。也有阴线刻划、阴线内戗金。还有在花纹上错金嵌宝石者，更显得作品金碧辉煌。图案的处理有的简练，能突出玉质的美感，起到了装饰作用。但许多作品花纹繁琐，掩盖了玉质自身的美，这种艺术倾向是应当排斥的。特别是众多的牵强附会的吉祥图案，诸如，马上立一猕猴，伸臂抓树梢上的蜂窝，寓作“马上封侯”。花瓶之中插三把小戟，寓作“平升三级”。五个小孩，抢夺一顶头盔，寓作“五子夺魁”。一条巨龙在云天之上低首盘旋，遥望水中几条小龙游动，寓作“苍龙教子”。柿子和如意串连结合，寓作“事事如意”。几枝谷穗，配上两只鹌鹑，寓作“岁岁平安”。蝙蝠和铜钱相配，寓作“福在眼前”。诸如此类，庸俗不堪，这种倾向越到晚期反映得越加厉害，这是艺术走向腐败的表现。因此在分析清代玉器花纹装饰时，应把富有传统的优秀图案与封建腐朽的内容区分开来，不能笼统地予以肯定。

（三）外来文化的影响

中国在17世纪中叶至18世纪中叶，近百年间，虽然已处于封建社会末期，但封建经济仍然比较发达，国力强盛。当时，对外经济贸易，仍然是以输出为主。传统的输出品如茶叶、丝织品和陶瓷器等，销往世界各地。中国的文化艺术在欧洲和阿拉伯地区产生了重要影响。随着国际间贸易的发展，外来文化艺术在中国也起了一定影响，这种影响在琢玉工艺中反映为两个方面。

1. 西方欧洲国家自文艺复兴之后，得到了迅速的发展，17世纪下半叶，有的国家已然形成比较先进的资本主义。经济势力不断向外扩张，同中国的贸易有了进一步发展，随之耶稣教士更多地进入中国，他们带来了较先进的科学文化，有些传教士在宫廷中直接为皇帝服务，传播了西方的文化艺术。著名的意大利画家郎世宁在宫中为皇帝作画，把西方的绘画艺术与中国绘画的风格巧妙地结合起来，创造出具有鲜明特点的绘画作品，对中国的绘画产生了一定的影响。由郎世宁参加设计的圆明园西洋楼，追求灵巧多变的艺术倾向，体现了意大利巴洛克建筑风格。这种建筑雕刻的艺术风格对琢玉工艺产生了强烈的吸引力，许多玉器以串连的花叶为主，着重于精雕细刻，花纹浮起较高，边缘曲卷。如碧玉缠枝莲纹梅瓶（中册第578页，

图一五 一）、柿式盒（中册第565页，图一〇八）、镂雕花卉香薰（中册第556页，图八二、八三）等，器身雕以串连的花叶纹，花叶的边缘稍向内翻，棱角分明清晰。这种以灵巧纤细取胜的艺术风格，非常近似圆明园残垣断壁上表现的那种巴洛克艺术风格。显然，这种特点的玉器，吸收了西方文化艺术的特点。

2. 痕都斯坦玉器的影响。痕都斯坦玉器发生和发展的历史，近年来考证性的文章越来越多，也出现了一些分歧意见[25]。目前有些问题还不十分清楚，但作品的艺术风格，具有明显的阿拉伯艺术特征，特别是受波斯的艺术影响，是可以肯定的。痕都斯坦玉器在中国的出现，首先见于乾隆时期的清宫档案中。乾隆二十一年（1756），统治新疆南部的大小和卓木曾遣使贡进玉碗一件，这是清代具有阿拉伯艺术风格的玉器首次进入内廷。乾隆二十四年（1759）出兵平定了回部上层分裂分子的叛乱之后，痕都斯坦玉器进入内廷者逐年增多。对此，乾隆皇帝也感到有些过分，他在诗中写道："不宝非求彼，频来却惭吾。"[26]说得如此堂皇，实际上弘历对于痕都斯坦玉器一向非常欣赏。他在诗集中描写痕都斯坦玉器的诗句达五十余首。诸如"痕都水磨工，精巧信难穷"，"薄过刻片楮，轻喻举毛鸿"，"玉瓢一握如瓜瓣，有蒂有叶还有花"，"细入毛发里，浑无斧凿痕"等，倍加赞赏。皇帝对痕都斯坦玉器的偏爱，除了通过各种途径直接获取之外，还命玉工刻意仿制。这种仿制的玉器，有的是按原样制作，更多的则是从造型和纹饰的风格特点上进行仿制。仿制的水平非常之高，几乎达到乱真的程度。但仔细辨认就会发现，二者的玉质特点和琢磨技巧是有所区别的。乾隆皇帝问及此事之后云："闻其痕都斯坦攻玉，纯用水磨，工省而玉精，尤内地所不及也。"[27]白玉错金嵌红宝石碗（中册第549页，图五九、六〇、六一），是乾隆五十一年（1786）之前，仿痕都斯坦玉器中高水平的代表作。玉碗呈圆形敞口，桃实双耳，玉质洁白如羊脂，纯净无瑕。周身嵌以黄金掐成的花卉枝叶，其间用红色宝石嵌成朵朵小花，富丽辉煌，与痕都斯坦玉器无大差异。碗里壁镌乾隆御制诗云：“巨材实艰致，良匠命精追。”表现出对此碗仿制的水平十分满意，不仅题诗赞誉，还用其在御殿向臣属恩赐奶茶，更增加了玉碗之名贵。其他如玉薰炉、玉洗等，器身饰纤细的花卉纹和花果形双耳，明显地带有痕都斯坦玉器的风格，这类作品，后来被称作“西番作”，在玉坛上产生了深刻的影响。

清代在267年的统治期间，琢玉工艺的发展很不平衡，评价其琢玉成就时，应放眼于中期的雍正至嘉庆时代，特别是乾隆二十四年之后至嘉庆初年，约40年的时间，是中国琢玉史上新的高潮时期，遗存的丰富多彩的珍贵玉器，展现出琢玉史上辉煌的成就，并将永远闪烁着艺术之光彩。

注 释

① 清《高宗御制诗·于阗采玉》三集卷十二。

② 清《高宗御制诗·和田采玉行》三集卷六十二。

③ 清 七十一撰《西域闻见录》。

④ 清《高宗御制诗·于阗采玉》三集卷四十七。

⑤ 道光元年《造办处各作成做活计清档》。

⑥ 清《高宗御制文·玉瓮记》二集卷十四。

⑦ 清《高宗御制诗·咏玉瓮联句》三集卷八十五。

⑧ 清《高宗御制诗·碧玉盘谣》三集卷三十九。

⑨ 清《高宗御制诗·题和田玉碗》三集卷四十三。

⑩《同治九年苏州专诸古里捐资增塑神像庙碑记》。

⑪ 清《高宗御制诗·于阗采玉》三集卷四十七。

⑫ 清《高宗御制诗》五集卷二十八。

⑬ 乾隆四十六年《造办处各作成做活计清档》。

⑭ 清《高宗御制诗·题密勒塔山玉大禹治水图》五集卷三十五。

⑮李久芳：《赞关山行旅图玉山》，《故宫博物院院刊》

1980年3期。

⑯ 徐启宪、周南泉：《大禹治水图玉山》，《故宫博物院院刊》1980 年 4 期。

⑰ 乾隆三十一年《造办处各作成做活计清档》。

⑱ 清《高宗御制诗·咏玉瓮联句》三集卷八十五。

⑲ 乾隆朝内务府《贡单》。

⑳ 嘉庆十七年《造办处各作成做活计清档》。

㉑ 清《高宗御制文·玉杯记》初集卷五。

㉒ 雍正三年《造办处各作成做活计清档》。

㉓ 乾隆三年《造办处各作成做活计清档》。

㉔ 清《高宗御制诗·咏和田大玉碗》五集卷二十九。

㉕ 杨伯达:《清代宫廷玉器》,《故宫博物院院刊》1982 年 1 期。

㉖清《高宗御制诗·咏痕都斯坦玉碗》四集卷五十五。

㉗清《高宗御制诗·题痕都斯坦双玉盘》三集卷六十九。

图版索引

原始社会

一 玉马蹄形器 红山文化 ……………（4）
二 玉马蹄形器 红山文化 ……………（4）
三 玉马蹄形器 红山文化 ……………（5）
四 玉外方内圆形器 红山文化 ………（5）
五 玉双联璧 红山文化 ………………（6）
六 玉三联璧 红山文化 ………………（6）
七 玉双联璧 …………………………（7）
八 玉勾形器 红山文化 ………………（7）
九 玉勾形器 红山文化 ………………（8）
一〇 玉勾形器 红山文化 ……………（8）
一一 玉勾云形器 红山文化…………（10）
一二 玉勾云形器 红山文化…………（10）
一三 玉勾云鸟形佩 红山文化………（11）
一四 玉勾云双鸟形佩 红山文化……（12）
一五 玉兽面纹丫形器 红山文化……（12）
一六 玉兽面纹丫形器 红山文化……（14）
一七 玉兽形佩 红山文化……………（14）
一八 玉鹰形佩 红山文化……………（15）
一九 玉鹰形佩 红山文化……………（16）
二〇 玉鸟形佩 红山文化……………（16）
二一 玉鸟形佩 红山文化……………（17）
二二 玉鳖 红山文化…………………（18）
二三 玉双兽首三孔器 红山文化……（18）
二四 玉兽形玦 红山文化……………（19）
二五 玉兽形玦 红山文化……………（20）
二六 玉兽形玦 红山文化……………（20）
二七 玉兽形玦 红山文化……………（21）
二八 玉兽形玦 红山文化……………（21）
二九 玉兽形玦 红山文化……………（22）
三〇 玉兽形玦 红山文化……………（22）
三一 玉猪首形佩 红山文化…………（23）
三二 玉龙 红山文化…………………（24）
三三 玉钺 大汶口文化………………（25）
三四 玉串饰 大汶口文化……………（26）
三五 玉镯 大汶口文化………………（27）
三六 玉人面形饰 大汶口文化………（27）
三七 玉串饰 大汶口文化……………（28）
三八 玉瑗 大汶口文化………………（29）
三九 玉锥形器 大汶口文化…………（29）
四〇 玉兽面纹圭 龙山文化…………（30）
四一 玉四孔刀 龙山文化……………（33）
四二 玉多齿三牙璧 龙山文化………（33）
四三 玉琮 龙山文化…………………（33）
四四 玉琮形器 龙山文化……………（33）
四五 玉琮 龙山文化…………………（33）
四六 玉璧 龙山文化…………………（34）
四七 玉玦 龙山文化…………………（34）
四八 玉钺 龙山文化…………………（34）

四九 绿松石饰 龙山文化……………（35）
五〇 玉三牙璧 龙山文化……………（35）
五一 五二 玉鹰纹兽面纹圭
龙山文化 ………………………（35）
五三 玉三孔刀 龙山文化……………（36）
五四 玉璧 齐家文化…………………（36）
五五 玉锛 齐家文化…………………（36）
五六 玉斧 齐家文化…………………（36）
五七 玉玦 玉璜 玉管 江淮地区
北阴阳营文化 …………………（37）
五八 玉人像 江淮地区原始文化……（38）
五九 玉刻图形长方片 江淮地区原始
文化 ……………………………（38）
六〇 玉鳖 江淮地区原始文化………（38）
六一 玉条形璜 江淮地区原始文化 …（39）
六二 玉璜 江淮地区原始文化………（39）
六三 玉璜 江淮地区原始文化………（39）
六四 玉半璧形璜 江淮地区原始
文化 ……………………………（39）
六五 玉璜 江淮地区薛家岗文化……（40）
六六 玉环 江淮地区原始文化………（40）
六七 玉璧 江淮地区原始文化………（40）
六八 玉镯 江淮地区原始文化………（40）
六九 玉饰 江淮地区原始文化………（41）
七〇 玉双联璧 江淮地区原始
文化 ……………………………（41）
七一 玉双联璧 江淮地区原始
文化 ……………………………（41）
七二 玉环 江淮地区薛家岗文化……（42）
七三 玉环 江淮地区薛家岗文化……（42）
七四 玉环 江淮地区薛家岗文化……（42）
七五 玉琮 江淮地区薛家岗文化……（42）
七六 玉三角形佩 江淮地区原始
文化 ……………………………（42）
七七 玉饰 江淮地区薛家岗文化……（43）
七八 玉饰 江淮地区薛家岗文化……（43）
七九 玉坠饰 江淮地区薛
家岗文化 ………………………（44）
八〇 八一 玉冠状饰 江淮地区原始
文化 ……………………………（44）
八二 玉锥形坠饰 江淮地区原始
文化 ……………………………（45）
八三 玉琮 江淮地区原始文化………（45）
八四 玉琮 江淮地区原始文化………（46）
八五 八六 玉璧 江淮地区原始文化 （47）
八七 玉琮 江淮地区原始文化………（47）
八八 玉人面形佩 大溪文化…………（48）
八九 玉璜 大溪文化…………………（49）
九〇 玉镯 大溪文化…………………（49）
九一 玉锛 屈家岭文化………………（49）
九二 玉锛 屈家岭文化………………（49）
九三 玉璜 河姆渡文化………………（50）
九四 玉玦 河姆渡文化………………（50）
九五 玉管 玉环 河姆渡文化 ………（50）
九六 玉玦 马家浜文化………………（51）
九七 玉玦 马家浜文化………………（51）
九八 玉玦 马家浜文化………………（51）
九九 玉玦 马家浜文化………………（52）
一〇〇 玉玦 马家浜文化……………（52）
一〇一 玉玦 马家浜文化……………（52）

一〇二 玉玦 马家浜文化……………（53）
一〇三 玉玦 马家浜文化……………（53）
一〇四 玉玦 马家浜文化……………（53）
一〇五 玉玦 嵩泽文化………………（53）
一〇六 玉琀 嵩泽文化………………（54）
一〇七 玉项饰 嵩泽文化……………（54）
一〇八 玉璜 嵩泽文化………………（54）
一〇九 玉璜 嵩泽文化………………（55）
一一〇 玉璜 嵩泽文化………………（55）
一一一 玉璜 嵩泽文化………………（55）
一一二 玉璜 嵩泽文化………………（55）
一一三 玉璜 嵩泽文化………………（56）
一一四 玉璜 嵩泽文化………………（56）
一一五 玉璜 嵩泽文化………………（56）
一一六 玉璜 嵩泽文化………………（56）
一一七 玉璜 嵩泽文化………………（57）
一一八 玉璜 嵩泽文化………………（57）
一一九 玉璜 嵩泽文化………………（57）
一二〇 玉璧 嵩泽文化………………（58）
一二一 玉环 嵩泽文化………………（58）
一二二 玉环 嵩泽文化………………（58）
一二三 玉环 嵩泽文化………………（58）
一二四 玉环 嵩泽文化………………（58）
一二五 一二六 玉钺 良渚文化 ……（59）
一二七 玉钺 良渚文化………………（60）
一二八 玉钺 良渚文化………………（60）
一二九 玉钺 良渚文化………………（60）
一三〇 玉钺 良渚文化………………（60）
一三一 玉钺 良渚文化………………（61）
一三二 玉钺 良渚文化………………（62）
一三三 玉钺 良渚文化………………（62）
一三四 玉钺 良渚文化………………（62）
一三五 玉龠 良渚文化………………（63）
一三六 玉镈 良渚文化………………（63）
一三七 玉龠 良渚文化………………（63）
一三八 一三九 玉琮 良渚文化 ……（64）
一四〇 玉琮 良渚文化………………（65）
一四一 玉琮 良渚文化………………（66）
一四二 玉琮 良渚文化………………（66）
一四三 玉琮 良渚文化………………（66）
一四四 玉带盖柱形器 良渚文化……（67）
一四五 玉柱形器 良渚文化…………（67）
一四六 玉柱形器 良渚文化…………（67）
一四七 玉柱形器 良渚文化…………（67）
一四八 玉兽面纹镯式琮
良渚文化 ……………………（68）
一四九 玉琮 良渚文化………………（68）
一五〇 一五一 玉琮 良渚文化 ……（69）
一五二 玉琮 良渚文化………………（69）
一五三 玉琮 良渚文化………………（70）
一五四 玉琮 良渚文化………………（70）
一五五 玉琮 良渚文化………………（70）
一五六 玉琮 良渚文化………………（70）
一五七 玉琮 良渚文化………………（71）
一五八 玉琮 良渚文化………………（71）
一五九 玉琮 良渚文化………………（71）
一六〇 玉琮 良渚文化………………（72）
一六一 玉琮 良渚文化………………（72）
一六二 一六三 玉琮 良渚文化 ……（73）
一六四 玉琮 良渚文化………………（73）

一六五 一六六 玉琮 良渚文化 ……(74)
一六七 玉琮 良渚文化………………(75)
一六八 玉琮 良渚文化………………(76)
一六九 玉琮 良渚文化………………(76)
一七〇 玉琮 良渚文化………………(77)
一七一 玉琮 良渚文化………………(77)
一七二 玉琮 良渚文化………………(77)
一七三 玉琮 良渚文化………………(78)
一七四 玉琮 良渚文化………………(78)
一七五 玉琮 良渚文化………………(78)
一七六 玉琮 良渚文化………………(79)
一七七 玉琮 良渚文化………………(79)
一七八 玉琮 良渚文化………………(79)
一七九 玉琮 良渚文化………………(80)
一八〇 玉琮 良渚文化………………(80)
一八一 玉琮 良渚文化………………(80)
一八二 玉琮 良渚文化………………(80)
一八三 玉琮 良渚文化………………(81)
一八四 玉琮 良渚文化………………(81)
一八五 玉琮 良渚文化………………(81)
一八六 玉琮 良渚文化………………(81)
一八七 玉琮 良渚文化………………(82)
一八八 玉琮 良渚文化………………(82)
一八九 玉琮 良渚文化………………(82)
一九〇 玉琮 新石器时代……………(83)
一九一 一九二 玉琮 良渚文化 ……(84)
一九三 玉琮 良渚文化………………(84)
一九四 玉觿 良渚文化………………(85)
一九五 玉蛙饰 良渚文化……………(85)
一九六 玉鳖 良渚文化………………(86)
一九七 玉鱼 良渚文化………………(86)
一九八 玉鸟 良渚文化………………(86)
一九九 玉鸟 良渚文化………………(86)
二〇〇 玉鸟 良渚文化………………(87)
二〇一 玉鸟 良渚文化………………(87)
二〇二 玉鸟 良渚文化………………(87)
二〇三 玉蝉 良渚文化………………(87)
二〇四 玉猪形坠 良渚文化…………(88)
二〇五 玉杖端饰 良渚文化…………(88)
二〇六 玉杖端饰 良渚文化…………(88)
二〇七 玉双孔管形器
良渚文化 ……………………(89)
二〇八 玉带钩 良渚文化……………(89)
二〇九 玉带钩 良渚文化……………(89)
二一〇 玉纺轮 良渚文化……………(90)
二一一 玉纺轮 良渚文化……………(90)
二一二 玉半圆形饰 良渚文化………(91)
二一三 玉半圆形饰 良渚文化………(91)
二一四 玉半圆形饰 良渚文化………(91)
二一五 玉串饰 良渚文化……………(92)
二一六 玉串饰 良渚文化……………(92)
二一七 玉坠饰 良渚文化……………(93)
二一八 玉圆牌 良渚文化……………(93)
二一九 玉牌饰 良渚文化……………(93)
二二〇 玉牌饰 良渚文化……………(93)
二二一 玉琮形管 良渚文化…………(94)
二二二 玉琮形管 良渚文化…………(94)
二二三 玉琮形管 良渚文化…………(95)
二二四 玉琮形管 良渚文化…………(95)
二二五 玉琮形管 良渚文化…………(95)

二二六 玉琮形管 良渚文化…………（96）
二二七 玉环 良渚文化………………（96）
二二八 玉环 良渚文化………………（96）
二二九 二三〇 二三一 玉璧
良渚文化 ……………………（97）
二三二 玉璧 良渚文化………………（98）
二三三 玉璧 良渚文化………………（98）
二三四 玉璧 良渚文化………………（98）
二三五 玉璧 良渚文化………………（99）
二三六 玉璧 良渚文化………………（99）
二三七 玉锥形器 良渚文化…………（99）
二三八 玉锥形饰 良渚文化 ………（100）
二三九 玉锥形饰 良渚文化 ………（100）
二四〇 玉锥形饰 良渚文化 ………（100）
二四一 玉锥形饰 良渚文化早期 …（100）
二四二 玉锥形饰 良渚文化 ………（101）
二四三 玉锥形饰 良渚文化 ………（101）
二四四 玉锥形饰 良渚文化 ………（101）
二四五 玉锥形饰 良渚文化 ………（102）
二四六 玉锥形饰 良渚文化 ………（102）
二四七 玉锥形饰 良渚文化 ………（102）
二四八 玉锥形饰 良渚文化 ………（102）
二四九 玉锥形饰 良渚文化 ………（102）
二五〇 玉镯形器 良渚文化 ………（103）
二五一 玉镯 良渚文化 ……………（103）
二五二 玉镯 良渚文化 ……………（104）
二五三 玉镯 良渚文化 ……………（104）
二五四 玉镯 良渚文化 ……………（104）
二五五 玉镯 良渚文化早期 ………（105）
二五六 玉镯 良渚文化 ……………（105）
二五七 玉镯 良渚文化 ……………（105）
二五八 玉镯 良渚文化 ……………（106）
二五九 玉镯 良渚文化 ……………（106）
二六〇 玉镯 良渚文化 ……………（106）
二六一 玉冠状饰 良渚文化 ………（107）
二六二 玉冠状饰 良渚文化 ………（107）
二六三 玉冠状饰 良渚文化 ………（107）
二六四 玉冠状饰 良渚文化 ………（107）
二六五 玉冠状饰 良渚文化 ………（108）
二六六 二六七 玉冠状饰
良渚文化 …………………（109）
二六八 玉冠状饰 良渚文化 ………（109）
二六九 玉冠状饰 良渚文化 ………（110）
二七〇 玉冠状饰 良渚文化 ………（110）
二七一 玉冠状饰 良渚文化 ………（110）
二七二 二七三 玉三叉形器
良渚文化 …………………（111）
二七四 玉三叉形器 良渚文化 ……（111）
二七五 玉三叉形器 良渚文化 ……（112）
二七六 玉三叉形器 良渚文化 ……（112）
二七七 二七八 玉三叉形器
良渚文化 …………………（112）
二七九 二八〇 玉三叉形器
良渚文化 …………………（113）
二八一 玉璜 良渚文化 ……………（114）
二八二 玉璜 良渚文化 ……………（114）
二八三 二八四 二八五 玉璜
良渚文化 …………………（115）
二八六 玉璜 良渚文化 ……………（116）
二八七 玉璜 良渚文化 ……………（116）

二八八 二八九 玉璜 良渚文化 …（116）
二九〇 玉璜 良渚文化……………（116）
二九一 玉琮 石峡文化……………（117）
二九二 玉斧 卡若文化……………（118）
二九三 玉璜 卡若文化……………（118）
二九四 玉锛 马家窑文化…………（118）
二九五 玉凿 马家窑文化…………（118）
二九六 玉玦出土坑位 卑南文化…（119）
二九七 玉玦出土坑位 卑南文化…（120）
二九八 玉玦 卑南文化……………（121）
二九九 玉双人兽形玦 卑南文化…（122）
三〇〇 玉多环兽形玦 卑南文化…（123）
三〇一 玉单人兽形玦 卑南文化…（123）

商周

一 玉琮 中原龙山文化陶寺类型晚期 ………………………（127）
二 玉璧 中原龙山文化陶寺类型晚期 ………………………（127）
三 玉臂环 中原龙山文化陶寺类型晚期 ………………………（127）
四 玉圭 商代早期……………………（128）
五 玉圭 商代早期……………………（128）
六 玉牙璋 商代早期………………（129）
七 玉牙璋 商代早期………………（129）
八 玉戈 商代早期……………………（129）
九 玉戈 商代早期……………………（130）
一〇 玉三孔刀 商代………………（130）
一一 玉戚 商代早期………………（130）
一二 玉七孔刀 商代早期…………（131）
一三 玉铲 商代早期………………（131）
一四 玉柄形饰 商代早期…………（131）
一五 玉琮 商代中期………………（132）
一六 玉箍 商代早期………………（132）
一七 玉柄形饰与玉坠 商代早期 ……………………………（132）
一八 玉戈 商代中期………………（133）
一九 玉戈 商代中期………………（133）
二〇 玉牙璋 商代中期……………（133）
二一 大玉戈 商代中期……………（134）
二二 玉援铜内戈 商代中期………（134）
二三 玉柄形饰 商代中期…………（134）
二四 玉钺 商代中期………………（134）
二五 玉瑗 商代中期………………（134）
二六 玉琮 商代晚期………………（135）
二七 玉璧 商代晚期………………（135）
二八 玉圭 商代晚期………………（135）
二九 玉环 商代晚期………………（136）
三〇 玉簋 商代晚期………………（136）
三一 玉盘 商代晚期………………（136）
三二 玉戈 商代晚期………………（137）
三三 玉戈 商代晚期………………（137）
三四 玉戈 商代晚期………………（137）
三五 玉戈 商代晚期………………（137）
三六 玉矛铜骹 商代晚期…………（138）
三七 玉戚 商代晚期………………（138）
三八 玉钺 商代晚期………………（138）
三九 龙纹大玉刀 商代晚期………（139）
四〇 兽面纹玉斧 商代晚期………（139）
四一 玉凿 商代晚期………………（139）

四二 玉锛 商代晚期………………（139）

四三 玉脊棱刀 商代晚期…………（140）

四四 玉边刃刀 商代晚期…………（140）

四五 璧虎形玉刻刀 商代晚期……（140）

四六 玉觿 商代晚期………………（141）

四七 玉纺轮 商代晚期……………（141）

四八 弦纹玉刻刀 商代晚期………（141）

四九 玉调色盘 商代晚期…………（142）

五〇 玉梳 商代晚期………………（142）

五一 玉匕 商代晚期………………（142）

五二 腰佩宽柄器玉人 商代晚期…（143）

五三 五四 腰佩宽柄器玉人 商代晚期 ……………………（144）

五五 梳短辫玉人 商代晚期………（145）

五六 五七 玉阴阳人 商代晚期 …（146）

五八 方头玉蟠龙 商代晚期………（147）

五九 玉龙 商代晚期………………（147）

六〇 玉蟠龙 商代晚期……………（148）

六一 玉双角蟠龙 商代晚期………（148）

六二 玉凤 商代晚期………………（148）

六三 玉怪鸟负龙 商代晚期………（148）

六四 玉虎 商代晚期………………（149）

六五 玉卷尾虎 商代晚期…………（149）

六六 玉长尾虎 商代晚期…………（149）

六七 玉象 商代晚期………………（150）

六八 虎形玉饰 商代晚期…………（150）

六九 玉熊 商代晚期………………（150）

七〇 玉熊 商代晚期………………（150）

七一 玉鹿 商代晚期………………（151）

七二 玉牛 商代晚期………………（151）

七三 玉马 商代晚期………………（151）

七四 玉回首牛 商代晚期…………（151）

七五 玉回首狗 商代晚期…………（152）

七六 玉兔 商代晚期………………（152）

七七 玉兔 商代晚期………………（152）

七八 玉兽面 商代晚期……………（153）

七九 玉兽面 商代晚期……………（153）

八〇 玉猪 商代晚期………………（153）

八一 玉长颈鹤 商代晚期…………（154）

八二 玉鸮 商代晚期………………（154）

八三 八四 玉鹰 商代晚期 ………（154）

八五 玉长尾鹦鹉 商代晚期………（155）

八六 玉夔冠鹦鹉 商代晚期………（155）

八七 玉双鹦鹉 商代晚期…………（155）

八八 玉鸟 商代晚期………………（155）

八九 玉长尾鸟 商代晚期…………（156）

九〇 玉鸟 商代晚期………………（156）

九一 玉鸟 商代晚期………………（156）

九二 玉雁 商代晚期………………（156）

九三 玉燕雏 商代晚期……………（156）

九四 玉鹅 商代晚期………………（157）

九五 玉鱼 商代晚期………………（158）

九六 俏色玉鳖 商代晚期…………（158）

九七 玉鸭 商代晚期………………（158）

九八 玉双龟 商代晚期……………（159）

九九 玉螳螂 商代晚期……………（159）

一〇〇 龙形玉玦 商代晚期………（159）

一〇一 龙形玉玦 商代晚期………（159）

一〇二 玉龙形璜 商代晚期………（160）

一〇三 玉鱼形璜 商代晚期………（160）

一〇四 虺形玉玦 商代晚期………（160）
一〇五 玉长方牌形饰 商代晚期…（160）
一〇六 玉圆箍形饰 商代晚期……（161）
一〇七 玉圆箍形饰 商代晚期……（161）
一〇八 玉饰与玉螺 商代晚期……（161）
一〇九 玉柄形饰 商代晚期………（161）
一一〇 玉笄 商代晚期……………（162）
一一一 玉韘 商代晚期……………（162）
一一二 玉斧 商代晚期……………（162）
一一三 玉镞 商代晚期……………（163）
一一四 玉鸟 商代晚期……………（163）
一一五 鱼形玉饰 商代晚期………（163）
一一六 玉斧 商代晚期……………（164）
一一七 玉蝉 商代晚期……………（164）
一一八 人面形玉饰 商代晚期……（164）
一一九 锤形玉饰 商代晚期………（164）
一二〇 玉斧 商代晚期……………（164）
一二一 玉鹿 商代晚期……………（165）
一二二 玉鸮 商代晚期……………（165）
一二三 玉蝉 商代晚期……………（165）
一二四 玉鹿首 商代晚期…………（166）
一二五 玉燕 商代晚期……………（166）
一二六 玉虎 商代晚期……………（166）
一二七 玉鸟 商代晚期……………（166）
一二八 玉鱼 商代晚期……………（167）
一二九 玉蝉 商代晚期……………（167）
一三〇 玉璜 商代晚期……………（167）
一三一 玉琮 商代晚期……………（168）
一三二 玉璧 商代晚期……………（168）
一三三 玉长条扉棱片 商代晚期…（168）
一三四 玉戈 商代晚期……………（168）
一三五 彩石羽神 商代晚期………（169）
一三六 一三七 玉神人兽面形饰
商代晚期 ……………………（170）
一三八 玉坠 商代晚期……………（171）
一三九 玉坠饰 商代晚期…………（171）
一四〇 玉柄形器 商代晚期………（171）
一四一 玉柄形器 商代晚期………（172）
一四二 玉夔龙扁足 商代晚期……（172）
一四三 绿松石蝉与泡 商代晚期…（172）
一四四 玉璧 商代晚期……………（173）
一四五 玉牙璋 商代晚期…………（173）
一四六 玉牙璋 商代晚期…………（173）
一四七 玉牙璋 商代晚期…………（173）
一四八 玉牙璋 商代晚期…………（174）
一四九 一五〇 玉牙璋 商代晚期 …（174）
一五一 玉瑗 商代晚期……………（175）
一五二 玉瑗 商代晚期……………（175）
一五三 玉戈 商代晚期……………（175）
一五四 玉戈 商代晚期……………（175）
一五五 玉戈 商代晚期……………（175）
一五六 玉锛 商代晚期……………（176）
一五七 玉锄 商代晚期……………（176）
一五八 玉匕 商代晚期……………（176）
一五九 玉铲 商代晚期……………（176）
一六〇 玉戚 商代晚期……………（177）
一六一 玉佩 商代晚期……………（177）
一六二 青玉琮 商代晚期…………（177）
一六三 玉戈 商代晚期……………（178）
一六四 玉戈 商代晚期……………（178）

一六五 玉鸮 商代晚期 ……………（178）
一六六 玉兽面铭文戈 商代晚期 …（178）
一六七 青玉龙纹璧 商代晚期 ……（179）
一六八 玉兽面纹戈 商代晚期 ……（179）
一六九 玉兽面纹戈 商代 …………（179）
一七〇 玉戈 商代 ………………（179）
一七一 大玉戈 商代 ……………（179）
一七二 兽面纹玉戚 商代 …………（180）
一七三 兽面纹玉戚 商代晚期 ……（180）
一七四 兽面纹玉刀 商代 …………（180）
一七五 青玉龙首纹 商代晚期 ……（180）
一七六 兽首玉觿 商代晚期 ………（181）
一七七 玉人 商代晚期 ……………（181）
一七八 人面纹玉饰 商代 …………（181）
一七九 黄玉龙纹饰 商代晚期 ……（181）
一八〇 黄玉鹰攫人首佩 商代 ……（182）
一八一 透雕玉凤 商代 ……………（183）
一八二 黄玉蜥蜴形佩 商代晚期 …（183）
一八三 牛面玉佩 商代晚期 ………（183）
一八四 黄玉牛形埶与牛形佩
商代晚期 …………………（183）
一八五 双鸟纹玉璜 商代晚期 ……（184）
一八六 青玉燕式佩 商代晚期 ……（184）
一八七 黄玉螳螂形佩 商代晚期 …（184）
一八八 玉螳螂 商代 ………………（184）
一八九 玉龟 商代 ………………（184）
一九〇 玉璇玑 商代早期 …………（184）
一九一 兽形玉埶 商代晚期 ………（185）
一九二 玉龟腹甲 商代晚期 ………（185）
一九三 兽首玉佩 商代 …………（185）
一九四 青玉龙形玦 商代晚期 ……（185）
一九五 青玉甲子表残版
商代晚期 …………………（186）
一九六 玉铲 西周早期 ……………（186）
一九七 玉凿 西周早期 ……………（186）
一九八 玉铲 西周早期 ……………（186）
一九九 玉鸟纹刀 西周早期 ………（186）
二〇〇 玉兽形刻刀 西周早期 ……（187）
二〇一 玉夔形觿 西周早期 ………（187）
二〇二 玉龙纹觿 西周 ……………（187）
二〇三 玉牛调色器 西周早期 ……（187）
二〇四 玉双龙纹璧 西周中期 ……（187）
二〇五 玉璧 西周早期 ……………（187）
二〇六 玉琮 西周早期 ……………（188）
二〇七 玉鸟纹琮 西周 ……………（188）
二〇八 玉琮 西周早期 ……………（188）
二〇九 玉璋 西周早期 ……………（188）
二一〇 玉戚 西周早期 ……………（189）
二一一 玉戚 西周早期 ……………（189）
二一二 玉戚 西周早期 ……………（189）
二一三 玉戈 西周 ………………（189）
二一四 玉戈 西周 ………………（190）
二一五 玉戈 西周中期 ……………（190）
二一六 玉戈 西周早期 ……………（190）
二一七 玉戚 西周 ………………（190）
二一八 玉人 西周早期 ……………（190）
二一九 二二〇 玉透雕龙凤人物饰
西周 ………………………（191）
二二一 青玉人形佩 西周 …………（192）
二二二 青玉夔纹人首佩 西周 ……（192）

二二三 玉镂雕人首龙形佩 西周…（193）
二二四 玉鹿 西周晚期……………（193）
二二五 玉鹿 西周…………………（193）
二二六 玉鹿 西周中期……………（193）
二二七 青玉鹿 西周………………（193）
二二八 玉猪 玉牛 西周 …………（194）
二二九 玉牛 西周中期……………（194）
二三〇 玉牛面 西周晚期 …………（194）
二三一 青玉马面 西周……………（194）
二三二 碧玉兔 西周早期…………（195）
二三三 玉兔 西周中期……………（195）
二三四 玉伏虎 西周早期…………（195）
二三五 玉虎 西周中期……………（195）
二三六 青玉虎 西周………………（196）
二三七 玉夔龙佩 西周早期………（196）
二三八 玉龙 西周…………………（196）
二三九 玉龙 西周…………………（196）
二四〇 玉曲体龙 西周……………（197）
二四一 玉夔龙圆形佩 西周………（197）
二四二 玉龙凤纹饰 西周中期……（197）
二四三 玉凤纹佩 西周中期………（197）
二四四 青玉龙纹佩 西周中期……（198）
二四五 玉鸟饰 西周………………（198）
二四六 玉兽面纹饰 西周…………（198）
二四七 青玉双凤纹佩 西周………（199）
二四八 玉镂空兽面饰 西周晚期…（199）
二四九 玉龙 西周晚期……………（199）
二五〇 玉雀 西周早期……………（200）
二五一 玉鸮 西周早期……………（200）
二五二 青玉鸬鹚 西周早期………（200）
二五三 玉鹅 西周早期……………（200）
二五四 玉鹰 西周早期……………（201）
二五五 玉鸟 西周…………………（201）
二五六 玉鸟 西周…………………（201）
二五七 玉鱼 西周…………………（202）
二五八 玉鱼 西周…………………（202）
二五九 玉鱼 西周中期……………（202）
二六〇 玉鱼 西周…………………（202）
二六一 玉鱼 西周…………………（203）
二六二 玉鱼 西周…………………（203）
二六三 玉鱼 西周…………………（203）
二六四 玉蝗 西周…………………（203）
二六五 玉蚕 西周…………………（204）
二六六 黄玉丝束纹蚕形佩 西周…（204）
二六七 青玉玦 西周………………（204）
二六八 玉鸟纹玦 西周……………（204）
二六九 青玉箍 西周………………（205）
二七〇 玉龟串饰 西周早期………（205）
二七一 玉笄 西周…………………（205）
二七二 玉笄 西周…………………（205）
二七三 玉三璜串饰 西周…………（206）
二七四 玉饰 西周…………………（206）
二七五 玉项链 西周………………（207）
二七六 玉佩饰 西周………………（207）
二七七 玉件饰 西周晚期…………（207）
二七八 玉双鸟纹柄形饰 西周……（207）
二七九 青玉鸟兽纹柄形饰 西周…（208）
二八〇 青玉龙纹柄形饰 西周……（208）
二八一 玉鸟纹柄形饰 西周………（209）
二八二 玉柄形饰 西周……………（209）

二八三 玉柄形饰 西周……………（209）
二八四 白玉柄形饰 西周…………（209）
二八五 玉方柱柄形饰 西周………（209）
二八六 玉柄铁剑 西周晚期………（210）
二八七 玉龙纹璜 西周早期………（210）
二八八 玉鸟纹璜 西周……………（210）
二八九 玉鸟纹璜 西周……………（210）
二九〇 玉凤纹璜 西周……………（210）
二九一 青玉龙纹璜 西周…………（211）
二九二 玉龙纹璜 西周……………（211）
二九三 玉虎纹璜 西周……………（212）
二九四 青玉双夔璜 西周…………（212）
二九五 玉夔龙纹璜 西周…………（212）
二九六 金玉面罩 佩饰 西周 ……（213）
二九七 玉贝 西周晚期……………（214）
二九八 玉管 西周中期……………（214）
二九九 玉瑗 西周…………………（214）
三〇〇 白玉兽面纹扁鋬
西周早期 ………………（214）
三〇一 青玉璇玑 西周……………（214）

春秋战国

一 玉兽面 春秋早期………………（217）
二 玉璧 春秋早期…………………（217）
三 玉虎 春秋早期…………………（217）
四 玉虎 春秋早期…………………（218）
五 玉虎 春秋早期…………………（218）
六 玉兽面 春秋早期………………（218）
七 玉玦 春秋早期…………………（218）
八 玉鱼 春秋早期…………………（219）
九 玉鱼 春秋早期…………………（219）
一〇 玉鱼 春秋早期………………（219）
一一 玉两头龙饰 春秋早期………（220）
一二 玉虬龙形饰 春秋早期………（220）
一三 玉玦 春秋早期………………（221）
一四 玉玦 春秋早期………………（221）
一五 玉蚕 春秋早期………………（221）
一六 玉珠 玉片项饰 春秋早期 …（222）
一七 鸡血色石珠 马蹄形玉石饰
串饰 春秋早期………………（222）
一八 鸡血色石 绿松石串饰
春秋早期 ……………………（223）
一九 玉料 鸡血色石腕饰
春秋早期 ……………………（223）
二〇 玉片 鸡血色石项饰
春秋早期 ……………………（223）
二一 石玦与石片 春秋中期………（224）
二二 玉人 春秋中期………………（225）
二三 玉牌饰 春秋中期……………（225）
二四 玉玦 春秋中期………………（225）
二五 石片 春秋晚期………………（226）
二六 玛瑙 玉珠 春秋晚期 ………（226）
二七 水晶佩饰 春秋晚期…………（226）
二八 玉髓管饰 春秋晚期…………（227）
二九 水晶佩饰 春秋晚期…………（227）
三〇 玉环 春秋晚期………………（227）
三一 玉环 春秋晚期………………（227）
三二 玉璜 春秋晚期………………（228）
三三 玉璜 春秋晚期………………（228）
三四 玉璜 春秋晚期………………（228）

三五 玉璜 春秋晚期……………… (228)
三六 玉龙形佩 春秋晚期………… (229)
三七 玉龙形佩 春秋晚期………… (229)
三八 玉龙凤合体佩 春秋晚期…… (229)
三九 玉龙凤合体佩 春秋晚期…… (230)
四〇 玉龙形佩 春秋晚期………… (230)
四一 玉双系拱形起脊饰
春秋晚期 …………………… (231)
四二 玉佩饰 春秋晚期…………… (231)
四三 玉佩 春秋晚期……………… (231)
四四 玉髓龙形佩饰 春秋晚期…… (232)
四五 水晶珠串饰 春秋晚期……… (232)
四六 玉长条形饰 春秋晚期……… (232)
四七 玉剑珌 春秋晚期…………… (233)
四八 玉扳指 春秋晚期…………… (233)
四九 玉剑璏 春秋晚期…………… (233)
五〇 玉剑珌 春秋晚期…………… (233)
五一 玉管 春秋晚期……………… (234)
五二 玉柱状饰 春秋晚期………… (234)
五三 玉管饰 春秋晚期…………… (234)
五四 玉三棱形饰 春秋晚期……… (235)
五五 玉半圆形佩饰 春秋晚期…… (235)
五六 玉髓管 春秋晚期…………… (235)
五七 玉牌 春秋晚期……………… (236)
五八 玉簪二件 春秋晚期………… (236)
五九 玉环 玉绞丝纹环
春秋晚期 …………………… (237)
六〇 玉玦 春秋晚期……………… (237)
六一 玉冲牙 春秋晚期…………… (237)
六二 玉冲牙 玉觿 春秋晚期 …… (237)
六三 玉虎 春秋晚期……………… (238)
六四 玉冲牙 春秋晚期…………… (238)
六五 玉半环形器 春秋晚期……… (238)
六六 玉牌 春秋晚期……………… (238)
六七 玉梳 春秋晚期……………… (239)
六八 玉璧 春秋晚期……………… (240)
六九 蚀花石髓管 春秋晚期……… (240)
七〇 玉牌 春秋晚期……………… (241)
七一 玉簪帽饰 春秋晚期………… (241)
七二 玛瑙珠串饰 春秋晚期……… (241)
七三 玉长方形穿孔饰 春秋晚期… (241)
七四 玉管 春秋晚期……………… (241)
七五 玉两头兽饰 玉兽鸟合体饰
春秋晚期 …………………… (242)
七六 玉觿 玉饰 春秋晚期 ……… (242)
七七 玉虎 春秋晚期……………… (242)
七八 玉饰 春秋晚期……………… (242)
七九 玉兽 春秋晚期……………… (243)
八〇 玉长条齿边形饰 春秋晚期… (243)
八一 玉冲牙 春秋晚期…………… (243)
八二 玉玦 春秋晚期……………… (243)
八三 玉饰 春秋晚期……………… (244)
八四 玉饰 春秋晚期……………… (244)
八五 玉饰 春秋晚期……………… (245)
八六 玉璧 春秋晚期……………… (245)
八七 玉虎 春秋晚期……………… (245)
八八 铁匕首玉柄 春秋晚期……… (246)
八九 玉环 春秋晚期……………… (246)
九〇 玉石饰 春秋晚期…………… (246)
九一 玉剑首 玉剑格 春秋晚期 … (247)

九二 玉璧 春秋晚期……………… (247)
九三 玉璧 春秋晚期……………… (247)
九四 玉虎形佩 春秋晚期………… (248)
九五 玉璜 春秋晚期……………… (248)
九六 玉璜 春秋晚期……………… (249)
九七 玉璜 春秋晚期……………… (249)
九八 玉璜 春秋晚期……………… (249)
九九 玉鹦鹉首拱形饰 春秋晚期… (249)
一〇〇 玉双系拱形起脊饰
春秋晚期 ………………… (250)
一〇一 玉竹节形饰 春秋晚期…… (251)
一〇二 玉圆管形饰 春秋晚期…… (251)
一〇三 玉冲牙 春秋晚期………… (252)
一〇四 玉弧形饰 春秋晚期……… (252)
一〇五 玉长条齿边形饰
春秋晚期 ………………… (253)
一〇六 玉长条齿边形饰
春秋晚期 ………………… (253)
一〇七 玉长方形饰 春秋晚期…… (254)
一〇八 玉镯 春秋晚期…………… (254)
一〇九 玉圭 春秋晚期…………… (254)
一一〇 玉璋 春秋晚期…………… (255)
一一一 玉戈 春秋晚期…………… (255)
一一二 玉圭 春秋晚期…………… (255)
一一三 玉璋 春秋晚期…………… (256)
一一四 玉璋 春秋晚期…………… (256)
一一五 玉璧 春秋晚期…………… (256)
一一六 玉珑 春秋晚期…………… (256)
一一七 一一八 玉带钩
春秋晚期 ………………… (257)
一一九 一二〇 玉人 春秋晚期 … (257)
一二一 玉璧 春秋晚期…………… (258)
一二二 玉璜 春秋晚期…………… (258)
一二三 一二四 玉佩 春秋晚期 … (258)
一二五 玉璜 春秋晚期…………… (259)
一二六 玉双龙首璜 春秋晚期…… (259)
一二七 一二八 玉双龙首璜
春秋晚期 ………………… (259)
一二九 玉环 春秋晚期…………… (260)
一三〇 玛瑙管 春秋晚期………… (260)
一三一 玉瑗 春秋晚期…………… (261)
一三二 玉环 春秋晚期…………… (261)
一三三 玉璧 春秋晚期…………… (261)
一三四 玉人首 春秋……………… (262)
一三五 玉兽面 春秋……………… (262)
一三六 玉蟠龙纹戚 春秋………… (263)
一三七 组玉佩 战国早期………… (263)
一三八 石人面形片饰 战国早期… (264)
一三九 玉璧 战国早期…………… (265)
一四〇 玉璧 战国早期…………… (265)
一四一 玉璧 战国早期…………… (265)
一四二 玉龙纹佩 战国早期……… (265)
一四三 玉龙纹璜 战国早期……… (265)
一四四 玉环 战国早期…………… (266)
一四五 玉马 战国早期…………… (266)
一四六 玉龙形饰 战国早期……… (266)
一四七 玉博具 战国早期………… (266)
一四八 玉龙形饰 战国早期……… (267)
一四九 玉虎 战国早期…………… (267)
一五〇 玉兽 战国早期…………… (267)

一五一 玉环 战国早期 ……………（267）
一五二 玉琮 战国早期 ……………（268）
一五三 玉兽形佩 战国早期 ………（268）
一五四 玉龙形佩 战国早期 ………（268）
一五五 玉龙形佩 战国早期 ………（268）
一五六 玉璜 战国早期 ……………（268）
一五七 玉璜 战国早期 ……………（268）
一五八 龙形玉佩 战国早期 ………（269）
一五九 玉佩 战国早期 ……………（269）
一六〇 水晶 骨珠项饰
战国早期 …………………（269）
一六一 玉璧 战国早期 ……………（269）
一六二 玉璧 战国早期 ……………（269）
一六三 玉琀 战国早期 ……………（270）
一六四 金缕玉璜 战国早期 ………（270）
一六五 玉璜 战国早期 ……………（270）
一六六 玉首铜刀 战国早期 ………（271）
一六七 玉人 战国早期 ……………（271）
一六八 玉梳 战国早期 ……………（271）
一六九 玉龙形佩 战国早期 ………（272）
一七〇 玉兽面琮 战国早期 ………（272）
一七一 一七二 玉具剑
战国早期 …………………（272）
一七三 玉四节佩 战国早期 ………（273）
一七四 透雕玉璜 战国早期 ………（274）
一七五 玉双龙璧 战国早期 ………（274）
一七六 一七七 玉多节龙凤纹佩
战国早期 …………………（274）
一七八 玉璧 战国早期 ……………（275）
一七九 玉玦 战国早期 ……………（275）
一八〇 玉双鸟纹拱形佩
战国早期 …………………（275）
一八一 玉透雕双龙佩 战国早期 …（275）
一八二 玉虎形佩 战国早期 ………（276）
一八三 玉方镯 战国早期 …………（276）
一八四 玉半琮 战国早期 …………（276）
一八五 玉蟠龙饰 战国早期 ………（276）
一八六 玉扳指 战国早期 …………（277）
一八七 玉带钩 战国早期 …………（277）
一八八 玉琀 战国早期 ……………（277）
一八九 玉鱼形佩 战国早期 ………（277）
一九〇 玉鸟首形佩 战国早期 ……（277）
一九一 玉琮 战国早期 ……………（278）
一九二 玉璧 战国早期 ……………（278）
一九三 玉璜 战国早期 ……………（278）
一九四 石片 战国中期 ……………（279）
一九五 玉璜 战国中期 ……………（279）
一九六 玉璜 战国中期 ……………（279）
一九七 玉璜 战国中期 ……………（279）
一九八 玉佩 战国中期 ……………（280）
一九九 玉圭 战国中期 ……………（280）
二〇〇 玉册 战国中期 ……………（280）
二〇一 玉鹦鹉佩 战国中期 ………（280）
二〇二 包金嵌玉银带钩
战国中期 …………………（281）
二〇三 玉鸟 战国中期 ……………（281）
二〇四 玉人骑兽佩 战国中期 ……（281）
二〇五 玉人骑兽佩 战国中期 ……（282）
二〇六 玉带钩 战国中期 …………（283）
二〇七 组玉佩 战国中期 …………（283）

二〇八 玛瑙环 战国中期 …………（284）
二〇九 玉龙形佩 战国中期 ………（284）
二一〇 鎏金嵌玉铜带钩
战国中期 …………………（284）
二一一 玉镂空双鸟纹佩
战国中期 …………………（284）
二一二 玉璧 战国中期 ……………（284）
二一三 玉透雕三龙环形饰
战国中期 …………………（285）
二一四 玉虎形佩 战国中期 ………（286）
二一五 玉龙佩 战国中期 …………（286）
二一六 玉龙佩 战国中期 …………（287）
二一七 玉双龙佩 战国中期 ………（287）
二一八 二一九 玉虎 战国中期 …（287）
二二〇 玉双夔龙长方板
战国中期 …………………（288）
二二一 玉透雕双龙板 战国中期 …（289）
二二二 玉龙纹饰板 战国中期 ……（289）
二二三 玉夔龙纹佩 战国中期 ……（289）
二二四 玉透雕四凤饰 战国中期 …（290）
二二五 玉龙纹佩 战国中期 ………（290）
二二六 玛瑙串饰 战国中期 ………（290）
二二七 玛瑙管珠串饰 战国中期 …（290）
二二八 玉璧 战国晚期 ……………（290）
二二九 玉人 战国中期 ……………（291）
二三〇 玉龙纹长方板 战国晚期 …（291）
二三一 玉龙纹板 战国晚期 ………（292）
二三二 玉璧 战国中期 ……………（293）
二三三 玉璧 战国中期 ……………（293）
二三四 玉环 战国中期 ……………（293）
二三五 玛瑙环 战国中期 …………（293）
二三六 水晶环 战国中期 …………（293）
二三七 玉冲牙 战国中期 …………（294）
二三八 玉双龙首玦 战国中期 ……（294）
二三九 玉夔龙纹觿 战国中期 ……（294）
二四〇 玉蟠龙椭圆形璧
战国中期 …………………（295）
二四一 玉双凤饰璧 战国中期 ……（295）
二四二 玉璜 战国中期 ……………（296）
二四三 玉璜 战国中期 ……………（296）
二四四 玉团夔饰 战国晚期 ………（296）
二四五 玉环 战国中期 ……………（297）
二四六 玉璧 战国中期 ……………（297）
二四七 玉佩 战国中期 ……………（297）
二四八 玉璜 战国中期 ……………（298）
二四九 玉璜 战国中期 ……………（298）
二五〇 玉长条齿边形饰
战国中期 …………………（298）
二五一 玉双夔龙纹佩 战国中期 …（299）
二五二 玉龙佩 战国中期 …………（299）
二五三 玉双龙佩 战国中期 ………（299）
二五四 玉带钩 战国中期 …………（300）
二五五 错金嵌玉铁带钩
战国中期 …………………（300）
二五六 玉璜 战国中期 ……………（300）
二五七 玉璜 战国中期 ……………（300）
二五八 玉璜（一对）战国晚期 …（301）
二五九 玉龙形佩（一对）战国晚期（301）
二六〇 玉龙形佩（一对）战国晚期（301）
二六一 玉璧 战国晚期 ……………（302）

二六二 玉璧 战国晚期……………（302）
二六三 玉璜 战国晚期……………（302）
二六四 玉璜 战国晚期……………（303）
二六五 玉佩 战国晚期……………（303）
二六六 玉龙形佩 战国晚期………（303）
二六七 玉龙形佩 战国晚期………（303）
二六八 玉环 战国晚期……………（304）
二六九 玉双鸟双兽璧形器
战国晚期 …………………（304）
二七〇 二七一 玉带钩 战国晚期 …（304）
二七二 玉璜 战国晚期……………（305）
二七三 玉璜 战国晚期……………（305）
二七四 玉佩 战国晚期……………（306）
二七五 玉佩 战国晚期……………（306）
二七六 玉佩 战国晚期……………（306）
二七七 二七八 玉佩 战国晚期 …（307）
二七九 玉佩 战国晚期……………（307）
二八〇 玉牌 战国晚期……………（308）
二八一 金柄玉环首 战国晚期……（308）
二八二 镶玉鎏金铜镜架 战国晚期…（309）
二八三 玉条形饰 战国晚期………（309）
二八四 玉条形觿 战国晚期………（309）
二八五 玉管 战国晚期……………（310）
二八六 玉瓶形饰 战国晚期………（311）
二八七 玉镂空龙纹佩 战国晚期…（311）
二八八 玉镂空龙凤纹佩
战国晚期 …………………（311）
二八九 玉璜 战国晚期……………（311）
二九〇 玉双凤纹璜 战国晚期……（312）
二九一 玉璜 战国晚期……………（312）
二九二 玉璜 战国晚期……………（312）
二九三 玉镂空龙形佩 战国晚期…（313）
二九四 玉镂空龙凤佩 战国晚期…（313）
二九五 玉带钩 战国晚期…………（313）
二九六 金柄玉环 战国晚期………（313）
二九七 玉猛虎食人佩 战国………（314）
二九八 玉剑首 战国………………（314）
二九九 玉鱼形冲牙 战国…………（315）
三〇〇 龙纹饰 战国………………（315）
三〇一 玉透雕双龙佩 战国晚期…（315）
三〇二 玉透雕龙凤饰 战国晚期…（315）
三〇三 玉兽面形饰 战国…………（316）
三〇四 玉透雕龙纹璧 战国………（316）
三〇五 玉凤鸟形佩 战国晚期……（316）
三〇六 玉双龙双虎佩 战国………（316）

秦汉 — 南北朝

一 玉卧蚕纹璧 秦…………………（319）
二 玉剑首 秦………………………（319）
三 玉剑璏 秦………………………（319）
四 玉卧蚕纹璧 秦…………………（320）
五 玉瑗 秦…………………………（320）
六 玉鸟 秦…………………………（320）
七 玉杯 秦…………………………（321）
八 玉人（男）秦 …………………（322）
九 玉人（女）秦 …………………（322）
一〇 玉虎 秦………………………（323）
一一 玉兽纹璜 秦…………………（323）
一二 一三 玉“皇后之玺”印
西汉前期 …………………（323）

一四 玉蝉 秦 ……………………… (323)
一五 玉韘形佩 西汉前期 ………… (324)
一六 透雕玉饰 西汉前期 ………… (324)
一七 玉螭虎纹佩 西汉前期 ……… (324)
一八 玉螭凤纹珌 西汉前期 ……… (324)
一九 玉杯 西汉前期 ……………… (325)
二〇 玉卧蚕纹璧 西汉前期 ……… (326)
二一 玉剑璏 西汉前期 …………… (326)
二二 玉剑璏 西汉前期 …………… (326)
二三 玉卧蚕纹璧 西汉前期 ……… (327)
二四 玉蝉饰卮 西汉前期 ………… (327)
二五 丝缕玉衣 西汉前期 ………… (327)
二六 玉角形杯 西汉前期 ………… (328)
二七 铜承盘高足玉杯 西汉前期 … (328)
二八 玉盒 西汉前期 ……………… (329)
二九 玉兽首衔璧 西汉前期 ……… (329)
三〇 玉游龙卧蚕纹璧 西汉前期 … (329)
三一 玉重圈璧 西汉前期 ………… (330)
三二 玉龙凤纹璧 西汉前期 ……… (330)
三三 玉璧 西汉前期 ……………… (330)
三四 玉璧 西汉前期 ……………… (330)
三五 玉璧 西汉前期 ……………… (331)
三六 玉璧 西汉前期 ……………… (331)
三七 玉璧 西汉前期 ……………… (331)
三八 玉璧 西汉前期 ……………… (331)
三九 组玉佩 西汉前期 …………… (332)
四〇 玉双连璧 西汉前期 ………… (332)
四一 玉璧 西汉前期 ……………… (332)
四二 玉双凤卧蚕纹璧 西汉前期 … (333)
四三 玉龙凤饰璧 西汉前期 ……… (333)
四四 玉犀形璜 西汉前期 ………… (333)
四五 玉双龙蒲纹璜 西汉前期 …… (333)
四六 组玉佩 西汉前期 …………… (334)
四七 玉连体双龙佩 西汉前期 …… (334)
四八 玉三凤饰璧 西汉前期 ……… (334)
四九 玉龙纹环 西汉前期 ………… (335)
五〇 玉龙螭纹环 西汉前期 ……… (335)
五一 组玉佩 西汉前期 …………… (335)
五二 玉舞人 西汉前期 …………… (336)
五三 组玉佩 西汉前期 …………… (337)
五四 花蕾形玉佩 西汉前期 ……… (337)
五五 组玉佩 西汉前期 …………… (338)
五六 五七 玉璜 西汉前期 ……… (338)
五八 玉龙凤纹重环 西汉前期 …… (338)
五九 玉龙形佩 西汉前期 ………… (338)
六〇 玉凤纹牌形饰 西汉前期 …… (339)
六一 玉韘形佩 西汉前期 ………… (340)
六二 玉韘形佩 西汉前期 ………… (340)
六三 玉韘形佩 西汉前期 ………… (340)
六四 玉觿 西汉前期 ……………… (341)
六五 玉觿 西汉前期 ……………… (341)
六六 玉舞人 西汉前期 …………… (342)
六七 金钩玉龙 西汉前期 ………… (343)
六八 玉龙形带钩 西汉前期 ……… (343)
六九 玉龙虎并体带钩 西汉前期 … (343)
七〇 玉龙虎合体带钩 西汉前期 … (343)
七一 七二 玉剑珌 西汉前期 …… (344)
七三 玉剑首 西汉前期 …………… (344)
七四 玉剑首 西汉前期 …………… (344)
七五 玉剑格 西汉前期 …………… (345)

七六 玉剑璏 西汉前期……………（345）
七七 玉剑首 西汉前期……………（345）
七八 玉剑格 西汉前期……………（345）
七九 玉剑首 西汉前期……………（346）
八〇 玉剑格 西汉前期……………（346）
八一 八二 玉剑珌 西汉前期 ……（346）
八三 玉剑格 西汉前期……………（347）
八四 玉剑珌 西汉前期……………（347）
八五 镶玉盖杯 西汉前期…………（348）
八六 镶玉卮 西汉前期……………（348）
八七 金缕玉衣 西汉中期…………（348）
八八 玉透雕双龙谷纹璧
西汉中期 ……………………（349）
八九 玉璧 西汉中期………………（350）
九〇 玉圭 西汉中期………………（350）
九一 玉圭 西汉中期………………（350）
九二 玉人 西汉中期………………（350）
九三 玉龙形饰 西汉中期…………（351）
九四 玉凤鸟形饰 西汉中期………（351）
九五 玉韘形佩 西汉中期…………（351）
九六 玉凤鸟形饰 西汉中期………（352）
九七 玉圆管形饰 西汉中期………（352）
九八 玉笄 西汉中期………………（352）
九九 玉带钩 西汉中期……………（352）
一〇〇 玉印 西汉中期……………（353）
一〇一 玉印 西汉中期……………（353）
一〇二 玉剑首 西汉中期…………（354）
一〇三 玉剑珌 西汉中期…………（354）
一〇四 玉剑璏 西汉中期…………（354）
一〇五 玉剑珌 西汉中期…………（355）
一〇六 玉剑璏 玉剑珌 西汉中期…（355）
一〇七 镶玉铜枕 西汉中期………（355）
一〇八 镶玉铺首 西汉中期………（356）
一〇九 玉璧 西汉中期……………（356）
一一〇 金缕玉衣 西汉中期………（356）
一一一 玉璧 西汉中期……………（357）
一一二 玉韘形佩 西汉中期………（357）
一一三 玉圭 西汉中期……………（357）
一一四 玉璧 西汉中期……………（358）
一一五 玉韘形佩 西汉中期………（358）
一一六 玉马 西汉中期……………（358）
一一七 玉韘 西汉中期……………（358）
一一八 玉猪 西汉中期……………（358）
一一九 玉剑首 西汉中期…………（359）
一二〇 一二一 玉剑珌 西汉中期…（359）
一二二 玉剑璏 西汉中期…………（359）
一二三 一二四 玉剑珌 西汉中期…（360）
一二五 玉双凤饰系璧 西汉中期…（361）
一二六 玉龙首璜 西汉中期………（361）
一二七 玉夔龙纹环 西汉中期……（361）
一二八 玉韘形佩 西汉中期………（362）
一二九 玉璧 西汉中期……………（362）
一三〇 玉瑗 西汉中期……………（362）
一三一 玉璜 西汉中期……………（363）
一三二 玉韘形佩 西汉中期………（363）
一三三 玉韘形佩 西汉中期………（363）
一三四 玉觿 西汉中期……………（364）
一三五 玉觿 西汉中期……………（364）
一三六 玉带钩 西汉中期…………（364）
一三七 玉带钩 西汉中期…………（364）

一三八 玉舞人 西汉中期…………（365）
一三九 玉璧 西汉中期……………（365）
一四〇 玉瑗 西汉中期……………（365）
一四一 玉半璧形璜 西汉中期……（365）
一四二 玉长方形龙马纹饰
西汉中期 …………………（366）
一四三 玉韘形佩 西汉中期………（366）
一四四 玉韘形佩 西汉中期………（366）
一四五 玉贝 西汉中期……………（366）
一四六 玉铺首 西汉………………（367）
一四七 玉仙人奔马 西汉…………（368）
一四八 玉辟邪 西汉………………（368）
一四九 玉牛 西汉…………………（368）
一五〇 玉鹰 西汉…………………（369）
一五一 玉熊 西汉…………………（369）
一五二 玉龙形佩 西汉……………（369）
一五三 玉龙凤纹瑗 西汉后期……（370）
一五四 玉龙形觿 西汉后期………（370）
一五五 玉双龙首璜 西汉后期……（370）
一五六 玉韘形佩 西汉后期………（371）
一五七 玉舞人 西汉后期…………（372）
一五八 玉舞人 西汉后期…………（372）
一五九 玉贝 西汉后期……………（373）
一六〇 玉璧 西汉后期……………（373）
一六一 玉猪 西汉后期……………（373）
一六二 玉戈 西汉后期……………（373）
一六三 玉龙形佩 西汉后期………（373）
一六四 玉蝉 西汉…………………（374）
一六五 玉剑首 西汉………………（374）
一六六 玉蝉形琀 西汉……………（374）
一六七 玉璧 西汉后期……………（374）
一六八 玉佩 西汉后期……………（374）
一六九 玉觿 西汉后期……………（375）
一七〇 玉舞人 西汉后期…………（375）
一七一 玉螭虎纹饰 西汉后期……（375）
一七二 玉龙纹璜 西汉……………（375）
一七三 玉连体舞人 西汉…………（376）
一七四 玉璧 西汉…………………（376）
一七五 玉蝉 西汉…………………（376）
一七六 玉璧 西汉…………………（376）
一七七 玉璧 西汉…………………（377）
一七八 玉龙饰璜 西汉……………（377）
一七九 玉韘形佩 西汉……………（377）
一八〇 玉韘形佩 西汉……………（378）
一八一 玉韘形佩 西汉……………（378）
一八二 玉凤形佩 西汉……………（378）
一八三 玉觿 西汉…………………（379）
一八四 玉舞人 西汉………………（379）
一八五 玉舞人 西汉………………（379）
一八六 玉长方形佩 西汉…………（379）
一八七 玉猪 西汉…………………（380）
一八八 玉禽 西汉…………………（380）
一八九 玉贝 西汉…………………（380）
一九〇 玉戈 西汉…………………（381）
一九一 玉钺 西汉…………………（382）
一九二 玉剑首 西汉………………（382）
一九三 玉剑格 西汉………………（382）
一九四 玉剑格 西汉………………（382）
一九五 玉剑珌 西汉………………（383）
一九六 玉剑珌 西汉………………（383）

一九七 玉剑珌 西汉 ………………… (383)
一九八 玉龙凤饰佩 西汉后期 …… (384)
一九九 玉云龙饰佩 西汉后期 …… (384)
二〇〇 玉韘形佩 西汉后期 ……… (384)
二〇一 玉觿 西汉后期 …………… (384)
二〇二 玉舞人 西汉后期 ………… (385)
二〇三 玉贝 西汉后期 …………… (385)
二〇四 玉璜 西汉后期 …………… (385)
二〇五 玉璧 西汉后期 …………… (386)
二〇六 玉璧 西汉后期 …………… (386)
二〇七 带座玉琮 西汉后期 ……… (386)
二〇八 水晶剑首 西汉后期 ……… (387)
二〇九 水晶剑珌 西汉后期 ……… (387)
二一〇 玉带钩 西汉后期 ………… (387)
二一一 水晶剑璏 西汉后期 ……… (387)
二一二 玉剑璏 西汉后期 ………… (388)
二一三 玉剑格 西汉 ……………… (388)
二一四 玉剑璏 西汉 ……………… (388)
二一五 玉剑珌 西汉 ……………… (388)
二一六 玉佩 西汉后期 …………… (389)
二一七 玉璧 西汉后期 …………… (389)
二一八 玉蝉 西汉后期 …………… (389)
二一九 玉韘形佩 西汉后期 ……… (389)
二二〇 玉剑格 西汉后期 ………… (390)
二二一 镂空蟠螭玉饰 西汉后期 … (390)
二二二 玉剑璏 西汉后期 ………… (390)
二二三 玉剑璏 西汉后期 ………… (390)
二二四 玉夔凤形璜 汉 …………… (391)
二二五 玉觿 汉 …………………… (391)
二二六 玉獬豸 汉 ………………… (392)
二二七 玉舞人 汉 ………………… (392)
二二八 玉觿 汉 …………………… (392)
二二九 玉猪 汉 …………………… (393)
二三〇 二三一 玉剑珌 汉 ……… (393)
二三二 玉剑珌 汉 ………………… (394)
二三三 “长宜子孙”玉胜 汉 …… (394)
二三四 玉剑珌 汉 ………………… (394)
二三五 玉夔凤纹卮 汉 …………… (395)
二三六 玉剑珌 汉 ………………… (396)
二三七 玉韘形佩 汉 ……………… (396)
二三八 玉剑珌 汉 ………………… (396)
二三九 玉璧 东汉 ………………… (397)
二四〇 玉璧 东汉 ………………… (397)
二四一 玉璧 东汉 ………………… (397)
二四二 玉透雕蟠螭饰璧 东汉 …… (397)
二四三 玉枕 东汉 ………………… (398)
二四四 玉带钩 东汉 ……………… (398)
二四五 玉猪 东汉 ………………… (398)
二四六 玉蝉 东汉 ………………… (399)
二四七 玛瑙剑珌 东汉 …………… (399)
二四八 玉“宜子孙”璧 东汉 …… (400)
二四九 玉环 东汉 ………………… (400)
二五〇 玉俑 东汉 ………………… (400)
二五一 二五二 玉飞熊水滴 东汉 (401)
二五三 玉剑格 东汉 ……………… (401)
二五四 玉剑首 东汉 ……………… (401)
二五五 玛瑙剑璏 东汉 …………… (402)
二五六 玉二龙衔环饰谷纹璧 东汉 (402)
二五七 玉座屏 东汉 ……………… (402)
二五八 玉扇形佩 东汉 …………… (403)

二五九 玉环 东汉 …………………… (403)
二六〇 玉觿 东汉 …………………… (403)
二六一 玉璜 东汉 …………………… (404)
二六二 玉舞人 东汉 ………………… (404)
二六三 玉坠饰 东汉 ………………… (404)
二六四 玉辟邪 东汉 ………………… (405)
二六五 玉“宜子孙”谷纹璧 东汉… (405)
二六六 玉双螭饰谷纹璧 东汉 …… (405)
二六七 玉“益寿”谷纹璧 汉 …… (406)
二六八 玉“长乐”谷纹璧 汉 …… (406)
二六九 玉带钩 东汉 ………………… (406)
二七〇 玉带扣 东汉 ………………… (407)
二七一 绿松石子母鸽 东汉 ……… (407)
二七二 玉猪 东汉 …………………… (407)
二七三 玉坠饰 东汉 ………………… (408)
二七四 玉刚卯 东汉 ………………… (408)
二七五 玉剑璏 东汉 ………………… (408)
二七六 玉龙形佩 东汉 …………… (409)
二七七 玉剑珌 东汉 ………………… (409)
二七八 玉琮 六朝 …………………… (409)
二七九 玉杯 三国（魏） ………… (409)
二八〇 玉龙凤形佩 六朝 ………… (410)
二八一 玉马头饰 六朝 …………… (410)
二八二 玉蝉 六朝 …………………… (410)
二八三 玉龙螭纹佩 魏晋 ………… (411)
二八四 玉龙形佩 魏晋 …………… (411)
二八五 玉兽 魏晋 …………………… (411)
二八六 玉璏 西晋 …………………… (412)
二八七 玉带钩 西晋 ………………… (412)
二八八 玉双螭纹佩 东晋 ………… (413)
二八九 玉佩 东晋 …………………… (413)
二九〇 玉螭虎纽印 东晋 ………… (413)
二九一 玉猪 东晋 …………………… (414)
二九二 玉蝉 东晋 …………………… (414)
二九三 玉佩 东晋 …………………… (414)
二九四 玉盏 北燕 …………………… (414)
二九五 玉剑首 北燕 ………………… (415)
二九六 玉佩 南北朝 ………………… (415)
二九七 玉佩 北齐 …………………… (415)
二九八 玉璜 北齐 …………………… (415)
二九九 玉佩 北齐 …………………… (416)
三〇〇 玛瑙狮纹雕饰 北齐 …… … (416)
三〇一 玉佩 南朝 …………………… (416)
三〇二 玉环 南朝 …………………… (417)
三〇三 玉璜 南朝 …………………… (417)
三〇四 玉带钩 南朝 ………………… (417)
三〇五 玉透雕龙纹鲜卑头 ……… (418)
三〇六 黄玉瑞兽 南北朝 ………… (418)
三〇七 青玉异兽 南北朝 ………… (418)
三〇八 玉九螭纹饰板 南北朝 …… (418)

隋唐—明

一 白玉镂空飞天 唐 ……………… (421)
二 青玉镂空飞天 唐 ……………… (421)
三 青玉飞天 唐 …………………… (422)
四 白玉伎乐人纹带銙 唐 ……… (423)
五 白玉狮纹带銙 唐 …………… (423)
六 青玉花卉纹带板 唐 ………… (424)
七 白玉云龙纹带 五代 ………… (424)
八 青玉佩饰 唐 …………………… (425)

九 青白玉飞天纹佩 五代…………（425）
十 青白玉佩 五代……………………（426）
十一 白玉钗 隋……………………（426）
十二 白玉钗 唐……………………（426）
十三 十四 白玉钗花饰 唐 ………（427）
十五 青玉花鸟纹钗 唐……………（428）
十六 青玉镂空梳 唐………………（428）
十七 十八 白玉梳背 五代 ………（429）
十九 白玉花卉纹梳背 五代………（429）
二〇 白玉双凤纹梳背 五代………（429）
二一 白玉镶金镯 唐………………（429）
二二 玉人鹿图佩 唐………………（430）
二三 青玉鸟衔花佩 唐……………（431）
二四 金扣玉盏 隋…………………（431）
二五 白玉八瓣花形杯 唐…………（432）
二六 水晶八瓣花形杯 唐…………（432）
二七 玛瑙椭圆形杯 唐……………（432）
二八 玛瑙钵 唐……………………（432）
二九 玛瑙羚羊首杯 唐……………（433）
三〇 青玉人物图椭圆杯 唐………（433）
三一 青玉云纹单把杯 唐…………（434）
三二 青玉单耳椭圆花形杯 唐……（434）
三三 白玉单耳椭圆杯 唐…………（434）
三四 白玉莲花杯 唐………………（435）
三五 青玉镂空鸳鸯錾委角方粉盒
唐 ………………………………（435）
三六 青玉立人 唐…………………（435）
三七 青玉人骑象 唐………………（436）
三八 青玉卧鹿 唐…………………（436）
三九 白玉兔 隋……………………（436）
四〇 白玉狻猊 唐…………………（436）
四一 白玉蹲狮 唐…………………（437）
四二 青玉龙首 唐…………………（437）
四三 青玉猪 唐……………………（437）
四四 青玉鹰首饰件 唐……………（437）
四五 青玉哀册 五代………………（438）
四六 青玉哀册 五代………………（438）
四七 青玉哀册 五代………………（439）
四八 白玉莲花形环 唐……………（439）
四九 白玉蕃人进宝带板 唐………（439）
五〇 白玉蕃人执凤头壶带板 唐…（439）
五一 青玉弹琵琶胡人带銙 唐……（440）
五二 青玉执凤头壶胡人带銙 唐…（440）
五三 五四 五五 白玉胡人带銙 唐 （440）
五六 白玉乐舞胡人铊尾 唐………（441）
五七 白玉持杯胡人铊尾 唐………（442）
五八 青玉献宝胡人带銙 唐………（442）
五九 白玉吹笙人带銙 唐…………（442）
六〇 白玉蕃人吹奏带板 唐………（442）
六一 白玉蕃人击鼓带板 唐………（442）
六二 白玉蕃人进宝珠带板 唐……（442）
六三 白玉弹琵琶人带板 唐………（443）
六四 白玉嵌金佩 唐………………（443）
六五 青玉执翎扇人铊尾 唐………（443）
六六 青玉龙首饰 宋………………（443）
六七 青玉云雁纹铊尾 北宋………（444）
六八 白玉云雁纹饰 宋……………（444）
六九至七六 青玉池面人物带銙
南宋 ……………………………（445）
七七 玉人物带板 宋………………（446）

七八 玉人物带板 宋………………（446）
七九 白玉镂空云龙带环 宋………（446）
八〇 白玉龙纹带环 宋……………（447）
八一 青玉镂空折枝花佩 北宋……（448）
八二 青玉镂空竹枝佩 北宋………（448）
八三 青玉双鹤衔芝佩 北宋………（448）
八四 青玉镂空折枝花锁 北宋……（448）
八五 青白玉镂空双鹤衔芝佩 宋…（449）
八六 白玉镂雕飞鸟衔花佩 宋……（449）
八七 白玉镂空孔雀佩 宋…………（449）
八八 白玉镂空牵牛花佩 宋………（450）
八九 青玉镂空凌霄花佩 宋………（450）
九〇 白玉镂空樱桃佩 宋…………（450）
九一 青玉鱼佩 宋…………………（450）
九二 白玉镂空竹芝蟠龙佩 宋……（451）
九三 白玉瓜坠 宋…………………（452）
九四 水晶项链 北宋………………（452）
九五 青白玉环 北宋………………（452）
九六 青玉镯 北宋…………………（452）
九七 白玉发冠 宋…………………（453）
九八 青玉双股钗 北宋……………（453）
九九 青白玉孔雀形钗 北宋………（453）
一〇〇 水晶孔雀 北宋……………（454）
一〇一 金扣玛瑙碗 宋……………（454）
一〇二 青玉素碗 南宋……………（454）
一〇三 玛瑙环耳杯 南宋…………（454）
一〇四 青玉兽面纹卣 南宋………（455）
一〇五 白玉双鸟纹盒 北宋………（456）
一〇六 白玉夔龙柄葵花式碗 宋…（456）
一〇七 青玉兽耳云龙纹炉 宋……（456）
一〇八 玛瑙带托葵花式碗 宋……（457）
一〇九 玉龙耳活环杯 宋…………（457）
一一〇 青玉龙柄长方折角杯 宋…（457）
一一一 一一二 白玉鹿纹椭圆洗
宋 ……………………………（458）
一一三 青玉笔山 南宋……………（458）
一一四 水晶笔山 南宋……………（459）
一一五 白玉兽钮印 南宋…………（459）
一一六 青玉莲苞瓶 南宋…………（459）
一一七 白玉兔镇纸 南宋…………（459）
一一八 白玉荷叶杯 南宋…………（459）
一一九 青玉人 宋…………………（460）
一二〇 白玉鸭坠 宋………………（460）
一二一 玉龟 水晶龟 北宋 ………（460）
一二二 白玉卧鹿 宋………………（460）
一二三 青玉卧鹿 北宋……………（461）
一二四 墨玉衔莲鳜鱼 宋…………（461）
一二五 水晶鱼 北宋………………（461）
一二六 白玉童坠 宋………………（462）
一二七 青玉镂空“松下仙女图”
宋 ……………………………（462）
一二八 白玉镂空“福禄寿图”
宋 ……………………………（462）
一二九 白玉螭龙穿花图 宋………（463）
一三〇 白玉佩饰 辽………………（463）
一三一 一三二 青玉人物山子 宋…（463）
一三三 青白玉镂空飞天 辽………（464）
一三四 白玉镂空飞天 辽…………（464）
一三五 青玉鱼龙佩 辽……………（464）
一三六 青玉迦楼罗神鸟 辽金……（465）

一三七 白玉莲花纹杯 辽…………（466）
一三八 白玉云龙纹杯 辽…………（466）
一三九 玛瑙花式碗 辽……………（466）
一四〇 青玉双耳鹿纹八角杯 辽…（466）
一四一 青玉双鹅带盖小盒 辽……（466）
一四二 金链白玉竹节盒 辽………（467）
一四三 白玉兽 辽…………………（468）
一四四 白玉牡丹花形冠饰 辽……（468）
一四五 金扣玉带 金………………（468）
一四六 玉寿带衔花佩 金…………（468）
一四七 白玉寿带啄花佩 金………（469）
一四八 一四九 青玉“龟游”佩 金 （469）
一五〇 青玉童 金…………………（470）
一五一 青玉童 金…………………（470）
一五二 墨玉藻鱼 金………………（471）
一五三 玉荷叶鱼坠 金……………（471）
一五四 青玉镂雕仙人纽 金………（471）
一五五 白玉衔芦天鹅 金…………（472）
一五六 白玉镂雕鹘攫天鹅饰 金…（472）
一五七 青玉鹘攫天鹅饰 金………（472）
一五八 白玉镂空鹘攫天鹅带环 金…（472）
一五九 青玉双鹿带环 辽金………（473）
一六〇 白玉镂雕双鹿牌饰 金……（473）
一六一 白玉环 金…………………（473）
一六二 一六三 玉虎纽押 元 ……（474）
一六四 青玉龙纽押 元……………（474）
一六五 渎山大玉海 元……………（474）
一六六 青玉莲托坐龙 元早期……（475）
一六七 青玉镂空龙凤纽 元………（476）
一六八 白玉苍龙教子带钩 元……（476）
一六九 玉带钩 元…………………（476）
一七〇 白玉龙首带钩环 元………（476）
一七一 青白玉螭纹连环带环 元…（477）
一七二 青白玉镂空凤穿花璧 元…（477）
一七三 白玉蟠螭纹带饰 元………（477）
一七四 玉鱼形饰 元………………（478）
一七五 青玉佩饰 元………………（478）
一七六 青玉螭龙圆牌饰 元………（478）
一七七 水晶项链 元………………（479）
一七八 白玉凌霄花嵌饰 元………（479）
一七九 白玉贯耳盖瓶 元…………（479）
一八〇 青玉龙纹双耳活环樽 元…（480）
一八一 白玉双人耳礼乐杯 元……（481）
一八二 青玉火焰珠把杯 元………（481）
一八三 青玉雁柄杯 元……………（481）
一八四 白玉山茶花杯 元…………（481）
一八五 青玉十角双耳杯 元………（481）
一八六 青玉龙首柄杯 元…………（482）
一八七 白玉葵花杯 元……………（482）
一八八 青玉婴戏坠 元……………（482）
一八九 青玉桃形洗 元……………（482）
一九〇—一九三 白玉雁 元………（483）
一九四 玉鱼 元……………………（484）
一九五 白玉鱼藻佩 元……………（484）
一九六 白玉独角兽 元……………（484）
一九七“春水”玉饰 元 …………（484）
一九八 白玉镂雕双虎环佩 元……（485）
一九九 白玉镂空云龙玉带铐 明初…（485）
二〇〇 金镶白玉带板 明…………（486）
二〇一 白玉镂雕蟠龙带板 明早期…（486）

二〇二 墨玉圭 明……………………（487）
二〇三 白玉圭 明……………………（487）
二〇四 青玉金龙纹佩 明…………（487）
二〇五 白玉镂雕蟠龙纹带环
明初 ……………………………（488）
二〇六 青玉砚 明……………………（488）
二〇七 白玉葵花杯 明……………（489）
二〇八 白玉飞雁穿花椭圆牌
明早期 …………………………（489）
二〇九 白玉雁坠 明初……………（489）
二一〇 青玉“羲之爱鹅”图饰 明…（489）
二一一 二一二 青玉花鸟纹带板
明中期 …………………………（490）
二一三 青玉螭纹带板 明中期……（491）
二一四 青玉提头 明中期…………（491）
二一五 青玉圭 明……………………（491）
二一六 白玉回首卧羊 明…………（492）
二一七 白玉童 明……………………（492）
二一八 白玉戒指 明………………（493）
二一九 白玉发冠 明………………（493）
二二〇 白玉簪 明……………………（493）
二二一 白玉观音插扦 明中期……（494）
二二二 白玉镂空佩 明……………（495）
二二三 白玉童佩 明中期…………（495）
二二四 二二五 白玉鱼佩 明中期…（495）
二二六 玉菊花牌片 明……………（495）
二二七 玉龙钩 明中期……………（496）
二二八 玉龙钩 明中期……………（496）
二二九 玉刚卯 玉严卯 明中期 …（496）
二三〇 二三一 白玉幻方 明中期…（497）
二三二 青玉花卉灵芝耳杯 明……（497）
二三三 青玉蟠耳杯 明……………（497）
二三四 碧玉螭耳杯 明……………（498）
二三五 青玉乳钉纹双耳杯 明……（498）
二三六 青玉竹节式执壶 明………（498）
二三七 白玉兽面纹兽耳炉 明……（499）
二三八 墨玉龙纹兽耳簋 明中期…（499）
二三九 青玉兽面纹冲耳炉
明中期 …………………………（499）
二四〇 青白玉夔凤纹樽 明………（500）
二四一 青玉云纹螭耳匜 明中期…（500）
二四二 黄玉觚 明中期……………（500）
二四三 青玉狗 明……………………（501）
二四四 青玉卧马 明中期…………（501）
二四五 青玉驼 明中期……………（501）
二四六 青玉紫浸狗 明中期………（501）
二四七 青玉角端香薰 明…………（502）
二四八 白玉蟹 明中期……………（503）
二四九 青玉龙首龟 明中期………（503）
二五〇 青玉镂空人物带板
明晚期 …………………………（503）
二五一 白玉镂空龙纹带板
明晚期 …………………………（504）
二五二 白玉镂空龙纹带板
明晚期 …………………………（504）
二五三 白玉镂空龙纹带板
明晚期 …………………………（504）
二五四 白玉镂空桃形龙纹带板
明晚期 …………………………（505）
二五五 玛瑙发冠 明………………（505）

二五六 白玉镂空菱花形龙纹带板 明晚期 ……………………（505）
二五七 玉佩 明……………………（506）
二五八 青玉猪 明……………………（507）
二五九 二六〇 白玉镂空鸳鸯戏莲 明 ……………………（507）
二六一 描金玉佩 明……………………（508）
二六二 白玉垂导宝石花佩 明……（509）
二六三 白玉龙首嵌宝石带钩 明…（510）
二六四 玉带钩 明晚期……………（510）
二六五 二六六 白玉透雕麒麟花卉纹玉带板 明…………（510）
二六七至二七四 白玉透雕麒麟花卉纹玉带板 明…………（511）
二七五 白玉镂空寿字镶宝石金簪 明……………………（512）
二七六 镶珠宝玉花金蝶鎏金银簪 明……………………（512）
二七七 白玉累金丝镶宝石鎏金银簪 明……………………（513）
二七八 白玉兔金镶宝石耳坠 明…（514）
二七九 弯头玉簪 明………………（514）
二八〇 白玉镂空麒麟纹椭圆牌 明晚期 ……………………（514）
二八一 白玉镂空福寿方形牌 明…（514）
二八二 白玉镂空圆形梅花牌 明晚期 ……………………（515）
二八三 玛瑙镂空椭圆形牌 明……（515）
二八四 青玉福禄寿三星饰 明……（515）
二八五 金托玉执壶 明……………（516）
二八六 金托玉爵 明………………（517）
二八七 白玉盂 明…………………（517）
二八八 金盖托白玉碗 明…………（518）
二八九 青玉英雄合卺杯 明………（518）
二九〇 青玉莲瓣壶 明……………（518）
二九一 二九二 青玉婴戏图执壶 明 ……………………………（519）
二九三 青玉八仙图执壶 明………（520）
二九四 青玉螭耳杯 明……………（521）
二九五 青玉连枝桃式杯 明晚期…（521）
二九六 青玉菊花耳葵花菊瓣杯 明中期 ……………………（521）
二九七 青白玉梅花杯 明晚期……（521）
二九八 青玉镂空葵式杯 明………（521）
二九九 青玉桃式杯 明晚期………（521）
三〇〇至三〇三 青玉环把有盖樽 明晚期 ……………………（522）
三〇四 白玉云鹤纹小壶 明晚期…（523）
三〇五 青玉镂雕灵芝式花插 明…（523）
三〇六 三〇七 茶晶梅花花插 明…（524）
三〇八 青玉兽面纹八出戟方觚 明…（525）
三〇九 青玉龙把匜 明……………（525）
三一〇 三一一 青玉荷叶洗 明 …（525）
三一二 青玉童子卧马 明…………（526）
三一三 青玉麒麟 明晚期…………（526）
三一四 青玉菩萨 明晚期…………（527）

清

一 和田青玉花蝶执壶 清中期……（531）
二 和田玉扁圆式执壶 清中期……（531）

三 和田青玉凤柄执壶 清中期……（531）
四 和田玉葫芦式执壶 清中期……（531）
五 和田玉三鸠纹执壶 清中期……（532）
六 和田玉活环凤柄执壶 清中期…（532）
七 和田玉僧帽式执壶 清中期……（532）
八 九 和田玉龙柄执壶 清道光 …（533）
十 十一 玛瑙光素杯 清雍正 ……（533）
十二 玛瑙八方杯 清乾隆…………（534）
十三 十四 水晶八方杯 清乾隆 …（534）
十五 十六水晶八方杯 清乾隆……（535）
十七 芙蓉石光素盖碗 清中期……（535）
十八 和田玉花瓣盖碗 清中期……（535）
十九 和田玉菊瓣盖碗 清中期……（535）
二十 和田玉光素盖碗 清中期……（535）
二一 二二 和田玉兽面纹盖碗 清乾隆 ………………………（536）
二三 二四 和田玉光素碗（一对） 清中期 ………………………（536）
二五 和田玉菊瓣纹高足杯 清中期…（537）
二六 二七 和田青玉刻诗碗 清乾隆 ………………………（538）
二八 二九 和田玉三螭纹盏 清乾隆 ………………………（538）
三〇 三一 三二 和田玉龙纹盏 清乾隆 ………………………（539）
三三 和田碧玉架白玉杯 清中期…（540）
三四 和田玉鹰熊合卺杯 清中期…（540）
三五 和田玉龙首觥 清乾隆………（541）
三六 玛瑙凤首觥 清中期…………（542）
三七 和田玉凤饰龙柄觥 清中期…（542）
三八 三九和田玉单柄匜 清乾隆 …（542）
四〇 和田玉夔龙纹觥 清中期……（543）
四一 和田玉龙首觥 清中期………（544）
四二 和田玉兽面纹兕觥 清乾隆…（544）
四三 和田玉兽形匜 清中期………（544）
四四 水晶匜 清中期………………（545）
四五 水晶兕觥 清中期……………（545）
四六 和田玉缠枝莲纹高柄杯 清嘉庆 ………………………（545）
四七 四八 和田青玉刻诗碗 清乾隆 ………………………（546）
四九 五〇 和田玉碗 清乾隆 ……（546）
五一 五二 和田玉题诗碗 清乾隆…（546）
五三 和田玉圈足碗 清乾隆………（547）
五四 和田青玉菊瓣碗 清中期……（547）
五五 五六 和田玉碗 清乾隆 ……（547）
五七 和田玉刻诗葵瓣纹碗 清乾隆 ………………………（548）
五八 和田碧玉托青玉夔龙碗 清乾隆 ………………………（548）
五九 六〇 六一 和田白玉错金嵌宝石碗 清乾隆…………（549）
六二 六三 玛瑙光素盘 清雍正 …（550）
六四 和田玉花瓣盘 清乾隆………（550）
六五 和田玉葵花式盘 清中期……（550）
六六 和田青玉菊花盘 清中期……（551）
六七 和田玉菊瓣盘 清中期………（551）
六八 和田玉花瓣盘 清中期………（551）
六九 翠太极图盘 清中期…………（552）

七〇 七一 和田玉八宝纹盘
清中期 ……………………… (552)
七二 和田玉菊瓣盘 清中期 ……… (553)
七三 和田玉果盘 清乾隆 ………… (553)
七四 七五 和田玉菊瓣花耳盘
清乾隆 ……………………… (553)
七六 七七 和田玉光素盘 清 …… (554)
七八 和田玉莲瓣高柄托 清中期 … (555)
七九 和田玉镂雕螭凤牡丹花薰
清中期 ……………………… (555)
八〇 和田玉镂雕花薰 清乾隆 …… (555)
八一 和田玉镂雕牡丹花薰 清中期… (555)
八二 八三 和田玉镂雕八宝纹花薰
清乾隆 ……………………… (556)
八四 和田玉镂雕山水人物
花薰（一对）清乾隆 ……… (556)
八五 和田玉镂雕山字花薰 清中期 (557)
八六 和田玉兽面纹香薰 清中期 … (558)
八七 和田玉八卦纹香薰 清中期 … (558)
八八 和田玉缠枝莲香薰 清乾隆 … (558)
八九 九〇 和田玉四管式炉 瓶 盒
清中期 ……………………… (559)
九一 和田青玉夔龙纹香薰 清乾隆… (560)
九二 和田玉兽面纹炉 瓶 盒
清中期 ……………………… (560)
九三 九四 和田玉嵌宝石炉 瓶 盒
清中期 ……………………… (561)
九五 青金石条纹炉 瓶 盒 清中期 … (562)
九六 九七 和田玉双擎烛台
清乾隆 ……………………… (562)
九八 九九 和田玉蟠龙纹盒
清中期 ……………………… (563)
一〇〇 和田玉团花盖纹罐
清中期 ……………………… (563)
一〇一 和田玉嵌白玉龙纹盒
清中期 ……………………… (563)
一〇二 和田玉五蝠团寿圆盒
清中期 ……………………… (564)
一〇三 和田玉五蝠捧寿圆盒
清中期 ……………………… (564)
一〇四 和田玉嵌白玉龙凤纹盒
清中期 ……………………… (564)
一〇五 和田玉嵌白玉菊瓣椭圆盒
清中期 ……………………… (564)
一〇六 和田玉鹌鹑盒 清中期 …… (565)
一〇七 和田玉团花纹五环罐
清中期 ……………………… (565)
一〇八 和田碧玉勾莲纹瓜棱盖罐
清中期 ……………………… (565)
一〇九 一一〇 和田玉菊瓣盖罐
清乾隆 ……………………… (565)
一一一 和田玉龙耳活环瓜棱盖罐
清中期 ……………………… (566)
一一二 和田玉三鸠罐 清中期 …… (567)
一一三 一一四 玛瑙花鸟纹罐
清乾隆 ……………………… (567)
一一五 一一六 一一七 和田玉
天鸡罐 清乾隆 …………… (567)
一一八 一一九 一二〇 和田玉
仿古豆 清乾隆 …………… (568)

一二一 和田玉莲花盒 清中期……（568）
一二二 和田羊耳奁 清中期………（569）
一二三 和田玉梅竹纹奁 清中期…（569）
一二四 和田白玉六环奁 清中期…（569）
一二五 和田玉夔凤龙耳奁
清中期 ……………………（569）
一二六 和田玉十二辰活环奁
清中期 ……………………（570）
一二七 和田玉勾莲纹活环奁
清乾隆 ……………………（570）
一二八 和田玉四蝶耳活环奁
清中期 ……………………（570）
一二九 和田玉莲花四环奁
清中期 ……………………（570）
一三〇 和田玉雕龙凤纹唾盂
清中期 ……………………（571）
一三一 和田玉兽面纹唾盂 清中期…（571）
一三二 和田玉莲瓣纹唾盂 清中期…（571）
一三三 和田玉菊瓣纹唾盂 清中期…（571）
一三四 一三五 和田玉烟壶
清乾隆 ……………………（572）
一三六 和田玉佛手式花插 清中期…（573）
一三七 玛瑙三果花插 清中期……（573）
一三八 和田玉三羊芭蕉双孔花插
清中期 ……………………（573）
一三九 和田玉白菜花插 清中期…（574）
一四〇 玛瑙松桩双孔花插
清中期 ……………………（575）
一四一 翡翠丹凤花插 清中期……（575）
一四二 玛瑙桃桩双孔花插 清中期…（575）
一四三 和田玉龙凤花插 清中期…（575）
一四四 水晶双鱼花插 清中期……（576）
一四五 一四六 和田玉龙纹花插
清乾隆 ……………………（576）
一四七 和田玉蟠龙出戟花插
清中期 ……………………（576）
一四八 和田玉螭柄花插 清中期…（576）
一四九 和田玉海棠式觚 清中期…（577）
一五〇 和田玉海棠式觚 清中期…（578）
一五一 和田玉花叶纹梅瓶 清中期…（578）
一五二 和田玉三羊尊 清中期……（578）
一五三 和田玉龙纹蝶耳尊 清中期…（578）
一五四 和田玉兽耳活环瓶 清中期…（578）
一五五 和田玉八宝纹提梁花篮
清中期 ……………………（579）
一五六 和田玉镂花盖龙首花浇
清中期 ……………………（579）
一五七 青玉天鸡尊 清晚期………（579）
一五八 和田白玉鸡心佩 清中期…（580）
一五九 和田碧玉鸡心佩 清中期…（580）
一六〇 和田玉镂雕夔龙佩
清中期 ……………………（580）
一六一 一六二 和田玉镂雕子辰佩
清中期 ……………………（580）
一六三 和田玉蟠螭佩 清中期……（580）
一六四 和田玉镂雕双凤佩 清中期…（581）
一六五 和田玉镂雕蟠螭佩
清中期 ……………………（581）
一六六 和田玉镂雕双龙佩
清中期 ……………………（581）

一六七 和田玉云纹鸡心佩
清中期 ……………………（581）
一六八 和田玉镂雕荷莲纹香囊
清中期 ……………………（582）
一六九 一七〇 和田玉镂雕山水
人物香囊 清中期…………（582）
一七一 和田玉万寿扁方 清中期…（583）
一七二 和田玉镯 清中期…………（583）
一七三 碧玺松鼠葡萄佩
清中期 ……………………（583）
一七四 碧玺朝珠 清中期…………（584）
一七五 青金石朝珠 清中期………（584）
一七六 和田玉螭纹如意 清中期…（585）
一七七 和田玉刻诗如意 清嘉庆…（585）
一七八 玛瑙灵芝式如意 清中期…（585）
一七九 和田玉镂雕灵芝如意
清中期 ……………………（585）
一八〇 和田玉兽面纹出戟瓶
清中期 ……………………（586）
一八一 一八二 和田玉兽耳活环瓶
清乾隆 ……………………（587）
一八三 和田玉兽面纹出戟方壶
清中期 ……………………（587）
一八四 和田玉云带纹兽耳活环瓶
清乾隆 ……………………（587）
一八五 和田玉四环耳壶 清乾隆…（587）
一八六 一八七 和田玉兽面纹兽
耳活环壶 清乾隆…………（588）
一八八 一八九 和田玉雷纹兽
耳活环壶 清乾隆…………（588）
一九〇 和田玉兽面纹夔耳活环壶
清乾隆 ……………………（588）
一九一 一九二 和田玉鱼鸟纹壶
清乾隆 ……………………（589）
一九三 一九四 和田玉兽耳活
环壶 清乾隆………………（589）
一九五 和田玉绳纹活环耳壶
清中期 ……………………（589）
一九六 一九七 和田玉蚕纹
宝月瓶 清乾隆……………（590）
一九八 一九九 和田玉方壶
清乾隆 ……………………（590）
二〇〇 和田玉兽耳方壶 清中期…（590）
二〇一 和田玉兽面纹双耳活环壶
清乾隆 ……………………（590）
二〇二 和田玉夔纹双耳扁壶
清中期 ……………………（591）
二〇三 和田玉象首足壶 清中期…（591）
二〇四 二〇五 和田黄玉兽面纹
双耳瓶 清乾隆……………（591）
二〇六 二〇七 和田黄玉兽面纹
双耳瓶 清乾隆……………（592）
二〇八 和田玉鹤鹿纹双耳活环瓶
清中期 ……………………（592）
二〇九 和田玉花卉纹龙耳活环瓶
清中期 ……………………（592）
二一〇 和田玉古松纹如意耳活环瓶
清乾隆 ……………………（593）
二一一 和田玉缠莲纹双耳瓶
清乾隆 ……………………（593）

二一二 翠虎面纹双耳活环瓶 清中期 …………………… (593)

二一三 和田玉龙纹蝶耳活环瓶 清中期 …………………… (593)

二一四 和田玉菊瓣纹天鸡活环耳瓶 清中期 …………………… (593)

二一五 和田玉瓜棱纹蜻蜓耳活环盖瓶 清乾隆 …………… (594)

二一六 和田玉谷穗鹌鹑双耳活环瓶 清中期 …………………… (594)

二一七 和田玉茶花山雀宝月瓶 清中期 …………………… (594)

二一八 二一九 和田玉山水兽耳瓶 清乾隆 …………………… (594)

二二〇 和田玉龙纹宝月瓶 清中期… (595)

二二一 和田玉梅花纹兽耳活环瓶 清乾隆 …………………… (595)

二二二 和田玉莲瓣羊首耳瓶 清中期 …………………… (595)

二二三 二二四 和田玉钟表纹六方瓶 清乾隆 …………… (595)

二二五 玛瑙螭耳扁方瓶 清乾隆 … (596)

二二六 和田玉蟠螭纹斜方瓶 清中期 …………………… (596)

二二七 二二八 和田玉雕婴戏夔耳瓶 清中期 …………… (596)

二二九 和田玉龙凤纹瓶 清乾隆 … (596)

二三〇 黄玉番人骑狮双耳盖瓶 清中期 …………………… (597)

二三一 玛瑙天鸡纹瓶 清中期 …… (597)

二三二 和田玉双连天鸡瓶 清中期 …………………… (597)

二三三 和田玉花卉纹双耳瓶 清中期 …………………… (597)

二三四 玛瑙龙凤瓶 清中期 ……… (598)

二三五 和田玉象驮宝瓶 清中期 … (598)

二三六 青玉凤螭纹双连瓶 清乾隆 …………………… (598)

二三七 和田玉镂雕梅花瓶 清中期 …………………… (599)

二三八 和田玉镂雕梅花纹瓶 清中期 …………………… (599)

二三九 和田玉龙戏珠瓶 清中期 … (599)

二四〇 和田玉蟠龙戏珠贯耳瓶 清乾隆 …………………… (600)

二四一 和田玉兽面双耳瓶 清乾隆 …………………… (600)

二四二 白玉兽面纹双耳盖瓶 清中期 …………………… (601)

二四三 和田玉双连瓶 清中期 …… (601)

二四四 和田玉鹰熊双连瓶 清乾隆… (601)

二四五 水晶夔纹活环瓶 清中期 … (601)

二四六 和田玉兽面纹提梁卣 清中期 …………………… (602)

二四七 水晶活练花篮 清中期 …… (602)

二四八 和田玉夔凤纹提梁卣 清中期 …………………… (602)

二四九 玛瑙活练瓶 清中期 ……… (602)

二五〇 二五一 和田玉龙凤纹连环璧 清中期 …………………… (603)

二五二 叶尔羌玉云龙纹瓮
清乾隆 ……………………（604）
二五三 二五四 叶尔羌玉“秋山
行旅”图山 清乾隆 ………（605）
二五五 叶尔羌玉“大禹治水图”山
清乾隆 ……………………（606）
二五六 叶尔羌玉“会昌九老图”山
清乾隆 ……………………（607）
二五七 二五八 和田玉携琴访友
图山子 清乾隆 ……………（607）
二五九 二六〇 翡翠鹤鹿同春
山子 清中期 ………………（608）
二六一 翠雕人物山水图山子
清中期 ……………………（609）
二六二 二六三 青金石观瀑图
山子 清中期 ………………（609）
二六四 和田玉牛 清中期 …………（610）
二六五 和田玉牛童 清中期 ………（610）
二六六 翠卧牛 清中期 ……………（610）
二六七 和田玉卧马 清乾隆 ………（611）
二六八 和田玉驼 清中期 …………（611）
二六九 和田玉三羊 清中期 ………（611）
二七〇 和田玉立象负双童
清中期 ……………………（611）
二七一 和田玉嵌宝石卧兔 清中期…（612）
二七二 青金石牧童骑牛 清中期 …（612）
二七三 和田玉双蝠葫芦 清中期 …（612）
二七四 和田玉船 清中期 …………（613）
二七五 二七六 翠“太平有象”磬
清中期 ……………………（613）
二七七 和田玉桐荫仕女图山
清乾隆 ……………………（614）
二七八 二七九 和田玉三友图
笔筒 清乾隆 ………………（614）
二八〇 和田玉渔家乐图笔筒
清中期 ……………………（614）
二八一 和田玉山水人物笔筒
清中期 ……………………（614）
二八二 和田玉山水人物方笔筒
清中期 ……………………（615）
二八三 和田玉镂雕杆鬃毫笔
清中期 ……………………（615）
二八四 和田玉梅花笔筒 清中期 …（615）
二八五 和田玉松鹤笔筒 清中期 …（615）
二八六 和田玉桥形笔架 清中期 …（616）
二八七 二八八 和田玉砚
清嘉庆 ……………………（616）
二八九 和田玉松鹤图砚屏
清中期 ……………………（617）
二九〇 翠玉福禄寿砚屏 清中期 …（617）
二九一 和田玉鸭衔鱼水丞
清中期 ……………………（617）
二九二 和田玉鹅式水丞 清中期 …（617）
二九三 和田玉花瓣式洗 清中期 …（618）
二九四 和田玉葫芦式洗 清中期 …（618）
二九五 和田玉蟹篓式水丞
清中期 ……………………（619）
二九六 和田玉鱼螺荷叶洗
清中期 ……………………（619）

二九七 和田玉海棠式羊首洗
清中期 ……………………… (619)
二九八 和田玉凤首洗 清中期…… (619)
二九九 和田玉五松洗 清中期…… (620)
三〇〇 玛瑙梅花灵芝洗 清中期… (620)
三〇一 三〇二 和田玉连环镇纸
清乾隆 ……………………… (620)
三〇三 三〇四 和田玉竹节臂搁
清晚期 ……………………… (621)
三〇五 和田玉双螭镇尺 清中期… (621)
三〇六 和田玉双狮镇纸 清中期… (621)
三〇七 和田玉三羊开泰镇纸
清中期 ……………………… (621)
三〇八 和田玉双蟹镇纸
清中期 ……………………… (622)
三〇九 水晶蛙形镇纸 清中期…… (622)
三一〇 和田玉双鱼吉庆洗
清中期 ……………………… (623)
三一一 三一二 和田玉牡丹纹
四螭耳洗 …………………… (623)
三一三 和田玉蟠龙耳洗 清中期… (623)
三一四 三一五 和田玉蝠莲纹兽
耳活环洗 清中期………… (623)
三一六 和田玉龙首耳活环洗
清中期 ……………………… (624)
三一七 和田玉四花耳活环洗
清中期 ……………………… (624)
三一八 和田玉五蝠纹洗 清中期… (624)
三一九 和田玉方胜式活环洗
清中期 ……………………… (624)
三二〇 和田玉海棠式双蝠耳活环洗
清中期 ……………………… (625)
三二一 和田玉瓜式洗 清中期…… (625)
三二二 和田玉蝠耳桃式洗
清中期 ……………………… (625)
三二三 和田玉双蝠活环洗
清中期 ……………………… (625)
三二四 和田玉双童耳洗 清中期… (626)
三二五 和田玉双婴耳洗 清中期… (626)
三二六 三二七 三二八 和田玉
双螭洗 清乾隆…………… (627)
三二九 三三〇 和田玉十二佛
莲花洗 清中期…………… (627)
三三一 和田玉鱼莲荷叶式洗
清中期 ……………………… (628)
三三二 和田玉荷莲洗 清中期…… (628)
三三三 叶尔羌玉云龙洗 清中期… (628)
三三四 和田玉坐佛像 清中期…… (629)
三三五 和田玉罗汉像 清中期…… (630)
三三六 和田玉观音像 清中期…… (630)
三三七 三三八 和田玉五供
清中期 ……………………… (631)
三三九 和田玉莲纹三足炉 清中期… (632)
三四〇 和田玉兽面出戟长方炉
清中期 ……………………… (632)
三四一 三四二 三四三 和田玉
仿古召夫鼎 清乾隆……… (632)
三四四 三四五 和田玉仿古簋
清乾隆 ……………………… (633)

三四六 和田玉仿古簠 清中期……（633）
三四七 和田玉朝冠耳炉 清中期…（633）
三四八 和田玉仿古兽面纹簠
清中期 ……………………（634）
三四九 和田玉条纹兽耳活环炉
清中期 ……………………（634）
三五〇 青金石兽耳活环炉
清中期 ……………………（634）
三五一 三五二 和田玉兽面纹双
耳炉 清乾隆………………（635）
三五三 和田玉夔纹炉 清中期……（635）
三五四 和田玉云带纹双耳炉
清中期 ……………………（635）
三五五 和田玉兽面纹双耳炉
清中期 ……………………（636）
三五六 翠兽面纹双耳炉 清中期…（636）
三五七 和田玉兽面环纽炉
清中期 ……………………（636）
三五八 和田玉莲花雀耳炉
清中期 ……………………（636）
三五九 和田玉龙耳四足炉
清中期 ……………………（637）
三六〇 和田玉八宝莲花炉
清中期 ……………………（637）
三六一 和田玉兽面出戟觚
清中期 ……………………（637）
三六二 和田玉兽面纹出戟觚
清中期 ……………………（637）
三六三 和田玉兽面纹斜方式觚
清中期 ……………………（638）
三六四 和田玉莲花八宝纹炉
清中期 ……………………（638）
三六五 雕漆嵌玉屏风宝座
清中期 ……………………（639）
三六六“沧浪亭图”挂屏
清中期 ……………………（640）
三六七 和田玉角端（一对）
清中期 ……………………（640）

凡　例

一　《中国玉器全集》系《中国美术分类全集》中之组成部分，该全集以时代分为原始社会，商、西周，春秋战国，秦、汉至南北朝，隋、唐至明，清六部分。

二　选录之玉器均为各时代精品。明清以前，以考古发掘品为主，明清以后，以传世品为主。除器物本身的艺术价值外，兼顾其考古价值。

三　本全集内容分四部分，一为概论，二为彩色图版及图版说明，三为图版索引，四为专论。

说　明

《中国玉器全集》（简体字版）是依据《中国玉器全集》（河北美术出版社 1993 年 8 月出版）六卷繁体字版编辑而成。

《中国玉器全集》（简体字版）上中卷为概论、图版及图版说明，下卷为专论和图版索引。

鸣　谢

《中国玉器全集》在成书过程中，得到了故宫博物院、辽宁省博物馆、上海博物馆、南京博物院、浙江省文物考古研究所、天津博物馆、中国社会科学院考古研究所、河南省文物研究所、首都博物馆、河北博物院等全国各地文博单位及个人的大力支持和协助，谨此致谢。

版权所有　翻版必究

图书在版编目(CIP)数据

中国玉器全集：普及版. 论文集 / 杨伯达主编. -- 2版. -- 石家庄：河北美术出版社, 2024.9
ISBN 978-7-5718-2374-0

Ⅰ. ①中… Ⅱ. ①杨… Ⅲ. ①古玉器－中国－文集 Ⅳ. ①K876.8

中国国家版本馆CIP数据核字(2023)第178835号

出 品 人： 田　忠
图书策划： 田　忠　杨智洁
项目执行人： 杨智洁
责任编辑： 甄玉丽　李　彤　张永明　徐　滨
责任校对： 王　丰　刘大胜

中国玉器全集（普及版）　　杨伯达 主编

ZHONGGUO YUQI QUANJI (PUJIBAN)

出　　版： 河北出版传媒集团　河北美术出版社
发　　行： 河北美术出版社
地　　址： 河北省石家庄市和平西路新文里 8 号
邮　　编： 050071
电　　话： (0311) 87060677
网　　址： http：//www.hebms.com
印　　刷： 北京雅昌艺术印刷有限公司
开　　本： 787mm × 1092mm　1/16
印　　张： 60
版　　次： 2005 年 1 月第 1 版　2024 年 9 月第 2 版
印　　次： 2024 年 9 月第 1 次印刷

定　　价： 298.00 元（共三册）